JN274337

「産業のサービス化論」
へのアプローチ

小坂満隆・角 忠夫 編
北陸先端科学技術大学院大学　サービス経営コース

北陸先端科学技術大学院大学　サービス経営コース 著

社会評論社

序文

片山卓也
（北陸先端科学技術大学院大学長）

　サービス産業がわが国の産業の中心であることは、産業統計を調べるまでもなく、最近のいくつかの事例、例えば、音楽配信のCDからインターネットへの移行、クラウドによるシステム機能の提供、業務の外部委託などを見れば実感できる。これらは物や組織の所有からその機能の利用へという流れの中で、サービスという概念が本質的であることを示すほんの一例に過ぎない。本書でも紹介されているようにサービスには色々の側面があるが、サービス概念を明確にして、サービスに関する科学や技術を体系化することが今後のより良い社会を構築する上で極めて重要である。

　もちろん、サービスの実現には物や組織が必要であることは言うを俟たないが、ものづくりを基本としてきたわが国においては、ややもするとサービスに対する意識が十分ではなかったように感じられる。社会において我々が必要なのはサービスであり、物や組織はそれを提供するための手段であることを明確に意識する必要がある。新しい社会に必要なサービスを模索し、その実現に必要なシステムを設計することにより、社会のイノベーションが可能になる。

　北陸先端科学技術大学院大学（JAIST）では、サービスの重要性に早くから着目しサービスに関する教育と研究に力を入れてきたが、本書は社会人を対象としたサービス経営（MOS）コースの講師陣による力作である。実践を通して得られた知見にもとづくサービス論が論じられており、単なる理論や上辺だけの解説ではなく、大変内容の濃いものである。

主に製造業や情報産業におけるサービス化が論じられており、この分野の実務者や研究者にとって貴重であることはもちろんであるが、他の広い分野でのサービス化を実践的に考えている読者にも有用であると思われる。本書は、わが国のサービスサイエンスの進展とサービスイノベーションに大いに資するものと考える。

まえがき

小坂満隆

(北陸先端科学技術大学院大学)

　サービスサイエンスやサービスイノベーションが注目を集めるようになったのは、サービス関連のGDPが欧米や日本などの先進国で70％以上を占め、中国などの新興国でもサービス比率が増しているという事実が大きな要因である。ここでいうサービスは、ホテルや流通などの従来のサービス業だけでなく、製造業におけるサービス、情報産業におけるサービスも大きな対象である。また、インターネットによる新しいビジネスもサービス化を加速する要因である。

　このようなサービス化の重要性が認識され、サービスイノベーションを牽引する人材を育成しようとして、文部科学省が平成19年度から、サービスイノベーション人材育成推進プログラムを実施した。北陸先端科学技術大学院大学（Japan Advanced Institute of Science and Technology、以下JAIST）は、平成20年度の公募で本プログラムに応募し採択された。JAISTの提案は、社会人向け教育としての技術経営コース（MOT: Management of Technology）と連携したサービス経営コース（MOS: Management of Service）の設立であり、対象を社会人に限定するところが特徴である。特に、MOTと連携するという点では、イノベーションを強く意識して教育カリキュラムを構成している。すなわち、産業のサービス化という視点で、製造業におけるサービス化、情報産業におけるサービス化、インターネットなどの新技術によるサービス化など、産業論から見たサービスという実学の視点を重視している。

　サービスに関しては、従来のサービス産業の視点からサービスマーケ

ティングやサービスマネジメントにおいて様々な著書が出版されているが、製造業や情報産業といった従来のサービス業とは異なる産業分野のサービス化に焦点を当てた著書は数少ない。製造業や情報産業などの産業のサービス化が、日本がグローバルに産業競争力を獲得するために必要であり、日本におけるサービスサイエンスやサービスイノベーションの大きな対象であろう。JAISTのMOSでは、このような時代の要請に対して、製造業のサービス化論、情報産業のサービス化論の科目を設け、日本がグローバルに産業競争力を持っている分野のサービス化を扱っている。

本書は、「産業のサービス化論」へのアプローチと題して、製造業のサービス化、情報産業のサービス化、サービスイノベーションに対するサービス価値と技術革新、の3部構成で、産業のサービス化を議論することにした。

第1部では、製造業のサービス化について角が全体を方向づけ、その中で具体的な事例として、北谷、幡野、福田が、それぞれ建設機械、エレベーター、ならびに計装分野を取り上げて、製造業のサービス化における成功要因を考察する。

第2部では、情報産業のサービス化を取り上げる。まず、高橋が情報産業のサービス化の経緯と動向を、2面市場モデルから考察する。次に、山上が具体事例として、携帯電話ソフトウェア産業のサービス化について報告する。さらに、神田が、コンピューティング技術の進歩、フィールド・イノベーションの事例、サービスの調整ループとその記述法の観点から、情報産業の新たなコア・コンピタンスと情報産業の今後のサービス展開について展望する。

第3部は、産業のサービスイノベーションにおけるサービス価値と技術革新について考察する。まず、中村、五嶋、今堀が、サービス価値を3軸モデルで捉える考え方を導入し、これに基づいてサービス価値の変遷が様々な産業のサービス化に与える影響を考察する。最後に、小坂、白肌、西岡が、技術革新とサービスイノベーションの関係について考察

する。ここでは、サービスイノベーションと技術革新は産業発展の両輪であることを述べ、具体的にインターネットのサービスイノベーションへの影響や、最新の脳科学のサービスイノベーションに対する可能性を報告する。

　本書は、文部科学省の「産学連携による実践型人材育成事業としてのサービスイノベーション人材育成推進プログラム」の推進の中で、産業のサービス化に関して検討した成果をまとめたものである。JAIST／MOSの講師が分担して執筆を担当したが、その内容は最新の検討結果を反映した野心的なものとなっている。こうした内容が、製造業や情報産業においてサービス化を検討されている技術者の方々に、幾ばくかの参考になれば幸甚である。

目　次

第1部　製造業のサービス化論　——————11

第1章●製造業のサービス化　——————13
　1．はじめに　——————13
　2．製造業のサービスビジネスモデル　——————19
　3．サービスの品質と生産性　——————29
　4．サービスの見積もりと対価　——————45
　5．サービスビジネスマネジメントシステム　——————49
　6．サービスはビジネスを革新する　——————49
　7．産業セクター間の協業促進　——————51
　8．サービスは人を育てる　——————53
　9．おわりに　——————54

第2章●製造業のサービス化事例と成功要因　——————57
　1．はじめに　——————57
　2．建設機械のグローバルサービス展開——コマツの事例　——————59
　3．昇降機設備のサービス事業——東芝エレベータの事例　——————71
　4．計装ビジネスから環境ソリューションプロバイダーへ
　　　——山武の事例　——————82

第2部　情報産業のサービス化論　——————93

第3章●情報産業のサービス化の経緯と動向分析　——————95
　1．情報産業における環境の変化　——————95
　2．OSSによるサービス化　——————105
　3．SaaSによるサービス化　——————112
　4．CGMによるサービス化　——————122
　5．まとめ　——————130

第4章●携帯電話産業におけるソフトウェア産業のサービス化　137
1．はじめに ──────────────────────137
2．携帯電話産業におけるソフトウェアの現状 ────139
3．携帯電話産業のソフトウェアのサービス化の要因 ──142
4．サービス化の進展 ────────────────146
5．サービス化への対応 ──────────────153
6．おわりに ──────────────────────156

第5章●情報産業のサービス化の展望 ────────────159
1．はじめに ──────────────────────159
2．情報産業の定義 ───────────────────159
3．コンピューティング技術の進歩 ──────────161
4．新たなコア・コンピタンスの必要性 ─────────168
5．コア・コンピタンスの開発事例 ──────────169
6．新たなコア・コンピタンスの獲得 ─────────176
7．おわりに ──────────────────────182

第3部　サービスイノベーションにおけるサービス価値と技術革新 ──────────────────────185

第6章●サービスイノベーションにおけるサービス価値 ───187
1．はじめに ──────────────────────187
2．サービスイノベーションと価値創造 ─────────189
3．サービスにおける価値創造とその推移 ────────196
4．サービス価値の推移 ──────────────201
5．サービス価値の伝統と革新 ─────────────211
6．まとめ ────────────────────────222

第7章●技術革新とサービスイノベーション ──229
　1. はじめに ──229
　2. 産業のサービス化と技術革新 ──231
　3. インターネットのサービスイノベーションへの影響 ──242
　4. サービスイノベーションへの新たな視点
　　　──サービスに対する人の科学への期待──253
　5. おわりに ──261

あとがき ──263

著者紹介 ──266

第 1 部　製造業のサービス化論

第1章 ● 製造業のサービス化

角　忠夫
(松蔭大学、北陸先端科学技術大学院大学)

1．はじめに

1．1　製造業とは

　現在の産業分類によると製造業は表1．1の如く第2次産業に分類され、さらに中分類として表1．2のごとく24区分になっている。戦後の日本経済の復興から高度経済成長時代まで製造業は産業を先導し、品質の良さと生産性の高さにおいて世界的にも"Made in Japan"は消費者にとってあこがれの象徴でもあり、"Japan as No1"とまで喧伝された。しかし21世紀に入り、中国を代表とするBRICs諸国の台頭により製造業の主体はこれらアジア諸国に移り、日本を含む先進国の産業構成は労働力はサービス産業への依存率が70％にまでシフトしている。

　図1．1のように現在のGDPへの貢献並びに雇用の70％までが第3次産業にシフトし、製造業を主体とする第2次産業の比率は25％程度にとどまっている。

　また製造業自体も大変幅が広い産業であり、顧客が不特定の消費者個人向けを対象とするB2C（Business to Consumer）と、顧客を特定の企業向けを対象とするB2B（Business to Business）で、扱う商品も営業形態も大きく異なる（図1．2）。

　製造業の生産プロセス面からは、自動車やテレビなどの家電製品に代表される機器の組み立て産業と、鉄鋼や化学プラントなどの装置産業に

表1.1 産業セクターの産業分類

産業セクター	産業大分類		中分類
第1次産業	A	農業	1
	B	林業	1
	C	漁業	2
第2次産業	D	鉱業	1
	E	建設業	3
	F	製造業	24
第3次産業	G	電気・ガス・熱供給・水道業	4
	H	情報通信業	5
	I	運輸業	5
	J	卸売・小売業	12
	K	金融・保険業	7
	L	不動産業	2
	M	飲食店・宿泊業	3
	N	医療・福祉業	3
	O	教育学習支援業	2
	P	複合サービス業	2
	Q	サービス業	15
	R	公務	2

区分することができる。このように、対象顧客、商品、ならびに生産プロセスで大きく異なる業種を一括して製造業としている（図1.3）。

1.2 製造業のサービスビジネス

　第2次世界大戦後の50年は、世界的にも大変商品が払底し商品自体の供給が製造業に課せられた最大のミッションであり、商品の量の確保とともに商品の品質と生産性が製造企業にとっての正にKFS（Key Factor for Success）であった。しかし、21世紀に入り、商品が充足され

表1.2 製造業 中分類（24分類）項目

統計局 平成14年3月改訂

F	製造業		
09	食料品製造業	21	なめし革・同製品・毛皮製造業
10	飲料・たばこ・飼料製造業	22	窯業・土石製品製造業
11	繊維工業	23	鉄鋼業
12	衣服・その他の繊維製品製造業	24	非鉄金属製造業
13	木材・木製品製造業	25	金属製品製造業
14	家具・装備品製造業	26	一般機械器具製造業
15	パルプ・紙。紙加工品製造業	27	電気機械器具製造業
16	印刷・同関連業	28	情報通信機械器具製造業
17	化学工業	29	電子部品・デバイス製品製造業
18	石油・石炭製品製造業	30	輸送用機械器具製造業
19	プラステック製品製造業	31	精密機械器具製造業
20	ゴム製品製造業	32	その他の製造業

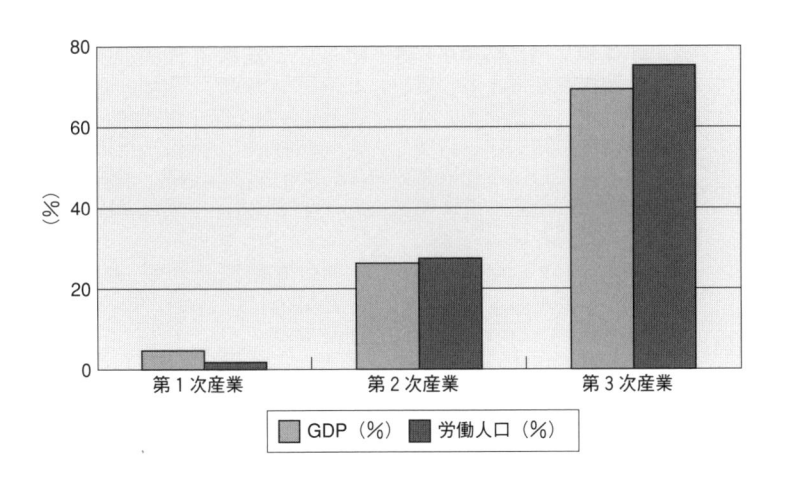

図1.1 第3次産業がGDP及び雇用の70％に寄与

第1章 製造業のサービス化

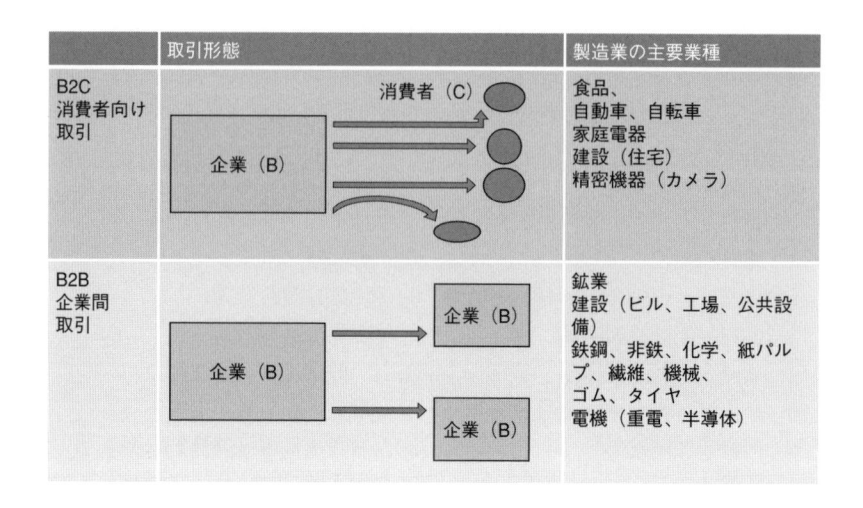

	取引形態	製造業の主要業種
B2C 消費者向け 取引	企業（B） → 消費者（C）	食品、 自動車、自転車 家庭電器 建設（住宅） 精密機器（カメラ）
B2B 企業間 取引	企業（B） → 企業（B） → 企業（B）	鉱業 建設（ビル、工場、公共設備） 鉄鋼、非鉄、化学、紙パルプ、繊維、機械、 ゴム、タイヤ 電機（重電、半導体）

図1.2　製造業の商取引形態

	産業構造	主要技術	主要業種
機器 組立産業 Manufacturing Automation	素材や部品納入から最終製品完成まで、コンベヤー組立ラインやセル生産方式にてロボットや人による組み立てを行う形態。混合流しなどもある。	組み立て技術、カンバン方式、自動組み立て技術、SCM、QCサークル、チームワーキング	建設、自動車、電機（家電、重電）自転車、機械、輸送用機器（航空機、造船、車両）建設機械
素材 装置産業 Process Automation	主として素材産業に多く、原材料を投入すると巨大なプロセス自動化装置によりほぼ全自動で数種類の製品が派生的に生産される形態。	設備計画技術、設備製造技術、監視制御、IT.プロジェクト管理、SCM生産計画管理	鉱業、繊維、化学、紙パルプ、食品、石油、ゴム、窯業、鉄鋼、非鉄、金属

図1.3　製造業の産業構造

ると顧客の求めるものは商品を使って真の顧客の課題解決、ソリューションの提供がサプライヤーたる製造業に求められる時代になっている。当然のことながらソリューションの提供には、サービス機能が製造業にとって商品の開発供給と同等以上に重要性を帯びる時代が到来した（図1.4）。

しかし、製造業におけるサービスの重要性を十分認識したとしても、自社内で商品を開発製造するプロセスと、顧客サイトにおけるサービスの業務とは、勤務環境、従業員の関心、モチベーション、処遇などは大変異なるものである（図1.5）。

第3次産業におけるサービス業では、サービスビジネスが業務のすべてであり組織や経営はサービス主体そのものであるが、製造業の場合のサービス業務を同一組織内で管理することに大変な困難がともなう。従って製造業におけるサービスビジネスモデルの構築が、現在課せられているソリューションの提供の成否を握っていることとなり、ひいては21世紀の製造業のあり方を問うこととなっている（表1.3）。

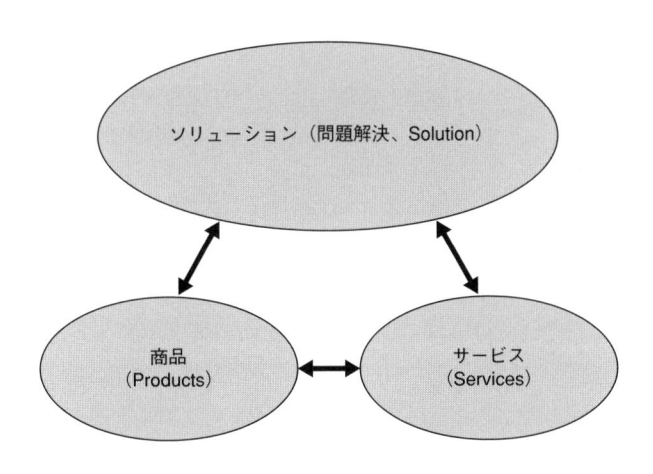

図1.4　顧客の求めているものは何か？

```
|←——————————— システムライフサイクル ———————————→|
|←—————— サプライヤー ——————|—————— ユーザー／コンシューマー ——————|
```

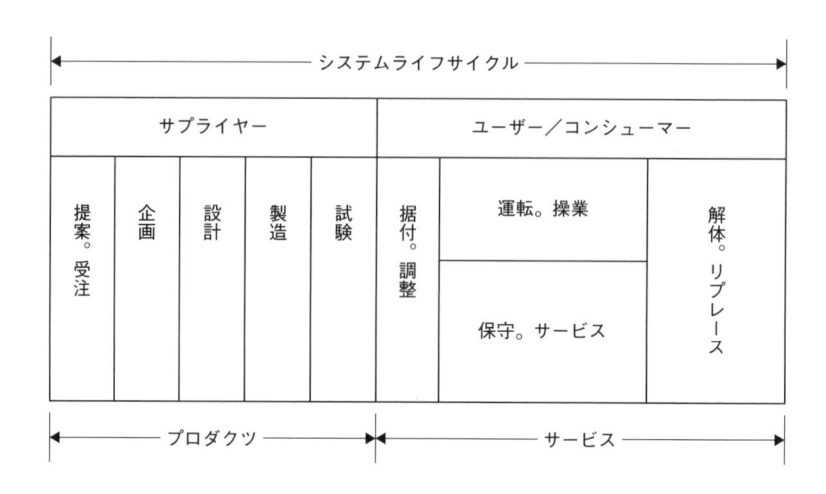

提案。受注	企画	設計	製造	試験	据付。調整	運転。操業	解体。リプレース
						保守。サービス	

```
|←———————— プロダクツ ————————→|←—————— サービス ——————→|
```

図1.5　システムライフサイクルとサービスの範囲

表1.3　製造業とサービス業の比較

要素	製造業	サービス業
アウトプット	製造される特定の製品	無形のサービス
利益の基礎	設定された価格	顧客との相互交渉
競争力の指標	製品の仕様	顧客毎に創造された価値
構造、文化	コストの削減	価値の創造
駆動力	製品の知識と技術	顧客についての知識と技術
目標、特徴	低コストの労働力	スキルを鍛えたスタッフ
能力、制約条件	資本、労働力、技術	知識、熟練スタッフ、技術
キーとなる手法やプロセス	製品の技術ロードマップ	能力のロードマップ

2. 製造業のサービスビジネスモデル

2.1 製造業のサービスビジネスの変遷

　図1.6に20世紀の日本の製造業が謳歌した時から現在に至るまでの主として組み立て産業並びに装置産業への装置やプラントを供給する製造業を対象としたサービスビジネスモデルの変遷を掲げている。20世紀の戦後から高度経済成長時代までは商品の供給が最大の使命であり、この時代には商品がマスターであり、サービスはサプライヤーと顧客との狭間で懸命に支えていたにもかかわらずスレーブの域を出ることはなかった（図1.6 No1サービス従属モデル）。その後工場内における製品の開発、製造と顧客サイトにおけるサービスとは、勤務形態も文化も処遇も異なるとして、組織を分離したグループ内に会社を独立させる企業が増加した。これら独立させた会社の株式は、ほとんど製造会社が100％保有していた（同No2サービス会社）。

　一般的に、商品並びにサービスが製造業供給側のミッションであり、操業（オペレーション）は顧客側ミッションとされてきた。図1.6 No3は、独立したサービス会社がその独立性を生かしビジネススコープを拡げて行ったモデルである。現在では株式の上場も果たし、親会社より業績を凌駕している企業も少なくない。サービス事業は景気の変動を受けにくく、顧客近接事業であることから海外シフトなどとも無縁であることにも起因している。

　同No4のように、サービス機能の重要性が増し、商品との一体経営の観点より再び製造会社内に吸収するケースも出てきた。他方企業経営の主軸をソリューションとサービスに置き、デファクト化や標準化された商品は外部からの調達に切り替える、2.5次産業化を図る企業がIBMや富士通に代表されるIT産業に増加してきた。明らかに付加価値が商品からサービスやソリューションにシフトしてきた所以である。

　装置産業やプラントを所有する企業においては、装置やシステムのサ

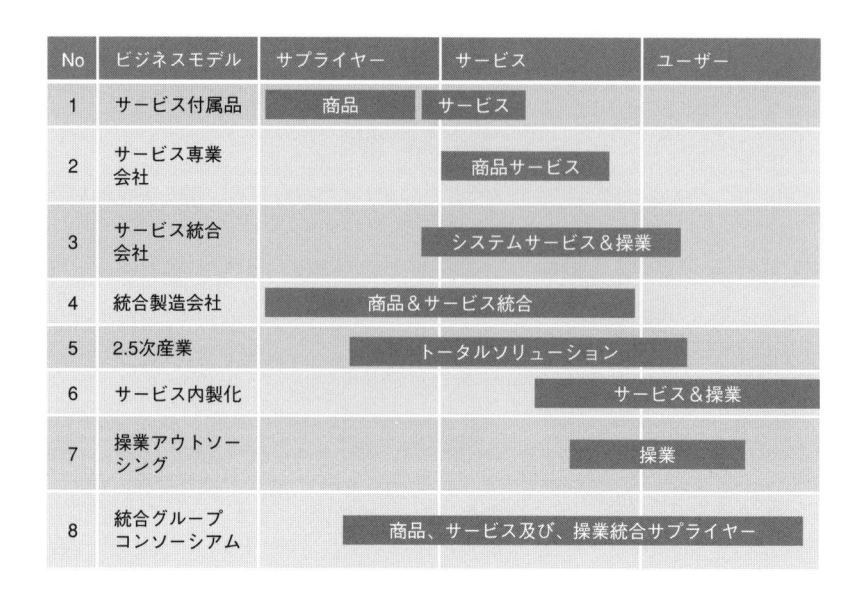

No	ビジネスモデル	サプライヤー	サービス	ユーザー
1	サービス付属品	商品	サービス	
2	サービス専業会社		商品サービス	
3	サービス統合会社		システムサービス＆操業	
4	統合製造会社	商品＆サービス統合		
5	2.5次産業	トータルソリューション		
6	サービス内製化			サービス＆操業
7	操業アウトソーシング			操業
8	統合グループコンソーシアム	商品、サービス及び、操業統合サプライヤー		

図1.6　製造業のサービスモデルの変遷

ービスと操業は表裏一体である。また市場環境の変化に応じシステムの機器やソフトを更新する頻度が多くなる。これらの改変の迅速性が競争力を左右することとなり、オペレーションのノウハウは他社との差別化の源泉であることから社外への流出を極度に防止する要請が強くなってくる。このような幾多の理由からサービスを顧客企業内に確立するモデルが同No6である。同No7は、オペレーション自体もアウトソーシングする顧客のニーズに対応したモデルである。

同No8では、海外プラント等の応札には機器やシステムの供給だけではなく、まさに資源の供給からプラント、オペレーション、サービス、操業ノウハウ、スタッフの教育まで含むあらゆるものをフルターンキーで提供することが特に新興国などでは要求されている。

製造業でサポートできるのは、機器やシステムの供給からサービスまでが限界であり、操業、スタッフ教育訓練やファイナンスまでの提供に

は、プラントを有する装置産業の顧客や商社などを含むコンソーシアムの結成が必要となってくる。またこのメンバーには、日本企業のみならず海外企業も参画する場合がある。この種のビジネスは、近年原子力発電や鉄鋼プラント、新幹線や交通等の社会インフラなどの国際商談が増加してきた。このようなコンソーシアムの結成には、応札時点での俄か作りのチーミングでは海外の国を挙げて対応してくるコンペチターには到底及ばないことになる。

　上記のようなサービスビジネスの過去と現在を踏まえ、これからの製造業のサービスビジネスモデルの検討を進めてゆく。

2.2　ビジネスモデルとは

　近年「ビジネスモデル」の用語は多用されているが、使われるケースに応じそれぞれに概念や範囲に大きな隔たりがあり、定説はいまだ困難である。本稿ではサービスビジネスに適用しやすい概念のビジネスモデルの定義や事例を紹介し、各人の事業分野におけるサービスビジネスモデル構築の参考に資する。

　千本はMBA的な考え方より「ビジネスモデルとは儲けの仕組みのことをいう。企業は人、物、金といわれるが、これらをこの仕組みに投入して収益が出力される方程式に見立てたものをビジネスモデル」としている[2]。

　原田は「ビジネスモデル（価値実現装置）＝コンテンツ（提供内容）×コンテクスト（提供方法）」と定義している[3]。

　高橋は「企業がある市場環境の中で事業を行う際の収益を上げる仕組み」と述べている[4]。

　松島は「ビジネスモデルとは何か。一口でいえばビジネスの設計図（デザイン）である。その設計図がビジネスモデルである」という。またビジネスモデルの定義や表記方法も確立しているわけではないが、ビジネスモデルの表記は、①ビジネスの現状の理解とその共有、②ITシ

ステムの構築と連携、③ビジネスモデルの改善、改革、④ベストプラクテイスのベンチマーク、に有用に利用できる。

またビジネスモデルの視点を図1.7に、その位置づけを図1.8に示す。

従って経営戦略を策定する手順として、通常ビジネス戦略の場合、ビジョンから始まり、ミッション、到達すべき目標、それを実現すべき戦略、そして戦略はビジネスモデルとしてデザインされねばならない。

ビジョン：こうありたいと望む将来の明確な姿であり、組織の向うべきところはどこかという質問に答えるものである。

ミッション：組織の存在する理由、その組織が置かれている環境、だれが顧客か、どんな製品とサービスを提供するのかが明示されている。

目標：ミッションは数値化された目標としてブレークダウンされる。

戦略：戦略はビジョンとミッションを果たすための方策である。

ビジネスモデル：戦略はビジネスモデルとして実装されなければならない[5]。

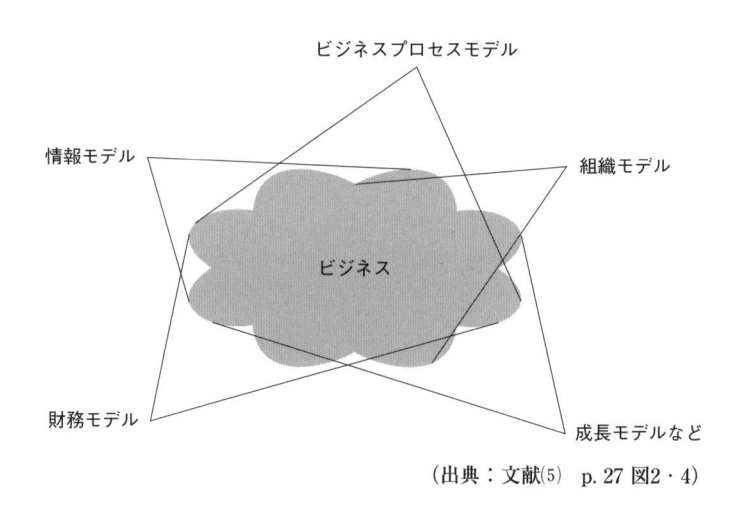

(出典：文献[5]　p.27　図2・4)

図1.7　ビジネスモデルの視点

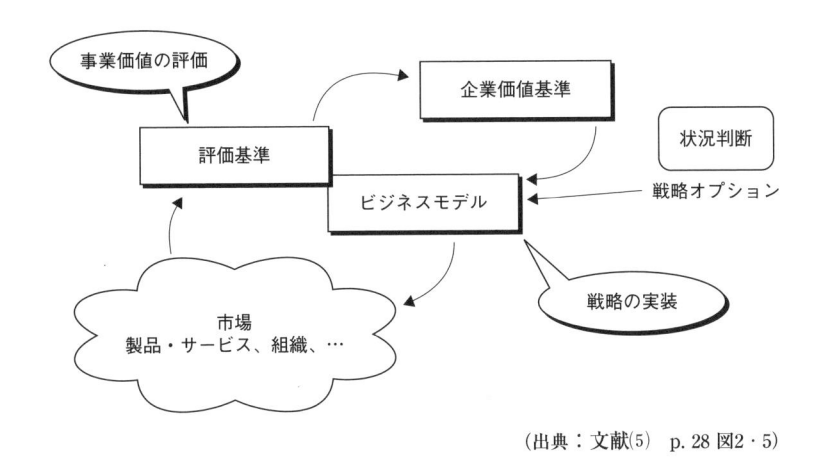

(出典：文献(5)　p.28　図2・5)

図1.8　ビジネスモデルの位置づけ

　野中は知識科学の立場より「ビジネスモデルとは知を利潤の流れに変換するものである。従って価値を媒介とする企業と顧客との関係性の構築を促し、知識ベース企業モデルのミクロ基盤である個別具体の滋養・商品・ソリューションにおいて展開される仕組みである」としている[6]。
　以上の如くそれぞれの立場でビジネスモデルを解釈し、定義付けているが、要は「ビジネスモデルとは仕事の方法論（ビジネスプロセス）と儲けの仕組み」に尽きるといえよう。

2.3　ビジネスモデルのアーキテクチャー

　高橋はビジネスモデルの価値イノベーションを推進するアーキテクチャーとして次の3つに分類することを提案している[4]。
　A　バリューネットワーク革新型ビジネスモデル
　B　バリューチェイン革新型ビジネスモデル
　　① バリューチェイン統合型

いかにして知を利潤の流れに変換するか
企業としてのぶれない軸社会的な存在価値と持続性

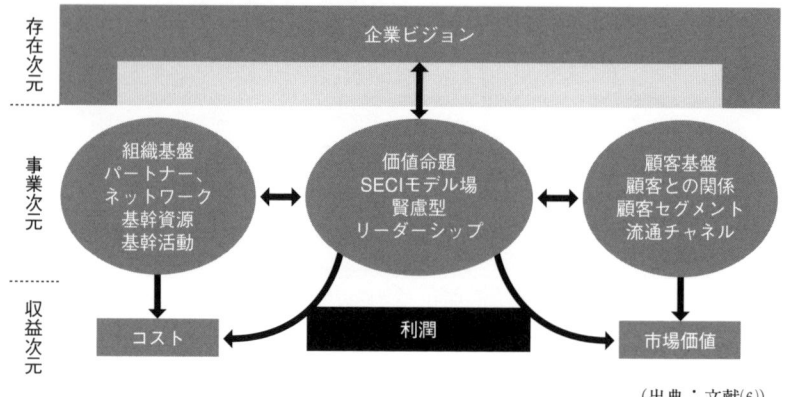

存在次元　企業ビジョン

事業次元
- 組織基盤　パートナー、ネットワーク　基幹資源　基幹活動
- 価値命題　SECIモデル場　賢慮型リーダーシップ
- 顧客基盤　顧客との関係　顧客セグメント　流通チャネル

収益次元　コスト　利潤　市場価値

（出典：文献(6)）

図 1.9　知識ベース・ビジネスモデル

②　バリューチェイン限定特化型
C　インフラコンテンツ相互革新型ビジネスモデル
この提案に基づき、製造業のサービスビジネスモデルを考察する。

A　バリューネットワーク革新型

典型例として JR 東日本が本来は駅構内の乗降客のストリートであった駅構内をエキナカ商店街 ECUTE として生まれ変わらせ、鉄道会社の資産を存分に活用し、新しいビジネスモデルを展開したなどである。このモデルの実現により、駅前商店街業界 A と鉄道業界 X の間に新たな競争と協業関係が生じることとなる（図 1.10 参照）[7]。

B　バリューチェイン革新型

①　バリューチェイン統合型
材料の仕入れから始まり、商品企画、開発、製造、物流、販売、サー

業界Xが業界A分野に進出することで業界XとA
は新たな競争と協業関係が生じる。

業界A　　業界A分野に進出　　業界X

事例　　　　　通過道　　　　　　運輸業
商業　　　　　エキナカ商店街　　JR東日本
駅前商店街　　（ECUTE）

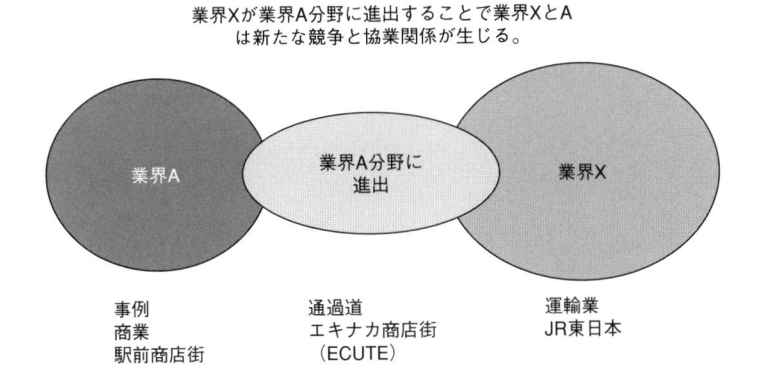

図1.10　バリューネットワーク革新型

ビスなどバリューチェインをそれぞれ得意とする企業が分担し相互に連携して価値を共有している場合が一般的である。しかし自社の内部付加価値を高める目的や、他社に依存することによる冗長性やタイミングの遅れを回避し、より迅速なビジネス展開をねらってバリューチェインの統合化を図る事例が増加しつつある。

ファースト・リテイリングの「ユニクロ」は材料の調達から直接販売に至るまでのバリューチェインのほとんどを、直接自社で担当または自社のコントロール下に置くことによってビジネスサイクルタイムの短縮、他社との差別化、付加価値の増大を図り、金融危機下の現状においてもアパレル業界で独り勝ちの様相を呈している。

最近、「地産地消」で脚光を浴びている地元農家がJAの自分のコーナーで販売も手掛けることにより、付加価値を増やすのみならず顧客の反応を直接取り、生産に改良を加えているケースもまさにこのビジネスモデルに対応する。

図1.6のNo4サービスを再度自社内に引き込む統合製造会社、No6顧客によるサービスの内製化はバリューチェイン統合化を目指した動きと

とらえることができる。

② バリューチェイン限定特化型

　プラントの操業は顧客側の本来のコアビジネスと考えられてきたが、オペレーションもアウトソーシングして自社の資産や経費の軽減化を図る動きが官庁等の公共プラントで始まっている。

　浄水場や下水処理場の運転等に特化し、官公庁からの受け皿会社としてオペレーション専業会社が設立され、その業界の組合組織までできている（図1.11参照）。

　2006年6月に東京都港区のマンションで、甲子園を夢見ていた高校球児が自宅のある12階のエレベーターを降りようとしたところ急にエレベーターが動き出しドアーにはさまで圧死するという痛ましい事故が発生した。原因はエレベーターのブレーキが摩耗した状態で使用されていたことによる保守整備の不良と推定されているが今なお係争中である[8]。このエレベーターは欧州に本社を置く外資系日本法人S社が1998年に設置し2004年まで保守はS社が担当していた。2005年から保守サービスを競争入札でエレベーターメーカーとは資本系列がない独立系の

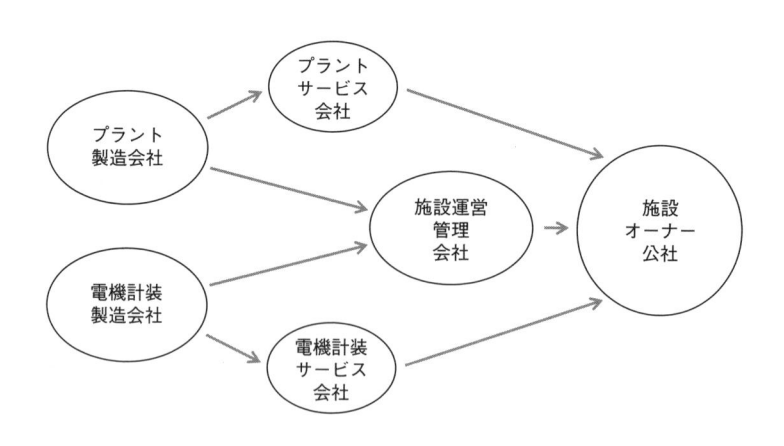

図1.11　運用保守会社の位置付け

サービス会社が受注することとなり、2005年度から1年ごとに異なる保守サービス会社が担当することとなった。事故が起こったのは、その年の4月から新しく独立系SE社が担当した2カ月後の出来事であった。エレベーターの保守サービスを行うには、エレベーター本体の十分なる理解や情報、保守部品のタイムリーな入手等が必須で、機械自体がデファクト化が進んでいない場合には、バリュー・チェーン限定特化型のビジネスモデルは相当困難が伴う。

表1.4にエレベーター会社の製造とサービスに対する各社のビジネスモデルの現状を、表1.5にエレベータービジネスモデルの課題を整理している。

表1.4　日本のエレベーター会社のビジネスモデル

No	製造会社名	製造、販売	サービス	日本累計設置台数（2007年）	シェアー（2005年度）
1	三菱電機	三菱電機	三菱電機ビルテクノサービス	21万台	29％
2	日立	日立	日立ビルシステム	17万台	26％
3	東芝	東芝エレベータ	同左	11万台	19％
4	オーチス	日本オーチスエレベータ	同左	7万台	11％
5	フジテック	フジテック	同左	公表せず	10％
6	シンドラー	シンドラー	シンドラーエレベータ（日本）販売・保守	0.88万台	1％未満

（設置台数　「日本経済新聞」　2006年6月10日、シェアー　「日刊工業新聞」　2006年6月9日）

表1.5　エレベータービジネスモデルの課題

モデルのタイプ	バリューチェイン統合型	バリューチェイン特化型	同左
系列		メーカー系	独立系
対象会社	東芝、オーチスフジテック	日立、三菱	エスイーシー、日本電力サービス
開発費のプール	容易	容易	困難
ネットワーク管理	可能	可能	不可能
部品の供給	容易	容易	困難
情報連絡	容易	容易	困難
検査機器、メンテコンピュータ	容易	容易	メーカー販売せず
株式上場	容易	きわめて困難	容易
教育、トレーニング	充実できる	充実できる	極めて困難
モラル	良好	やや問題	普通
保守価格	高価になる	高価になる	安価

C　インフラ・コンテンツ相互革新型

　第3次産業におけるサービス産業においては、インフラを用いてその上に無形財たるサービスコンテンツを相乗させてビジネスを行っている。他方製造業においては商品たる「もの」に基盤を置き、サービスを相乗させて「こと」を行っているケースとは根本的な相違がある。運輸、ホテル、テーマパーク等の典型的サービス産業においては、本インフラ・コンテンツ相互革新型ビジネスモデルがビジネスの革新には必須であり、インフラ自体の革新とサービスプログラムの革新の両方が相乗して、はじめてビジネスの革新に結び付く。製造業における商品とサービスの革新により顧客に提供するソリューションの革新に結び付くことと符合する。

　本ビジネスモデルの根幹を支えるインフラの革新として、1次レベル

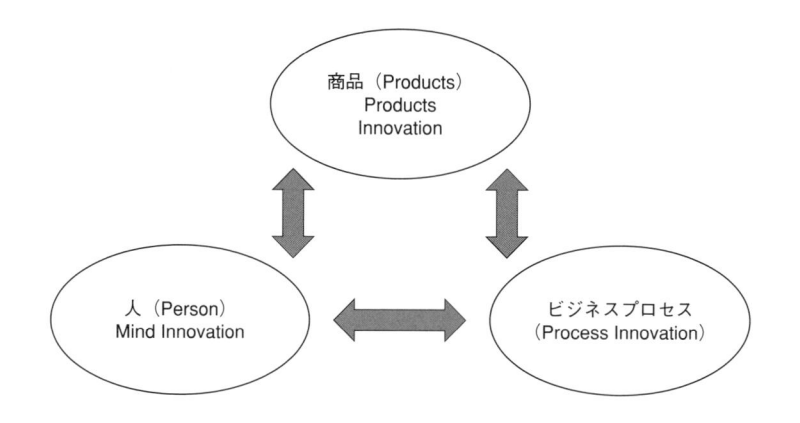

```
        商品（Products）
         Products
         Innovation

   人（Person）        ビジネスプロセス
   Mind Innovation    （Process Innovation）
```

図1.12　ビジネスの3Pイノベーションコンセプト

たる設備やITシステムなどのインフラストラクチャー、2次レベルの業務プロセスシステム、3次レベルのスタッフ能力の3レベルにおける他社との優位性、差別化が競争力の基本であることは大変重要なことである。筆者が製造業におけるイノベーションにおいて主張してきた3Pコンセプトと同根の考え方であり、ビジネスの基本はあらゆる分野の共通する理念が存することなのである（図1.12参照）。

3. サービスの品質と生産性

3.1　サービスの不備が企業を揺るがす

表1.16に最近発生し社会的に問題を引き起こした主要な品質事故を列記する。20世紀には世界的に羨望の的でさえあった"Made in Japan"の日本の製造業に対するトレードマークは一体どうしたのか。世界の製造業のNo1にまで上り詰めたトヨタが、ほぼ1年間の生産量にも匹敵す

る大量のリコールを実施するなど到底考えられなかった事態が現在の日本の製造業に発生している[9]。

　戦後半世紀にわたり築き上げた品質に対する信頼は、1つの事故の発生やその後の処置、対応を誤れば一気に信頼を損ね、企業を経営危機に

表1.6　最近の重大品質事故状況

業種	会社	機種	事故	時期	損失	人身事故
電子部品	ソニー	リチューム電池	発熱発火	06年8月	960万個 512億円	なし
同上	三洋	同上	発熱発火	06年12月	130万個 40億円	なし
同上	松下	同上	発熱発火	07年8月	4600万個 200億円	なし
厨房機器	松下	石油暖房機	一酸化炭素ガス中毒	05年1月	15万台 249億円ほか	4人死亡、重体ほか
同上	パロマ	ガス湯沸かし器	一酸化炭素ガス中毒	05年11月		21人死亡
食品	不二家	洋菓子	品質管理、衛生管理不備	06年11月	3ヵ月営業停止	なし
鉄道	JR西日本	電車	列車脱線転覆	05年4月		107人死亡 562人重軽傷
エレベータ	シンドラー	エレベータ	利用者圧死事故	06年6月	事故当該機は他社機にリプレース	1名死亡
証券	東京証券取引所	情報システム	取引システム3回停止	05年11月	415億円他	なし
電力	北陸電力	原子力発電	臨界事故、隠蔽	99年6月 07年3月公表	志賀発電所の1号機、2号機共に再開目処たたず	なし

30

表1.7 サプライチェーンのビジネス形態

財	メーカー		ユーザー		ケース
消費財	B（機器、食品）		C		不二家
			B（サービス）		松下、パロマ
	B（部品）	B（機器）	C		松下、ソニー
			B（通信会社）		三洋
生産財 社会 システム	B（機器、システム）		B（サービス）	B	エレベータ 東京証券取引所
			B		JR西日本 北陸電力

表1.8 重大品質事故のサービス要因

業種	会社	機種	事故要因	供給側 責任	使用者側 責任
電子部品	ソニー	リチューム電池	製造不良（金属粒子混入）	設計	
同上	三洋	同上	設計不良 （衝撃による絶縁シート破損）	製造	
同上	松下	同上	製造不良（金属片の混入）	製造	
厨房機器	松下	石油暖房機	部品経年腐食、交換作業不良 事故対策不備　サービス	経営	
同上	パロマ	ガス湯沸かし器	不適切サービス作業管理 事故対策不備	サービス 経営	
食品	不二家	洋菓子	品質管理、衛生管理不備	製造 経営	
鉄道	JR西日本	電車	運転不備、保安設備投資遅れ		サービス 経営
エレベータ	シンドラー	エレベータ	保守不良、保守体制不備	サービス 経営	経営
証券	東京証券取引所	情報システム	現場作業不備、保守体制不備	設計 サービス 経営	経営
電力	北陸電力	原子力発電	現場作業不備 経営体質不備		保守 経営

陥れることもあり得る。

表1.6に列記されている事故をビジネス形態で分類したのが表1.7である。B2B、ならびにB2Cと広範囲に及び、その推定事故原因を表1.8に分類しているが、このような品質問題を発生させ、その後の処置が適切に取られなかった場合にはサービスビジネス以前の企業のファンダメンタルズに立ち戻る事態に陥る。

商品やシステムにおいては事故の根絶は最大限努力はしても困難である。しかし、その発生頻度を極力低くし、不幸にも発生した時点での対応を適切に取り、普段からそのための準備を行っておく事が品質事故に対するダメージを最小限に食い止め、信頼をつなぎとめ得るのみならず、却って信頼性が増すことにも繋がる。本節では、重大事故のケーススタディとともに、商品やシステム自体の品質確保対策とサービスにおける品質と生産性の尺度について述べる。

3.2　重大サービス品質事故のケーススタデー

表1.6に記載の事故のケースの中からオペレーションサービス、ソフトウェアシステム、ハードウェア製品の各々から1ケースを選び、事故の発生要因とサービスに対する学習要因を解明する。

A　JR西日本福知山線列車転覆事故
［事故概要］

2005年4月25日9時18分ごろ兵庫県尼崎市JR西尼崎駅－塚口駅間にて快速7両編成の列車が時速70km以下の制限箇所にもかかわらず前駅伊丹駅を1分30秒遅れて出発し、それを取り戻すべく推定116kmの異常な高速でカーブを曲がり切れず転覆、マンションに激突し死亡者107名、負傷者549名にも及ぶ大事故を引き起こした。

死亡した運転手は23歳経験11カ月、車掌42歳経験15年9カ月であり、当路線には簡易型自動列車停止装置ATS－S型が設置されていたが、

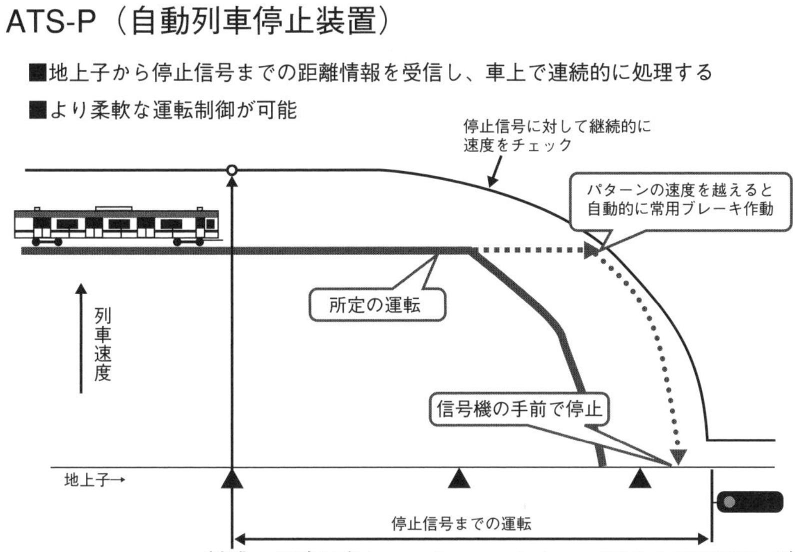
ATS-P（自動列車停止装置）
■地上子から停止信号までの距離情報を受信し、車上で連続的に処理する
■より柔軟な運転制御が可能
停止信号に対して継続的に
速度をチェック
パターンの速度を越えると
自動的に常用ブレーキ作動
所定の運転
列車速度
信号機の手前で停止
地上子→
停止信号までの運転

（出典　JR東日本：www.jreast.co.jp/press/2005_1/20050610.pdf）

図1. 12　自動列車停止装置ATS-P型の概念図

制限速度以上の走行に対し自動減速機能付きのATS－P型は設置されていなかった。同路線は2ヵ月間停止に追い込まれた。

[事故原因]

事故発生後2年経過した2007年6月に航空・鉄道事故調査委員会より最終報告書が報告された。速度超過による遠心力が働いても、現場カーブにATS－P型を設置していれば事故は防げた。

この結果、事故後子会社の社長に転出していたが呼び戻されたJR西日本の現職社長が、当路線の1996年現場カーブの付け替え時に当時常務鉄道本部長で責任者の地位にあったがATS－Pの設置を怠ったとして現職のまま在宅起訴された。

・現場作業者の不適切な日勤教育

　列車の定時運行を最優先し、運行遅延が重なる従業員に対しお仕置き的な日勤教育を課されることからの回避のために、前駅遅延で出発した運転手とその報告をめぐって車掌との車内電話での会話に気を取られて減速タイミングを失したのが決定的であった。しかし過密のアーバン路線を経験11ヵ月の、23歳の運転手にまかせる運行計画が巨大企業で行われていたことになる。

［本ケースからの学習］

・現場重視の徹底

　国鉄が解体分割されJR西日本はJR東、東海に比し路線の市場環境が劣勢であったことから先行2社に比し追いつき追い越せが初代社長からの悲願であり、事故以前までは株主報告書に絶えず3社の比較を掲載していた。この結果安全設備投資の遅延、競合する並列運行している私鉄各社との異常なまでの速度競争と過密ダイヤの編成など全てが安全の軽視につながっていたことになる。

・CSRの順守が経営の原点

　JR西日本は事故発生の2005年5月から2009年7月までの4年間で3人の社長が交代をしている。事故後の再建のため急遽子会社から呼び戻された技術系社長は、自身が昇格させた副社長と結託して国土交通省の事故調査委員会の旧国鉄メンバーなどに働きかけ、調査報告書の事前入手や会社に都合の悪い情報等の削除のための工作を行った。そして、会社再建どころか事故被害者等に築きつつあった会社への信頼を根底から覆してしまった。

　会社のトップ層が自分たちでCSRの根本理念を逆なでするような行為を行っていては、再建も安全も企業の革新もあったものではない。起訴による引責辞任をした前社長に替わり、3人目の現社長が遅まきながら企業再生推進本部を自ら立ち上げ、企業の3本柱として、①被害者への対応、②安全性の向上、③変革の推進、を掲げ、徒労に終わった4年間を振り出しに戻って取り戻そうとしていることを、よく他山の石とし

なければならない。

B　東京証券取引所の再三にわたる大規模システム障害
［事故概要］

　1度目は取引件数の増大に対処すべく前月行ったシステムソフト改変にバグが残っており、2005年11月1日早朝よりシステムが起動せず急遽午前中の取引を停止した。2度目は2005年12月に新規上場の株式を証券会社が誤って1株61万円の発注を、1円で61万株として入力してしまった。証券会社は誤りに気付き、ただちに東証あて取り消しを連絡したが、公開株数3000株に対し61万株の発注にもかかわらずシステム処理がなされず売買が成立してしまい、証券会社側に415億円の損失が発生し、この処理を巡り5年後にいたる現在でも証券会社と東証間で係争が続いている。

　3度目は2006年1月ライブドアの当時の社長が逮捕される事件により約定件数が急増しシステム処理が追い付かず取引全面停止に追い込まれた。

　これら一連の事故の責任を取り生え抜きの現職社長、営業系の情報システム担当常務は退任し、急遽会長が社長を兼務し、NTTグループからCIOを受け入れシステム部門の強化をはかった。しかし2008年2月、3月、7月にいずれも取引停止を招くシステムダウンを繰り返している[10][11]。

［事故原因］

　1度目の不具合は前月のシステム改変時、月末処理プログラムのバグが残存しており、月初に発生あわててシステムを改変前に戻して立ち上げた。2度目の新規上場株の誤発注が取り消せない不具合は、システム製作時の初期仕様に欠陥があったと推定されている。3度目のライブドア事件に伴う不具合は折からの証券ブームに対応してシステム処理能力が追い付かず、現代の証券会社の最も生命線とも言うべきインフラのシステム増強設備投資の遅れにともなうものであった。

その後の更なるシステムダウンの継続は、システムが古く長年の増強改変の繰り返しに伴うシステム保守体制の根本的な課題が公共システムという公の場で白日の下にさらされたということであろう。

［本ケースからの学習］

・サービスの重視

東証のメインシステムサプライヤーは富士通で保守の主体は東証システムサービス（TCS）が担当していた。TCSは東証の子会社であったが東証が上場を計画し財務体質強化もあり、現在は富士ソフトの子会社になっており、東証システム保守業務は富士通経由で発注されている。21世紀の証券取引所にとって、コンピュータシステムは正に生命線でありその保守会社は大事な基幹部門でなければならない。

富士通も社会システム点検プロジェクトを社長直轄で立ち上げ再発防止体制をとっている。しかし本質的課題として増強改変を繰り返すシステムの保守は担当者も変わってゆく中でどのように品質確保をしてゆくかユーザー、サプライヤー、保守担当部門それぞれに使命感に燃えて立ち向かうことが求められている。

・現代の企業におけるITシステムの位置

今さらながら現代企業におけるITシステムのインフラとしての重要性を、東証システムが再三にわたりダウンすることにより、社会に警告を発したことになった。結果として東証は3年間300億円をかけ次世代東証システム Arrow Head を2010年1月から立ち上げた。1注文処理時間2〜3秒から5ミリ秒という世界最先端級のシステムが無事稼働を始めている。企業の業務に精通したうえでITのスペシャリストであるCIOを中心としたIT担当部門の確立、中長期的にしっかり見据えた本格的な設備投資、トップの見識とサポートが現代の企業インフラを支えてゆくために必須であることを実証している。

C　石油温風機大量リコール事故

［事故概要］

　松下電器（現パナソニック）製石油温風暖房機のゴムホースの経年劣化による亀裂により漏えいした一酸化炭素による中毒事故が発生し2005年1月に1名死亡し、同2月、4月に合計3件発生した。同社は4月にリコールを開始したが、同11月に4件目の死亡事故が発生するに及び、経済産業省の緊急命令の発令を受け、緊急対策本部を発足させ、その対応に当たった。しかし交換したホースが脱落したことによる事故が続発した。

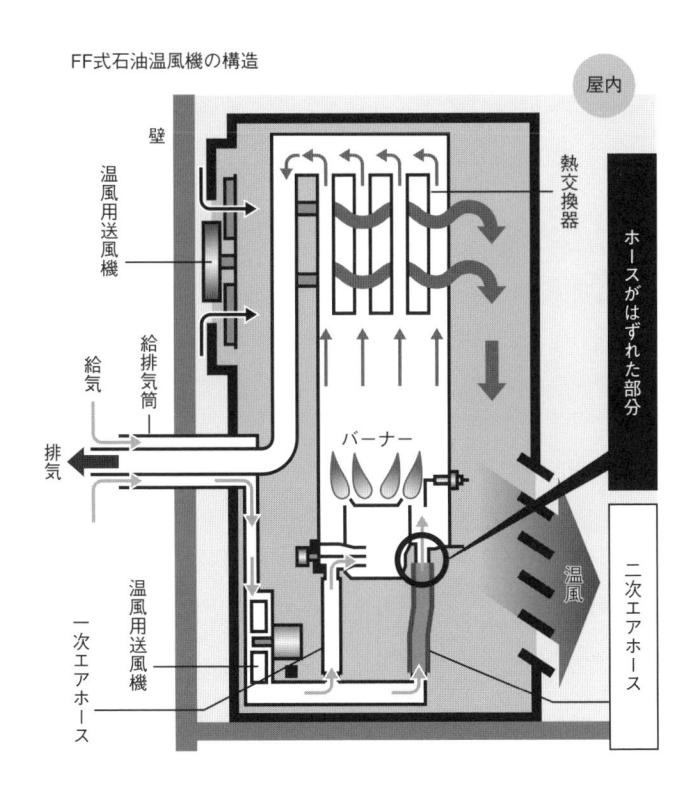

図1.13　石油温風暖房機の構造

対象製品は1985年から92年までに製造した15.2万台が対象で製造後約20年経過したものであった。同社はTVコマーシャルを全面的に「お知らせとお願い」の告知広告に切り替え、延べ10万人動員し、200億円をかけ回収に当たっている。事故後5年経過するも回収率は2010年2月末現在で75％にとどまり、2010年現在も同社のホームページトップに告示を掲げている。

［原因］
・吸気用エアホースの亀裂
　事故の発端は製造後13年から20年経過したゴム製エアホースの亀裂による一酸化炭素の漏えい死亡事故である。材質の選定、経年変化、20年にも及ぶ想定外の使用期間など商品企画並びに設計に起因している。
・代替銅製ホースの採用と締め付け金具の不適切
　ゴムが腐食したので銅製に変更したがホースの重量が2倍強になり中吊りで締め付け金具の作業性も悪く抜け落ち被害を拡大した。現場、現物に立脚しない設計の課題を浮き彫りにしている。
・サービス作業の不備
　リコール期間中の慎重な作業に徹したはずが13件もの取り替えたホースの脱落が発生し、そのうちの1件は取り返しのつかない重大事故を招くに至っている。サプライヤーとサービス会社の連携の不備がここにも露呈した。
・危機管理体制の遅れ
　予防保全と共に、事故が発生した後の初期動作やその後の対応の仕方で大きく差が出てくる。本件も最初の事故が発生した3カ月後に担当部門でのリコールを開始しながら現場任せの対応で事故を拡大させ、所轄官庁からの一喝で初めて本格的な対策を取らざるを得ない結果となっている。

［本ケースからの学習］
① 現場、現物に立脚した設計技術の確立
　規格、商品保証期間、実使用想定期間並びに実際の使用環境を熟知し

た設計であるとともに、顧客のみならずサービス部門の意見もVOC（Voice of Customer）として謙虚な設計者であらねばならない。

② 事故発生時の危機管理体制

最初の重大事故が発生した後の、リコール体制、適切な処理方法とその徹底を行っていればこのような事故の拡大や莫大な損失、企業自体の信頼の低下にまで至らなかった。事故に対するセンシビリティ、大企業病、メーカーとサービス会社の連携など他山の石とすることは多い。

3.3 ソフトウェア製品の品質保証体制

現在の製品は規模の大小はあってもマイコンやコンピュータが内蔵され、ハードとソフトの複合製品になっており、機能の充実拡大に伴いソフトの規模の拡大はとどまることはない機運にある。しかしハードもソフトも目的、機能を実現するための手段であり製品の目的に見合った品質がきちんと保証されなければならない。

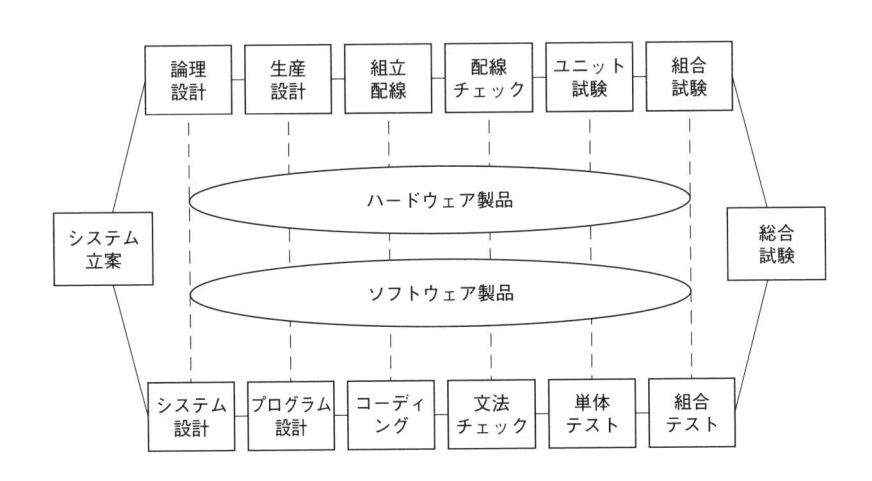

図1.14 ハード・ソフト複合製品の開発プロセス

一般的にソフトとハードの複合製品の開発製造プロセスは図1.14に示されたフローになる。製品企画段階で機能をソフトとハードに分離された後はそれぞれ独立して製造試験を行い最終段階で結合して総合機能の確認と品質保証がなされる。

　ソフトウェア製品が産業界で実用化されてからすでに40年ほども経過し、現在は正に高度情報化社会の真っただ中に身を置きながらソフトウェア工学は中々前進せずハードウェアの技術進歩や社会や産業界の要請に応じられていないのが現状である。

　ソフトウェア品質の評価尺度としては当時から、表1.9に掲げる指標が実用されており、もっとも代表的なソフトバグカーブなどがある（図1.15）。また品質保証体制のVカーブ（「V字モデル」ともいう）も時代を問わず順守されなければならない[12]。図1.16のVカーブの意味するところは、開発初期の仕様決定段階で見落とした欠陥は、システムが現場で実用されるまでは発見摘出が極めて困難であるということである。前述の3.1ケースBにおいて、新規上場株の発行株式数を2桁もオーバーした注文に対し、システム的にブロックするロジックの欠落が実用開始後数年たって初めて発生した例である。

　ソフトの生産工程は、専門家集団の世界であっても、ハードとの結合後の総合テスト段階はユーザーを交えた総合的なテストができる。とりわけ具体的な物理現象での結果や使用者側の使い勝手を含めた確認も可能である。ソフトという異次元の空間と現実空間の結合をしっかり行い確実な総合評価を行わねばならない。このフェーズではソフト技術者もハードやユーザーのソフト自体には異次元の集団とも普通の言葉で会話ができ、自分たちが完成させたソフト成果物に対し的確な判断を得られる努力が結果の評価に大きく影響することを肝に銘ずべきである。

　ソフトウェアシステムの開発に対するプロジェクト、チーム、組織の管理の重要な項目を表1.10に掲げておく。

表1.9 ソフトウェア品質管理メトリックス

項目	定義
全工程、各工程通過率	（実績期間÷予定期間）×100％
レビュー実施率	各工程の成果物に対するウオークスルーの実施率
検査網羅度	試験項目数÷全ステップ数（件/Kstep）
エラー検出率	検出エラー数÷全ステップ数
テストカバレッジ率	通過分岐数÷全分岐数、通過モジュール数÷全モジュール数
後戻り作業率	総合試験以降のエラー修正作業工数の全工数に対する比率
仕様変更作業率	仕様確定後の仕様変更作業工数÷全作業工数
その他	エラー未処理件数、テスト未完項目数、再利用率、負荷率、応答性、リソース余裕率

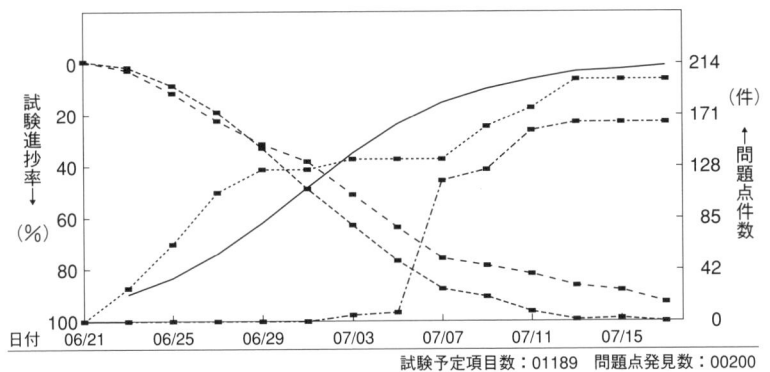

試験予定項目数：01189　問題点発見数：00200
問題点予測数：00214　曲線種別：ロジスティック　試験実施項目数：01111　問題点解決数：00164

試験予定項目 ━━　試験実施項目 ━・━　問題点発見 ━‥━　問題点解決 ━・━　問題点予測 ───

図1.15　バグカーブ管理例

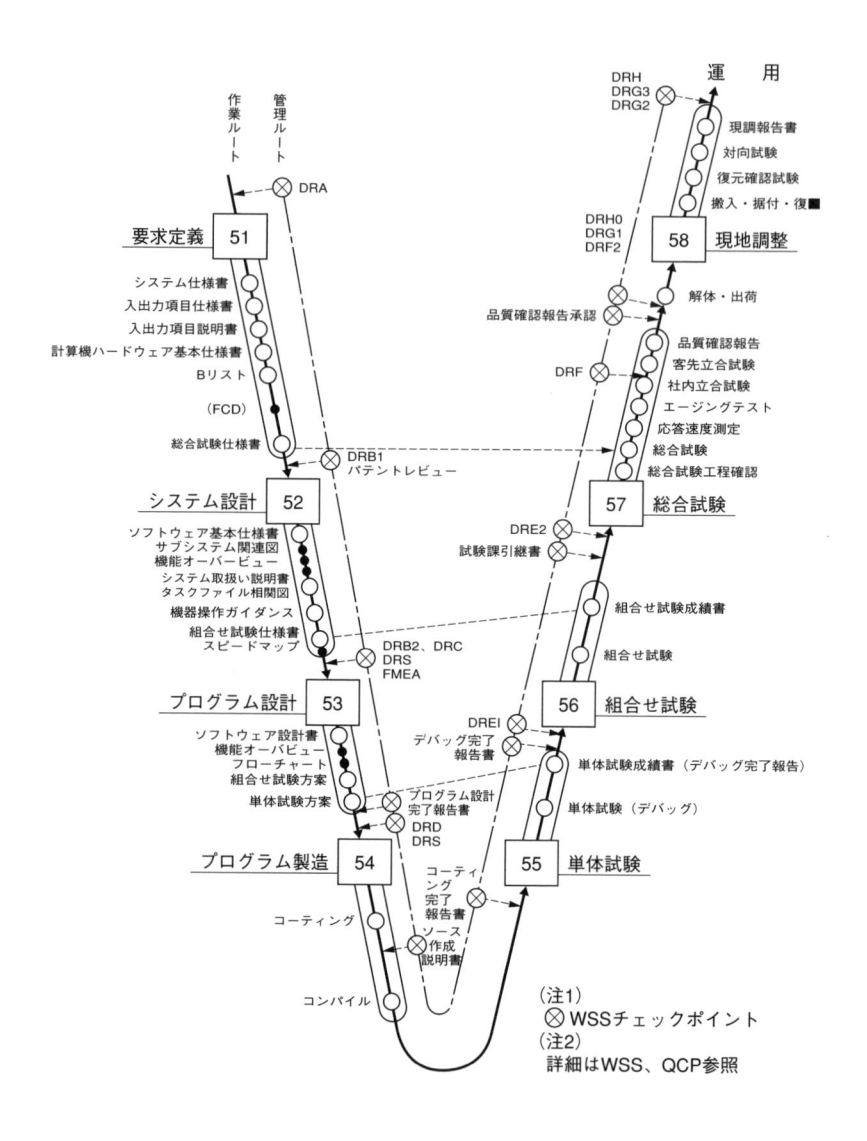

図1.16　品質保証体制のVカーブ

表1.10　ソフトウェア管理の要諦

```
① 「見える化」　　見せる努力と見る努力
② 3現主義（現場、現物、現実）
③ ABC作戦
     当たり前のことを、馬鹿にしないで、チャンとやる。
④ 仕掛け、小道具を準備する。
     安直な試験ツール
     フルスケールシュミレーション試験設備
     設計段階で試験方法を考える。
     試験方法が確立してないものを作ってはいけない。
⑤ ソフト部門こそQCサークル活動を。
⑥ 工程は崩れる前に手を打て。
     便りの無いのはいい便りではない。
     報告をしない部下は信用できない。
     解っていない者は何を報告するべきかも解っていない
⑦ DRで組織のノウハウを結集すること。
     スペシャリストの活用は管理者の責務。
     スペシャリストは会議の発言に責任をもて。
⑧ 発表の機会を与えよ。
     DR、ウォークスルー、社内発表会、客先の来社時、
     ならびに先方での会議、学会、社外研修会の参加など
     機会はいくらでもある。社内発表会にはトップ、スタ
     ッフも必ず出席を。
```

3.4　サービスの生産性と品質評価

　サービスの生産性と品質活動は表裏一体の関係にある。表1.11がサービスの生産性と品質に関する現場で実用されている代表的な指標である。自分たちの現場の活動成果を代表する指標を用い、継続して活用することが重要である。QCサークルなど職場単位でこれらの指標を定め自分たちで日常活動に溶け込ますことである。管理指標についても、どの指標を重視するかを関係者がすべて理解していなければならない。

表1.11 サービスの生産性と品質指標

No	項目	計算式、計数項目など	単位
1	平均稼働時間MTBF	システム全稼働時間/ダウン回数	時間H、日
2	平均ダウン時間 MTTR	システム全ダウン時間/ダウン回数	時間H、日
3	稼働率	MTBF/MBTF＋MTTR×100	％
4	CSI（CS Index）顧客満足度指標	継続的なCSアンケート調査結果の指標	
5	平均サイト到着時間	コールから現地着まで時間	時間H
6	平均サイト作業時間	MTTRとは別に実作業時間	H
7	報告書提出	提出の有無、作業完了後提出まで	日
8	1人作業率	1人作業完了率、平均作業人数	％
9	CC解決率	コールセンターの応対で解決した比率	％
10	保守部品在庫量 保守部品在庫率	保守部品の棚卸在庫量 必要部品の在庫充足率	金額。円 ％
11	平均保守部品到着時間	コール後サイト到着時間	H
12	サービスマン残業時間	月平均残業時間	H
13	サービスマン外勤率	月平均外勤日数、月平均訪問サイト件数	
14	サービスマン教育率	年間平均教育時間数	H
15	サービスマン有資格率、同資格数		
16	顧客謝罪件数	年平均顧客謝罪回数、（役職別出動回数、役職重み係数付き）	
17	顧客感謝件数	年平均感謝回数（感謝状、表彰状、電話、メール、書類）	
18	重大事故件数	年平均件数	
19	ワンパット率	1回の訪問での解決比率	
20	業績	売上高、利益、利益率、勤務率、退職率 始末書	

4. サービスの見積もりと対価

　我が国の永年続く商習慣として、有形物（ハード製品）には対価を払うが、無形物（ソフトウェア、サービスなど）に対する金銭的評価は低く「サービスはサービス」の観念が根強く現在でも存在している。

　そもそもサービスの価値（Value）はそれに要したコスト（Cost）とは直接関係しない独立したものである。また価値とそれを金額で評価する対価（Price）との関係も今後の未開拓で大きな課題である[12]（図1.17）。

　他方、情報化時代に入り、製造業が提供する商品やシステムの構成要素としてソフトウェアの比率が格段に増し、コスト面でもソフトウェアの占める比率が増大している。その中でソフトウェアの見積もりやその対価決定基準方式は、後続するサービスビジネスに対しても参考になる有益な示唆を提供してくれる[13][14]。

　これらの課題を抱えながらも、現実としてサービスのビジネスは行われている。現行のサービスの見積もり並びに対価の決定方式で活用されている代表的なものを表1.12に掲げる。

　表1.12のNo1方式はハードの価格に依存した見積もりであり、機器やシステムがハード主体の場合にはこの方式が最も単純で納得性が高いものであった。しかし、機器やシステムに付加価値が増してくるに従い、この方式ではサービスサプライヤー側での採算性が合わなくなり、これを利用することが困難になってきている。

　従って、もっとも広い業種で適用され顧客との合意が得られやすいものはNo2のコストオン方式である。表1.13に電機産業で実用されている見積もり方式の具体例を掲げる。各項目毎に具体的な数量、所要工数、単価、合計を計算する。所要工数に対する単価は作業者のスキル、責任等により3〜5区分され各区分毎の単価は同業者間においてデファクト（相場）が確立されつつある。機器や作業項目をできるだけ細分した方が顧客の理解を得られやすい。

　日本銀行が定期的に企業向けサービス価格指数を調査しており、その

表1.12　サービス費の見積もり方式

No	分類	概要	特徴	
1	市場価格法 ハード依存法	市場価格で決定 ハード価格運動%で決定		前提条件 市場価格が存在
2	コストオン法 WBS法	サービス作業の構成要素を詳細に洗い出し、それぞれに必要なコストを算出する。	リピート率が高いと制度が良くなる。顧客に受け入れやすい。	ハードが存在過去の実績のデータベースが重要。
3	FP法	サービス機能を分析し、重み係数をつけ、その機能実現の必要工数を算定する。	再現性、客観性あり。機能、要求仕様の詳細分析が必要。	過去の実績をベースとした機能、目的物実現の所要工数データが必須。
	オブジュエクト類推法	要求定義または要求仕様からオブジュエクト（目的物）量を推定しその実現に必要な工数を算定する。		

調査に用いるプラントエンジニアリングのモデル設定は次のように規定されている[15]。

　投入量（人日）×単価（円）×利益率＝サービス価格（円）
　単価例　プロジェクトマネジャー　　　1人日　105000円
　　　　　シニアエンジニア（10年以上）　1人日　 60000円
　　　　　一般エンジニア（10年未満）　　1人日　 30000円

これらのコストオン方式は、コストの積み上げには実際的な方式であるが、コストと成果物との関連が直結しない根本的な限界がある。

これに対し、表1.13 No3のFP法はソフトウェアビジネスで限定的ではあるが採用されている方式である。ソフトの機能を分解し、それぞれにFP値（Function Point）をつけ、そのFP値の総計がソフトウェアの

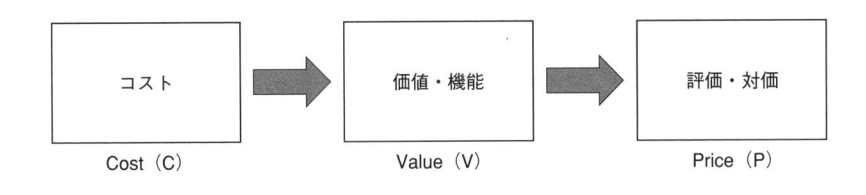

```
┌─────────┐      ┌─────────┐      ┌─────────┐
│  コスト  │ ──▶ │ 価値・機能│ ──▶ │ 評価・対価│
└─────────┘      └─────────┘      └─────────┘
  Cost（C）        Value（V）        Price（P）
```

図1.17　サービスの価値連鎖構造

表1.13　電機機器サービス見積もり方式
（特別高圧受変電機器点検整備見積り事例）

No	機器名称	数量	所要工数	金額
1	機器A	5	15人日	円
2	機器B	10	30人日	円
3	作業責任者	1	10人日	円
4	報告書作成費	1式	2人日	
5	機材費	1式		
6	消耗品費	1式		
7	安全対策費	1式		
8	工事用車両費 （高速道路使用）	1式		
9	交通費	1式	55回	
10	一般管理費	1式		
11	小計			
12	出精値引き			
13	合計			円

機能と判断する。開発工数1人月がいくらのFP値のソフトを開発することができるかを、開発組織ごとの競争力の観点より算出する。すなわち、過去の実績データを蓄積しておき、これからFP値を開発工数に変換し、1人月の対価より金額に換算する方式である。ソフトウェアの要

求定義が確定した段階で、機能分析を行いFP値を積算する。FP値を人月換算し、そのうえで金額に変換するのは上述のコストオン方式に慣れ親しんでいる業界の慣習に沿ったやり方であることから、FP法は複雑なシステム開発分野で普及しつつある。具体的にソフトウェア機能分析を行い、FP値を積算する手法については文献（16）などに詳述されている。

適用事例として、ケース1では、大規模ソフト開発プロジェクトの開発引き合い見積もり段階での概算で6300FPにて一旦提出し、要求定義完了（仕様確定段階）時点で当初の仕様範囲で4600FP、追加仕様が入り7000FP、1人月13FP、1人月100万円で総額5億円の巨大物件であった。このようにFP法を用いるとソフト機能の増減に対する見積価格への反映が容易になる利点もある。

ケース2では、ある営業所の社員の出張精算システムの開発である。出張者が端末から出張目的、行く先、工程などを入力する。営業所長から承認を得る。出張後精算をする。所長から精算の承認を得る。月末に出張状況一覧、予実算管理を出力する。以上が本ソフト開発の要求定義である。FP値の積算では、データファンクション（社員属性データ、出張費基礎データ、出張データ、目的地、交通費各ファイル）計27FP、トランザクションファンクション（ログイン、一覧画面、精算承認、一覧表の印刷、など）計60FP 総計87FP、1人月10FP、1人月80万円で総額700万円での落札となった。この程度の小規模の場合には、機能とFPとの関係が明確になり、このような実績を重ねてゆくことで機能分析、機能の定量化が前進してゆくと考えられる。

サービスビジネスは本質的にソフトウェアと同様な性格と特性を備えていると考えられるので、今後はこのような試みがなされることが期待される。ハードウェアのコストダウンで多用されているVE（Value Engineering：価値工学）の考え方は大いに貢献することと思われる。

これらサービスのコスト、価値並びに対価の関係の研究と実用化の前進が産官学に課せられた課題の1つである。

5. サービスビジネスマネジメントシステム

　サービスの現場が顧客やサイトの広域に分散されることが商品の開発製造プロセスと最も異なる環境であり、マネジメントを困難なものにしている。自社内のマネジメントでは管理システム、手法、並びに管理者自身の現場巡回を始めとする「見える化」は相当なレベルに達しており、日本の製造業が外国企業との差別化、競争力の源泉となっている。
　しかし、製造業といえども顧客サイトにおけるサービスの生産性、品質、競争力並びにサービスに携わるスタッフの技量、モラルの維持向上などはまだまだ多くの課題が残されている。IT、ITCの技術が進み、ケイタイやGPS（地球位置検知システム）の活用も普及している。e-ラーニングによりスタッフ教育の環境も整ってきた。
　地球の末端に至るまで苛酷な作業環境に設置される建設機械のサービスマネジメントシステムとしてコマツが先行開発した「KOMTRAX」は、IT、GPS、ケイタイを活用した正にベストプラクティスである。第2章に掲げたこれら先行するベストプラクティスを学び、業種を横断したサービスマネジメントシステムの構築とその活用が「サービスをビジネスする」ゴールの1つの姿でもある[17]。

6. サービスはビジネスを革新する

6.1　サービスはビジネスの平準化が図れる

　現在は100年に1度とまで言われるほどの不況に世界中が巻き込まれている。今まで好況を謳歌した自動車や電機産業が最も大きな影響を被っているが、これら産業の不況は作った商品が売れない正に商品のフローがストップしていることにある。
　しかし、この半世紀にも及ぶこれら産業の商品やシステムは顧客のサ

イトに膨大なストックとして蓄積されている。この蓄積されたストックの財に、更なる活用を促し、新しい価値を付加し、必要ならばリニューアル、リプレースを促進することである。商品のフローには景気変動の波があっても、ストックは平準であり、これら財は稼働を続けている。このストックされた財を直視したサービスビジネスを製造業のもう1つの根幹に据えるなら、景気に変動に左右され難い安定したビジネスモデルの構築を可能とする。

現に、PC、プリンターやハードディスクなどの機器のビジネスを売却してソリューションとサービスの事業を拡大し、2.5次産業と称される新しいビジネスモデルにシフトしているIBMや富士通は、かつての同業のICT各社より成長性と利益体質の企業に華麗なる変身を遂げている。

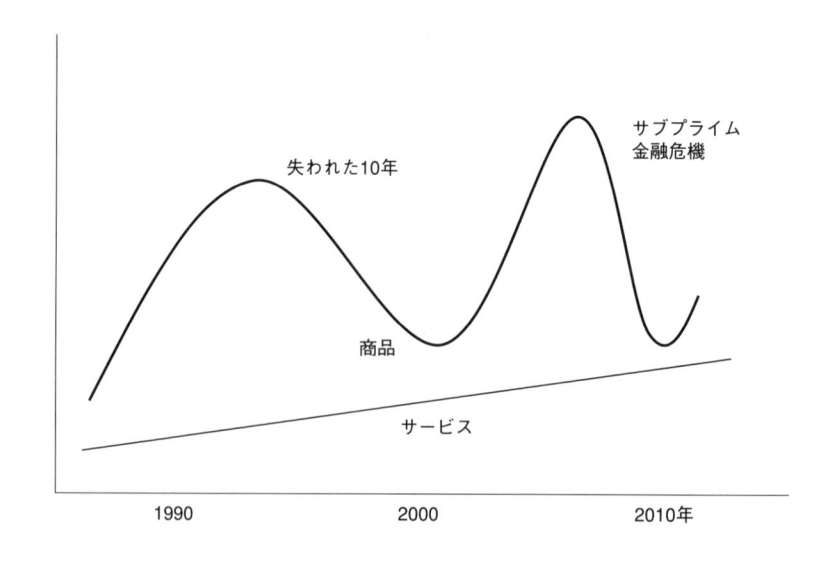

図1.18　サービスビジネスは景気変動を平準化する

6.2 サービスビジネスはグローバルに歓迎される

　サービス事業の特徴として、①生産と消費の同時性、②消費地近接産業の2点があげられる。20世紀の日本の産業界は輸出の拡大により経済大国の構築に貢献してきた。しかし過大なる輸出の拡大は相手国に対する公害や失業の輸出と揶揄されてもきた。今回のサブプライムに端を発した金融クライシスも、実質経済において輸出依存の日本経済を最も直撃した結果になっている。

　しかし、火力や水力の発電プラント、空港設備や海水淡水化プロジェクトなどの相手国のインフラ設備の建設や、鉄鋼プラント並びに化学コンビナートの建設などは、発展途上国の産業構築への寄与に対しては感謝され、いまだに両国友好のシンボルになっているものも多い。これら既存の財の安定操業や、更なる高度化したサービスによる付加価値の増大を目指すことは、日本産業自体の事業拡大とともに、確かなグローバルへの貢献である。

7. 産業セクター間の協業促進

7.1　第2次産業から第3次産業への貢献

　20世紀の製造業が構築した強い現場管理手法は、①品質管理（QC7つ道具からTQM、6σまで）、②QCサークル活動に代表されるチームワーク、③JIT・カンバン方式、④3現（現場、現物、現実）、6S（整理、整頓、清掃、清潔、作法、躾）、⑤SCM、など枚挙にいとまがない。これらの手法や概念のいずれも製造業におけるサービス事業の拡大にただちに活用されるべきものも多い。

　たとえば、旅館の従業員やゴルフ場のキャディ、病院の看護師の集団に製造現場で築き上げたQCサークル活動は、大変効果的で、最近の

QCサークル大会では、これら第3次産業集団と海外の製造業のグループの活躍が大変目立っている。ファーストフードのチェーン店やコンビニの経営に製造業の経営論理をもちこむことによりサービス界のイノベータとして成功した例もたくさんある。ノウハウの伝授に時間がかかるなら、現在大量に出現しつつある定年退職後の団塊の世代の筋金入りの管理者や技能のリーダーを、この新分野で活躍してもらえば一石三鳥ぐらいの効果がある。第3次産業に限定することは無く、1次産業の農業、林業、漁業などでも十分適応できよう。

注） TQM（Total Quality Management）、6σ（6シグマ運動）、JIT（Just in Time）、SCM（Supply Chain Management）

7.2 第3次産業から第2次産業への貢献

　倒産した旅館やリゾートの企業再生に名をはせる軽井沢温泉の老舗の二世経営者星野リゾートの星野佳路社長によると、リピーターの客を増やすための旅館の畳や露天風呂などハード面での価値は、図1.19に見られるごとく1回目が最高でリピートの回数ごとに低下する。そしてこれを持ち上げるためには、更なるロビーの改装やカーテンを交換するなどの投資が必要だという。これに比し、「旅館に客が到着したときには角さんお待ち申しておりましたと名前で呼びかけ、すでに暖めている部屋に案内する。子供が熱を出したりすると親身で面倒を見る。オムツの準備も怠り無い」などのソフト面の充実は、リピートの回数毎にバリューが増え客をとりこにするという。ソリューションやサービスとなれば人が主役であることから、顧客対応やソフト面で「おもてなしの心」に代表されるきめの細かい日本の伝統のサービスの心や作法につき製造業の学ぶべき点は多い。

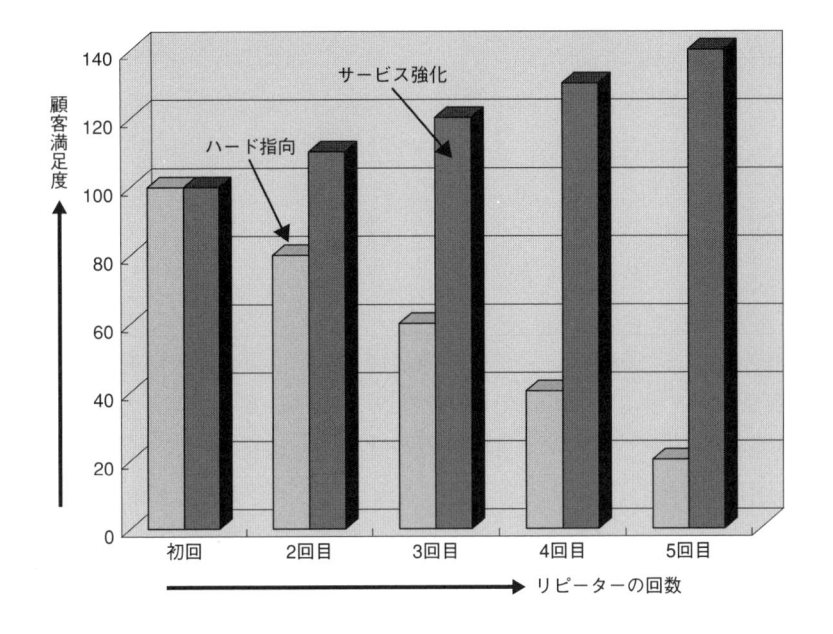

図1.19　リゾートホテル客の満足度

8．サービスは人を育てる

　技術者が製品やシステムを開発しても、それが現場で実際にどのように稼働し使われているかを体験するまでは、開発や設計時意図していたことが実現されているか、顧客の望んでいたものが設計に織り込まれていたのか確認できない。従って、若き技術者の育成には、まず自分が設計したものを実際に製造している現場に立ち会わせる。組み立ての容易性や、部品の交換に問題ないかなどから、設計時点で思い及ばなかった改造を強いられる場合も多い。さらに、社内試験をパスした装置やシステムとともに顧客のサイトでの運転操業にベテラン調整員と共に参画するのである。決められた試運転当日まで幾晩もの徹夜作業を顧客の技術者などと共同で行い、無事全システムが稼働に入れることができた感激

を実感することのサイクルを繰り返すことにより現場を熟知した強い技術者が育ってゆく。

　企業としても、自社商品のみならず関連機器やシステムのサービスや操業にビジネスとしてかかわることが、真に顧客の求めるソリューション提供を実現し得るし、サプライヤーと顧客の間の幅広い人脈とのインターフェイスは掛け替えのない財産である。

　人の育成のCDP（キャリヤ開発プログラム）のなかで、サービスビジネスにかかわることにより、産業に携わっている多くの階層の人脈の機微にふれておくことが、その後の管理者や経営者として大成した時の財産にどれだけなることか計り知れないものがある。

　MBAやMOTの資格を得てジョブホッピングにより昇格して行く欧米の経営者のキャリヤパスとは大いに異なるが、現場を熟知し人間味豊かな21世紀型経営者の育成にはサービス事業の経験は欠かせないキャリヤになると確信する。

9．おわりに

　企業の時価総額は一般的に次式で表わされる。
　　　時価総額＝純資産＋MVA
　　　時価総額＝株式時価×発行株式数
純資産が企業の貸借対照表に計上されている有形資産であるのに対し、MVA（Market Value Added：市場付加価値）が無形資産を表わしていることになる。時価総額の株式時価は純資産の評価と共に、企業の無形資産価値を総合的に評価していることとなる。

　企業の持つ無形資産は、①技術資産（知的財産権、ノウハウなど）、②営業資産（営業権、ブランド価値など）、③人財（従業員数、有資格技術者、有能な経営層など）等に代表されるが、いずれも定量的、金銭的評価は、大変困難なものである。

現在は、M&Aなどで企業丸ごとまたは一部のビジネスユニットを企業間で売買されることが日常的に行われる。その際の最終的売買価格の決定は大変困難な問題である。純資産評価は当事者間の財務的判断で比較的納得性が高いが、MVAは最終的に「のれん代」としてその決定に大変な困難が伴っているのが現実である。

製造業のサービス化が進めば、企業価値の無形化が進むこととなり、その無形価値を構築する無形資産を明らかにしなければならない。

サービス業務における資産とは何か

その資産はどのような尺度で評価されるべきか

サービスビジネス資産価値の金額への変換関数はどのように考えるか

企業内でサービス資産を強化してゆくための人材教育カリキュラム

社内的無形資産管理のあり方

無形資産の社外への公表方法

このような課題が山積している。しかし21世紀の製造業における企業競争力の源泉がサービス並びにソリューションの提供にあることからも、このような本質的課題に正面から取り組むことが必須である。この分野における産官学の協力が待たれる所以である。

参考文献

(1) 亀岡秋男（監）:『サービスサイエンス』，エヌ・テイー・エス，pp.89-109（2007）
(2) 千本倖生:『MBA式会社のつくり方』，PHP, pp.61-83（2000）
(3) 寺本義也，原田保:『無形資産価値経営——コンテクスト・イノベーションの原理と実践』，生産性出版（2006）
(4) 高橋聡:『バリューイノベーション』，産能大出版部，pp.224-270（2007）
(5) 松島克守:『MOTの経営学』，日経BP社，pp.23-29（2004）
(6) 野中郁次郎:『グローバリズムと日本のリーダー——知識社会とフロネス経営』，日本MOT振興協会講演資料（2010）
(7) 鎌田由美子:『ecute物語——私たちのエキナカプロジェクト』，かんき出版（2007）
(8) 社会資本整備審議会建築分科会建築物等事故・災害対策部会昇降機等事故対

策委員会:「シテイハイツ竹芝エレベータ事故調査報告書」(2009)
(9) 角忠夫:「多発する重大品質事故と技術経営」松蔭紀要,第10号 (2008)
(10) 大前研一:『大前の頭脳』日経BP社,p.21 (2009)
(11) 大和田尚孝:『システムはなぜダウンするのか』,日経BP社,p.43 (2009)
(12) 情報処理推進機構ソフトウエアエンジニアリングセンター編:『ソフトウェアテスト見積りガイドブック──品質要求に応じた見積りとは』,オーム社,p.7 (2006)
(13) 独立行政法人情報処理推進機構ソフトウェア・エンジニアリング・センター編:『ソフトウェア開発見積りガイドブック』,オーム社 (2008)
(14) 同:『ソフトウェア改良開発見積りガイドブック』,オーム社 (2009)
(15) 日本銀行調査統計局:「企業向けサービス価格指数・2005年度基準改定の最終案」(2009)
(16) 荒木貞雄/後藤卓史:『フアンクションポイント法の導入と効果的活用』,ソフトリサーチセンター (2006)
(17) 角忠夫:「サービスをビジネスする」開発工学Vol29, No1 p.3 (2009)
(18) 角忠夫:「無形資産価値評価と企業経営」,松蔭論叢,創刊号 (2006)
(19) 角忠夫:「知的資産情報開示の現状と課題」,松蔭論叢,第3号 (2007)
(20) 伊藤邦雄編著:『無形資産の会計』,中央経済社 (2006)

第2章 ● 製造業のサービス化事例と成功要因

角　忠夫
(松蔭大学、北陸先端科学技術大学院大学)

北谷泰一郎
(コマツ)

幡野一尋
(東芝エレベータ)

福田一成
(山武)

1．はじめに

　製造業は有形の商品を開発製造し、顧客に販売することから出発している。この商品に対する無形のサービスを付加することにより、顧客にとって最終的に求めている解、問題解決、ソリューションを提供することが、現在製造業に課せられている課題であることは第1章にて述べた。

　製造業にとってサービスが商品をより有効的に活用されるのみならず、付加するサービスにより顧客に便益が増加するにつれてサービスの比重も増してくる。この段階になれば、サービス自体の商品化、採算化問題が現実化してくる。しかしながら、サービス自体を本業とする第3次産業のサービスビジネスと異なるのは有形物商品を有することである。

　製造業のサービス化を考えるとき、
　(1) 商品の最適な状態での活用と商品の拡大販売への貢献
　(2) 商品にサービスを付加することにより、顧客の便益を拡大するこ

とによるサービス自体の評価とサービスを事業化
　(3) 製造業が商品とサービスを供給することを通じ、製造業と顧客の
　　両者にとって新しいビジネス、新しい便益への拡大発展

の3つの側面が考えられる。

　本章においては、製造業のサービス化に先行してジャンルを切り開いている企業のケーススタディにより、上記3つの課題を解明してゆく。まず、(1)の観点から、今世紀に入り新しい技術開発に成果や環境問題に直面した経済環境下で、強い商品開発とGPSやITCを全面的に活用し、グローバルなサービス網を構築して商品事業を成功させている建設機械業の事例を示す。

　次に、(2)の観点から、製造業におけるサービスの重要性を商品の開発時点から事業の基軸に置き、顧客に対してもサービスの重要性と価値を認識してもらう努力を業界として続けているエレベータ事業の事例を取り上げる。製造業の部門で最も早くサービスの事業化を確立し、商品とサービスの両面で製造業としての採算化の基盤を強固なものにしている。

　さらに、(3)の観点では、ビルや工場の自動化、オートメーションで最も主体的な技術分野である、計装メーカの事例を取り上げる。ここでは長い歴史の中で築き上げた技術経験と幅広い顧客のネットワークを活用し、現在に課せられた環境分野で新しいビジネスを開拓し、製造業、顧客両者にとって正に新しい便益を供給する事業展開を始めている。

　これら3つのケースの先行各社は、経営的にも同業界内でトップ集団に属し、時代に先駆けてあるべき企業の方向を正しく定め切り開いてゆくことが事業の継続性や発展性に最も重視されるべき基本であることをよく物語っている。また、1章で論じた製造業のサービス化推進の基本的な課題であるサービスビジネスモデル、品質、生産性、見積もり、対価、並びにサービスの無形資産の蓄積、開示、教育等に関して、ここに示す各社の対応を意識して学習していただければ、本章の意図がより鮮明になると期待している。

2. 建設機械のグローバルサービス展開——コマツの事例

2.1 背景

コマツは2011年に90周年を迎えるが、創業以来建設機械や鉱山機械を製造・販売し、またそれのアフターサービスを提供しており、日頃からTQC活動による製品品質の向上やきめ細かいサービスの提供により顧客に満足いただけるように努めてきた。

コマツの顧客や代理店に対する基本理念は、図2.1にも示すように通常のサポートのみならず改善活動を通じてWIN-WINの関係を構築することであり、これにより顧客の信頼を得てお互いのビジネスの発展を達成するとともに代理店の育成・強化も合わせて実現するものである。

顧客満足度向上の考え方を図2.2に示す。顧客要求の基本は安い機械の維持費で最大の生産性を達成することであり、顧客満足度向上の達成のために何をするべきかは以下に集約される。

- 顧客満足度最大化とは何か？→顧客にとってなくてはならない存在になること。
- 多様化する顧客の要求を全て満足させる。
- 顧客との対話、課題解決の促進がカギであること。

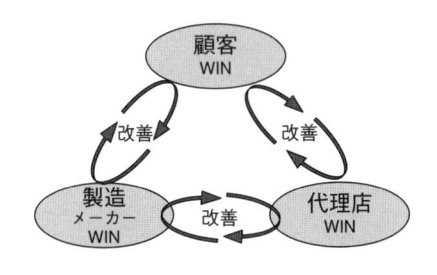

図2.1 顧客、代理店、製造メーカの3者のWIN-WIN関係

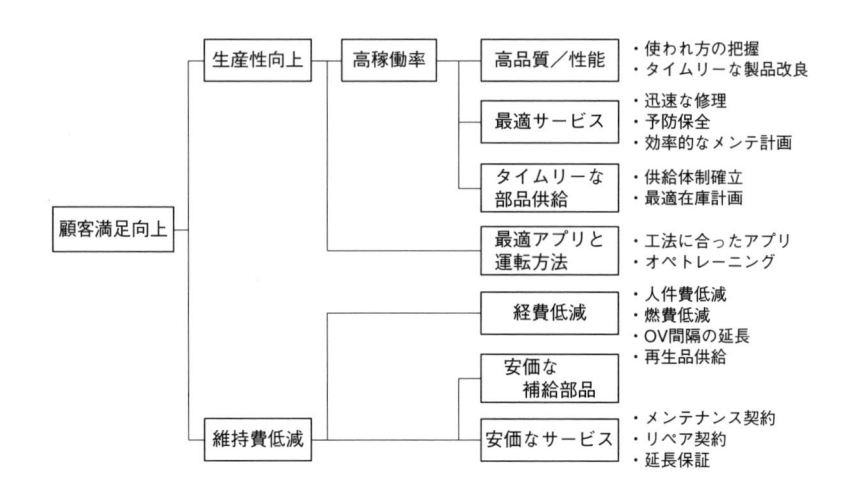

```
                                        ・使われ方の把握
                        ┌─ 高品質／性能 ──┤
                        │               ・タイムリーな製品改良
                        │
           ┌─ 高稼働率 ──┤               ・迅速な修理
           │            ├─ 最適サービス ──┤・予防保全
           │            │               ・効率的なメンテ計画
  ┌生産性向上┤            │
  │         │            │ タイムリーな     ・供給体制確立
  │         │            ├─ 部品供給 ────┤
  │         │            │               ・最適在庫計画
顧│         │            │
客│         │            │ 最適アプリと   ・工法に合ったアプリ
満┤         └───────────┤ 運転方法 ─────┤
足│                                     ・オペトレーニング
向│
上│                                      ・人件費低減
  │                    ┌─ 経費低減 ─────┤・燃費低減
  │                    │                ・OV間隔の延長
  │                    │                ・再生品供給
  └─ 維持費低減 ────────┤ 安価な
                       ├─ 補給部品
                       │
                       │                ・メンテナンス契約
                       └─ 安価なサービス ─┤・リペア契約
                                        ・延長保証
```

図2.2　顧客満足向上の考え方

・全ての品質を上げて顧客の要求に応える。
・日本式マネジメント（顧客重視、品質第一主義、現場主義等）の良さを生かしてグローバルに展開していく。

2.2　グローバルサービス展開体制

　コマツは60年代から機械を海外に輸出しており、海外の顧客に対しても同様のサービスの提供に努めてきたが、国内外の配車台数が増えるに従い、コマツによる直接サービスから代理店によるサービス（サプライヤーからすると間接サービス）に移行し、90年代初めにはほぼ全世界が代理店によるサービスに移行したという歴史を持つ。2000年に入りますます配車台数が増え、これに呼応するように代理店の数も増え、200を超える数になってきているのが現状である。配車台数（過去7年間に販売した総数）もミニ建機を含めて全世界で45万台を超えており、この膨大な数の機械を対象に、多数の代理店を使っていかに高品質のサ

ービスを提供するかがコマツの大きな課題であった。

　このためには代理店の能力を向上させることがまず不可欠であり、人材育成をはじめ数々の支援を行っている。これをまとめたのが表2.1であり、下記に大別される。

1) 代理店人材育成（サービス技術面と代理店経営面）
2) 日本人スタッフによる代理店スタッフのOJT
3) サービスツールの提供（サービス資料、工具、ITツール）
4) 製品品質のサポート（故障対応や顧客要求対応）
5) 代理店のパフォーマンス評価と指導（含むOJTによる指導）

(1) 代理店人材育成

常日頃、顧客と接し顧客の機械のメンテナンスや修理を担当する代理

表2.1　コマツと代理店の関係

下表 A B C を上手く回すことにより代理店能力強化

		コマツ		代理店
基本的な役割		・開発／製造／販売 ・代理店 人材育成／支援 ・グローバルエンジニア育成	A	・ユーザへの本体販売 ・直接サービス／部品販売 ・R&M契約等
人材育成	Off JT　技術 　　　マネージメント　C	B ・コマツサービス部員 ・PSカレッジ ・自衛隊経験者 ・フィリピン人材開発	次により育成 ・集合教育 ・品保部門経験 ・開発部門経験 ・テスト部門経験 ・代理店・現場駐在	人材育成　①サービス基礎教育　サービス技術 ②製品教育 ③運転技術教育 ①コマツウェイ　マネージメント ②改善手法 ③代理店経営
	On JT （新興国）	派遣		人材育成・業務支援 ・サポートセンタ設置 ・現場でのOJT
支援	製品品質	品質改良	ITシステム	情報伝達　・故障情報 ・使われ方／環境 ・ユーザ評価・要望
	サービス技術	・サービス資料 ・工具 ・ITツール	提供	活用・効率化
	代理店パフォーマンス	改善指導		インデックス報告　・サービス売上げ ・有償比率 ・即応率

店のメカニックやスタッフを育成することは非常に重要である。コマツでは国内外にトレーニングセンタおよびそのインストラクターを持ち代理店の人材育成を行っている。中でも新興国の人材の育成が急務であり、このためにメカニックとして最低限必要なアイテムを網羅したカリキュラムを設け新興国にインストラクターを派遣して育成・強化を計るとともに、特にアフリカには代理店の中にトレーニングセンターを設立して代理店スタッフを育成しレベルアップを急いでいる。

また代理店スタッフに対するサービスマネージメントの育成も日本内外で実施しており、将来の代理店のトップマネージメント候補も含めてこれに参加している。コマツの経営方針の理解から、QCの考え方、これに基づく改善活動の立案・実施、サービス会計の習得や各種サービスオペレーションの評価のためのインデックスの理解等を中心にカリキュラムを組んでいる。図2.3に全世界のトレーニングセンターの配置を示す。

米州
　米国　ジョージア州
　米国　フロリダ州
　ブラジル　サンパウロ
　チリ　サンチアゴ
欧州・CIS
　ベルギー　ブリュッセル
　英国　ニューキャッスル
　ドイツ　ハノーバー
　ドイツ　デュッセルドルフ
　イタリア　エステ
　ロシア　モスクワ
　トルクメニスタン　アシガバド
アジア・オセアニア
　シンガポール
　インドネシア　ジャカルタ
　オーストラリア　シドニー
　中国　江蘇省
中近東・アフリカ
　アラブ首長国連邦　ドバイ
　南アフリカ　ヨハネスブルク
　セネガル　ダカール
日本
　栃木県
　静岡県
　大阪府

図2.3　全世界のトレーニングセンターの配置

（2）日本人スタッフによる代理店スタッフのOJT

　上記で述べたように代理店の人材育成を促進しているがやはり座学等のみでは限界があるので代理店の中にサポートセンターを設立しOJTによる育成を実施している。代理店のキーパーソンに対してテクニカルサポートを実施したり品質情報の収集方法や解析方法等をOJTで学び、このキーパーソンが自社の中でこれを展開していくという流れで代理店全体のレベルアップを図っている。サポートセンターはこれまでに約20ヵ所程度設立したが、今後も新興国を中心に増設していく計画である。

　またOJTを実施する側の育成も重要である。入社時から特別に訓練を施した後に実務を経験させコマツのサービス技術やしくみ、製品知識を身に付けさせサービスエンジニアとして育成し、彼らの育成も兼ねてサポートセンターに派遣する。一般的に任期は3年である。

（3）サービスツールの提供

　サービス資料や工具（含むジグ）、ITツールを提供することも非常に重要な支援である。資料や工具の提供には2つの側面があり、1つは新機種の市場導入に伴う新しい機能・構造の部分に関するもの、他の1つはより効率的なサービスを行うために新しい工具や診断器等を提供することである。後者の方は世の中の動向を踏まえて開発を実施している。

　ITツールについては後で詳しく述べるが、代理店の経営管理に関するシステム、品質情報やサービス・部品販売タイミングを的確に掴むためのITツールを開発し提供している。

（4）製品品質のサポート

　機械が故障した場合通常は代理店により修理されるが、これが何度も再発したり、他の同モデルにも発生した場合などは重要品質問題としてコマツが対策を検討しできるだけ速やかにこれの対策を提供する必要がある。この情報を速やかにコマツに提供することが代理店の役割であり、これを受けて故障診断等のテクニカルサポートも含めて支援するのがコ

マツのサービススタッフの役割である。

　また、顧客要求の多様化に伴いライフサイクルコストの低減等の要求が出されるケースが多くなってきたが、このような場合も代理店単独では困難なのでコマツの支援が必要である。もちろん設計部門や工場の支援を含めてサポートしていくが、近年多いのが燃料消費量の低減要求や機械の稼働率の向上要求などである。

(5) 代理店のパフォーマンス評価と指導

　今まで述べてきた支援を行った結果代理店のパフォーマンスがどう改善されてきたかを評価する必要がある。この評価に基づき足りない部分をさらに育成していくという改善のサイクルを回し、さらなる強化をしていかなければならない。この為に評価インデックスを設定、特に人材の技能レベルや数を評価するもの、顧客満足度の視点を評価するもの、代理店経営の視点を評価するものに大別されるが、これらをいかにして改善していくかを支援するために代理店にはこれらインデックスのデータを提供するように指導し、コマツのスタッフの目でチェックしたり、代理店を訪問することで改善活動を遂行している。

2.3　ITを活用したサービス展開

　上記が直接顧客にサービスを提供している代理店の育成・支援であるが、近年はITを駆使してサービスを提供するビジネスモデルが非常に大きなウエイトを占めておりこれについて次に述べる。

　ITツールの歴史はサービスの形態に寄るところが大きいので、これとの関係を図2.4に記載した。80年代まではコマツが直接サービスする形態であったが80年代の終わりごろから代理店主体の間接サービスに移行した。

　コマツが直接サービスをしている時はメーカーで品質情報を全て入手できたので問題なかったが、間接サービスになった時点で代理店から品

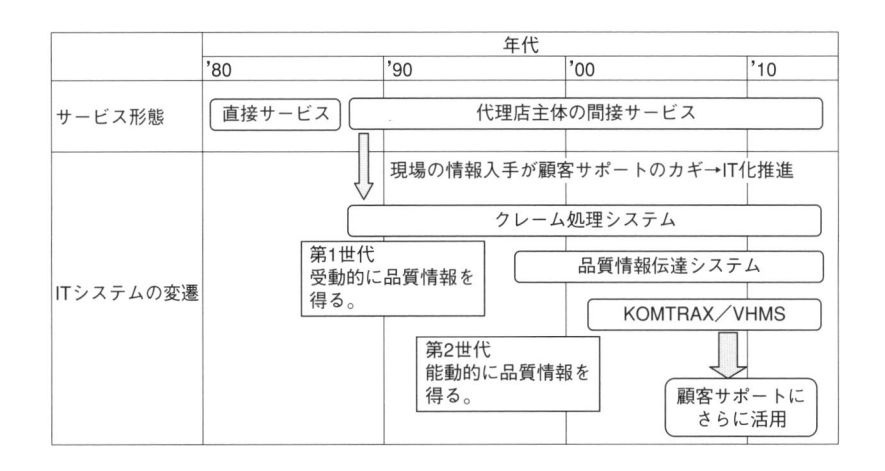

年代	'80	'90	'00	'10
サービス形態	直接サービス	代理店主体の間接サービス		
ITシステムの変遷		現場の情報入手が顧客サポートのカギ→IT化推進 クレーム処理システム 第1世代 受動的に品質情報を得る。 第2世代 能動的に品質情報を得る。	品質情報伝達システム KOMTRAX／VHMS	顧客サポートにさらに活用

図2.4　サービスにおけるITシステムの変遷

質情報を得るためにクレーム処理システムや品質情報伝達システムが必要となった。これを第1世代と呼び、基本的に情報を受動的に得ていた時代である。しかしながらサービスの質やスピードをさらに上げるためには受動的ではなく能動的に情報を得るシステムが不可欠であり、これを実現するためにコマツの技術を結集して開発されたのがKOMTRAXやVHMSと呼ばれるITツールであり基本的に機械の状態を通信媒体を使って常にモニタするシステムである。

　KOMTRAXはKomatsu Tracking Systemの略、VHMSはVehicle Health Monitoring Systemの略であり、前者は主に一般建設機械、後者は鉱山機械に装着され各種データをリモートでモニタリングすることができる。長時間使用される鉱山機械はコンポーネント等のオーバーフォールが必要になるが、これの必要時期を見極めるために必要なデータがVHMSに付加されており、これが前者と後者の大きな違いである。またITシステムを使用する目的は、下記が主なものであり、前者2つが代理店が主に使用する目的、後者2つがメーカ側が使用する目的で

ある。
　①顧客の機械を止めない。故障した時でも迅速に修理し使いたい時に使える状態にするといった顧客満足度向上や顧客コストの最小化を図る。
　②部品やサービスの売り上げを向上させる。一般建設機械ではこれを使ってメンテナンス契約を拡大させる。鉱山機械では修理も含めた契約を拡大させる。
　③機械の稼動状況把握によるきめ細かなマーケティング活動の展開
　④製品改良や次期商品の開発にデータを使用

(1) KOMTRAX

図2.5にシステムの概略図を示す。既に2009年度までに15万台以上の機械に装着されており日々膨大な数のデータが配信されているが、KOMTRAXから得られるデータとしては、サービスメータ(以下SMR)、位置情報、エラーコード、コーション、ゲージ情報、運転内容、負荷頻度、燃料消費量等が挙げられる。また機械の位置情報のみならずサービスカーの位置情報についても同一画面で表示することができる。

図2.6、2.7に画面の例を示す。使用目的によっていろいろな画面に切替えることができるが添付のものが基本的な画面であり、主に次のように活用されている。

　・エラー・コーション情報→リモート故障診断による必要部品準備、と迅速な訪問・修理
　・ユーザからの修理依頼　→最寄りのサービスカーを派遣し、突発故障発生時の迅速な対応
　・顧客機械のメンテナンスインターバルの把握
　　　　　　　　　　→計画的なユーザ訪問を実施し、メンテナンスの確実な実施による故障予防と部品販売サービスの売り上げ向上

これらのデータ活用を通じて顧客に高付加価値サービスを提供し顧客

の満足度向上を計るとともに代理店の収益向上にも貢献する。
　一方、メーカ側のデータ活用例としては
- SMRの動きを見てモデル毎、使用分野毎に稼働の状況を把握し新車販売や部品販売の計画立案を行う。
- エラーコードやコーションの発生頻度をモデル毎や稼働地域毎に分析しこれの原因究明を行うとともに必要であれば製品改良を実施。
- 実際の現場での燃料消費量を把握し、開発時の狙い通りになっているかの検証を行ったり次期モデルへのフィードバックを行う。

等が挙げられるが、これらデータは宝の山でありさらなるデータ活用を推進していくことが今後の課題である。

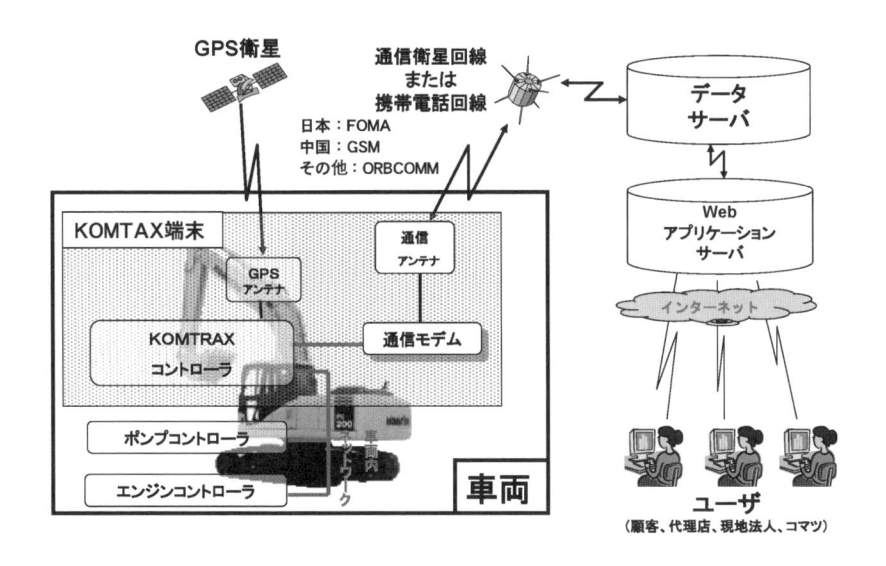

図2.5　KOMTRAXシステムのイメージ図

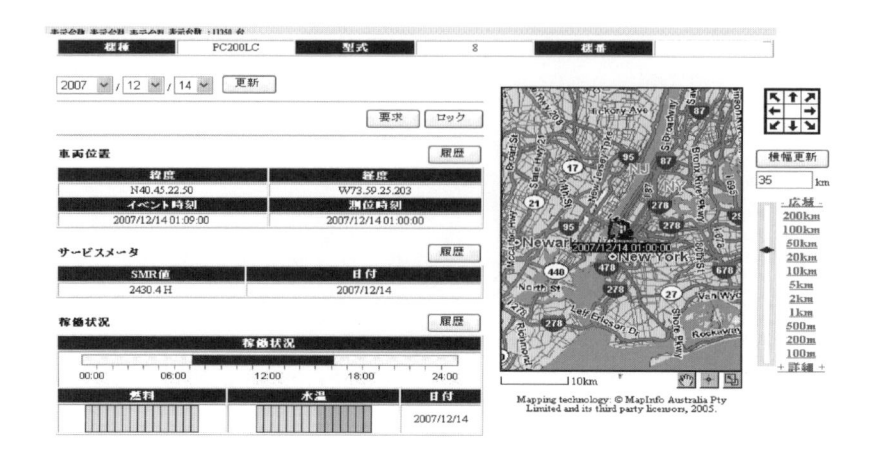

図2.6　KOMTRAXの出力例1

図2.7　KOMTRAXの出力例2

(2) VHMS

　基本システムはKOMTRAXと同一であるが、前述したように機械のオーバーフォール時期を把握するためのデータが付加されている。特にエンジンやトランスミッションと言ったコンポーネントがオーバーフォールの対象となるが、これらの内部部品の磨耗による使用限界を見極めるためにいくつかのセンサーを装着している。これらのデータを使って最適のタイミングでオーバーフォールするように顧客にリコメンドすることが、顧客のライフサイクルコストの中で高いウエイトを占めるオーバーフォールコストを低減できるので非常に大きなメリットとなる。しかしながら、タイミングを見誤ると故障発生にも繋がり、故障発生後にオーバーフォールすると掛かる費用が約2倍に膨らむことから、この判断は非常に高度な技術力や経験値が必要であり、現在の課題の1つでもある。

　また、KOMTRAXに対して追加で付加されたデータを使って、より精度の高い故障診断や故障予防保全が可能となる。重要な品質問題が提起された時には、VHMSのデータを使って故障発生時の車体の状況を把握することにより原因の特定が可能であるし、これらのデータを使って他の機械での同一問題の発生を事前に予防することが可能である。

　KOMTRAXに比べて専門色が濃くなるため、これをいかに代理店が有効に活用するかも1つのポイントになる。鉱山顧客対象のため、稼働現場も特定されており、メーカ側からのサポート可能なので、まさに顧客・代理店・メーカの3者が一緒になって顧客の機械をサポートしていく活動に結びつけることが可能であり、この中で代理店もVHMSの使用に関して経験を積んでいければ一石二鳥である。ITツールとしてKOMTRAX・VHMSに限って紹介したが、他にも代理店の管理をするためのパッケージ等の開発、導入も実施している。

　代理店を育成し、ITツールを駆使して付加価値の高いサービスを提供することに関して述べたが、もう1つ重要なのは部品の供給体制である。いくらサービス体制が整っていても部品がなければ顧客の満足のい

くサービスは提供できない。部品を大きく分けて定期交換部品などの消耗部品、故障した時やオーバーフォール時に必要になる機能部品に分けられるが、前者よりも後者の方が需要予測という意味では取り扱いがむずかしい。供給リードタイムを短縮しながらいかに在庫を減らすかというのがポイントである。

　図2.8に世界のパーツセンターマップを示す。目標は24時間以内に供給することであり、全世界が目標達成できるように必要であれば追加設置も視野に入れて活動中である。図2.9に、現在コマツが顧客に対して提供しているサービスの全体を示すが、これらの1つ1つのレベルをさらに上げて顧客満足度を最大化できるように業務を遂行している。

パーツセンター

米州
　米国　テネシー州
　米国　ペンシルバニア州
　米国　ネバダ州
　米国　コロラド州
　米国　ミネソタ州
　米国　オレゴン州
　米国　ジョージア州
　米国　フロリダ州
　カナダ　バンクーバー
　カナダ　トロント
　ブラジル　サンパウロ
　チリ　サンチアゴ
欧州・CIS
　ベルギー　ビルボード
　ドイツ　デュッセルドルフ
　チェコ　プラハ
　ロシア　モスクワ
　ロシア　エカテリンブルク
　ロシア　ハバロフスク
　ロシア　クズバス
中近東
　アラブ首長国連邦　ドバイ

アフリカ
　南アフリカ　ヨハネスブルグ
アジア・オセアニア
　シンガポール
　インドネシア　ジャカルタ
　インドネシア　バリクパパン
　インド　ナグプール
　オーストラリア　シドニー
　オーストラリア　パース
　オーストラリア　マッカイ
中国
　北京市
　上海市
　広東省
　四川省
日本
　北海道
　栃木県
　石川県
　大阪府
　福岡県

図2.8　パーツセンターの全世界配置図

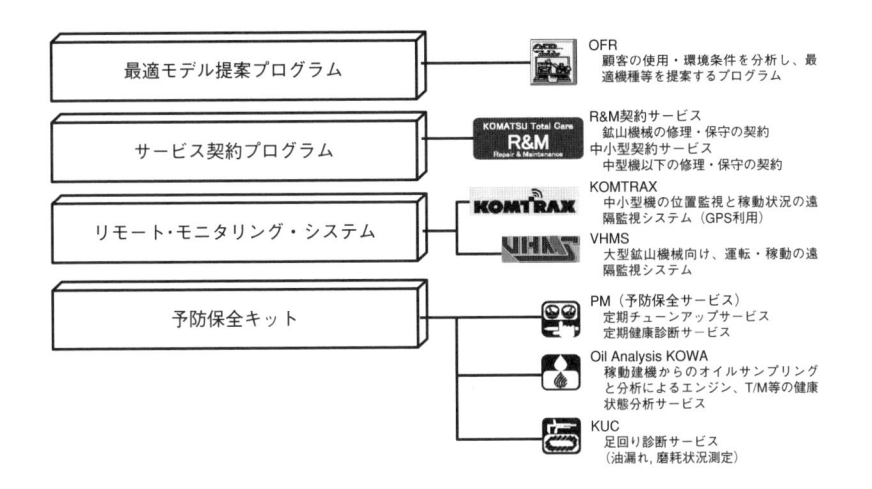

最適モデル提案プログラム	OFR 顧客の使用・環境条件を分析し、最適機種等を提案するプログラム
サービス契約プログラム	R&M契約サービス 鉱山機械の修理・保守の契約 中小型機契約サービス 中型機以下の修理・保守の契約
リモート・モニタリング・システム	KOMTRAX 中小型機の位置監視と稼動状況の遠隔監視システム（GPS利用） VHMS 大型鉱山機械向け、運転・稼動の遠隔監視システム
予防保全キット	PM（予防保全サービス） 定期チューンアップサービス 定期健康診断サービス Oil Analysis KOWA 稼動建機からのオイルサンプリングと分析によるエンジン、T/M等の健康状態分析サービス KUC 足回り診断サービス （油漏れ，磨耗状況測定）

図2.9　提供中の各種サービスプログラム

3．昇降機設備のサービス事業──東芝エレベータの事例

3.1　昇降機設備とは

　昇降機設備は縦の交通機関として、高齢化社会が急激に進展するなか、バリアフリー生活空間の積極的な解決策として期待が寄せられる公共性の高い乗りものである。

　エレベーターは、1台に必要な部品は4千種類以上、点数は最低でも2万数千点に及び、極めて複雑なメカニズムを有するマシンである。現在はロープ式エレベーターが主流で、他に油圧式がある。ロープ式の一種であるマシンルームレス型は、1998年に国内で初めて市場投入された製品である。巻上機と制御装置を昇降路内上部に設置する方式で従来のビルの最上部に設置される機械室がないため、省資源・省電力そして建築コスト削減に貢献するだけでなく、建物設計の自由度が向上し、狭い日本の住宅事情にマッチして、マンションブームの影の火付け役とな

った。現在の国内新設エレベーターの多くが、このマシンルームレス型となっている。

エスカレーターは、足を乗せる踏段（ステップ）を踏段チェーンで連結し、上部に設置した駆動機（モーター）と駆動チェーンで結び稼動する。速度は通常30m／分で、駅などの大量輸送が求められる場所では40m／分のものが設置される（図2.10）。

3.2　昇降機設備の保全

昇降機設備は、定期点検、定期整備、整備計画に基づく部品交換により、故障発生前に異常個所を発見し、適切な処理を実施する予防保全を中心に、故障発生時や地震・台風などの自然災害発生時の緊急時対応（事後保全）を組み合わせて、ライフサイクルの管理を行っている。

昇降機設備の安定した運行維持管理には、適切な保守を継続的に実施

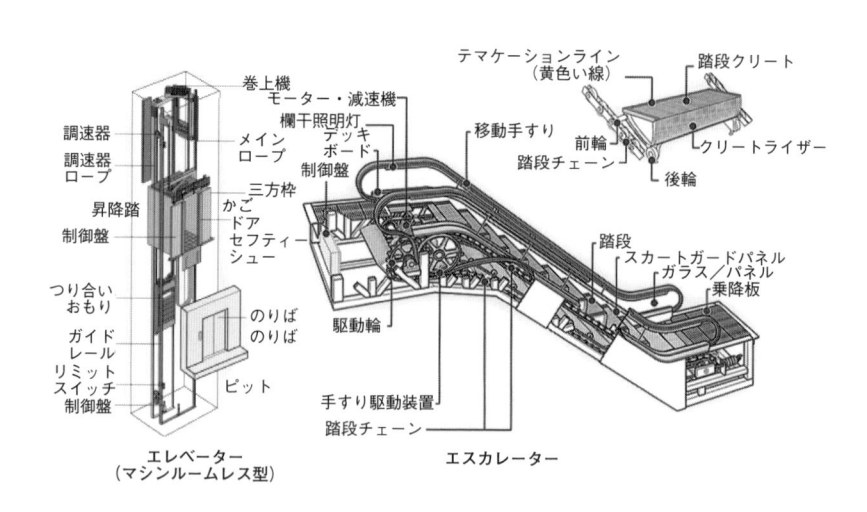

図2.10　エレベーターとエスカレーターの構造

する必要があり、最終的には"人"の手によって直接保守する必要があることから保守人員の確保と育成が必要である。年々増加する昇降機設備を限られた人員で保守するためには、従来の業務プロセス自体を見直し、リモートメンテナンスやITを駆使した業務支援ツールによって、効率化を図ることが急務である。

リモートメンテナンスとは、昇降機設備を遠隔監視、遠隔点検、遠隔診断することの総称である。エレベーターは通常24時間365日、遠隔監視により昇降機設備の状態を常に監視センター（以下、サービス情報センター）で監視している（図2.11）。

遠隔点検時は、サービス情報センターからの指令に基づき、エレベーター自身が、利用者の少ない時間帯（基本的には深夜）に、遠隔で診断運転をしながら各機器の機能状態を確認する。遠隔点検と同時に保守データを収集・分析し、今後の点検内容や整備計画に反映させる。これを遠隔診断という。遠隔点検・遠隔診断の結果は、毎月遠隔監視メンテナンス報告書にまとめ、顧客に報告する（図2.12）。

3.3　ITを駆使した保守業務支援機能

保守作業の効率向上のためには、保守員の直接及び間接業務プロセスにおいて、いかに効率良く現地情報を共有し、作業改善を推進し、省力化するかが重要である。

まず、保守員の業務プロセスを改革する上で必須となる業務支援機能として、高度化した機能を有する携帯電話を活用した保守支援ツールの機能について述べる。

（1）携帯電話による業務支援の概要

保守業務プロセスを改革するためには、社内基幹システム、遠隔監視システム、及び携帯電話を含む各種ネットワークシステムとの連動が不可欠である（図2.13）。本システム連動により実現される新たな機能に

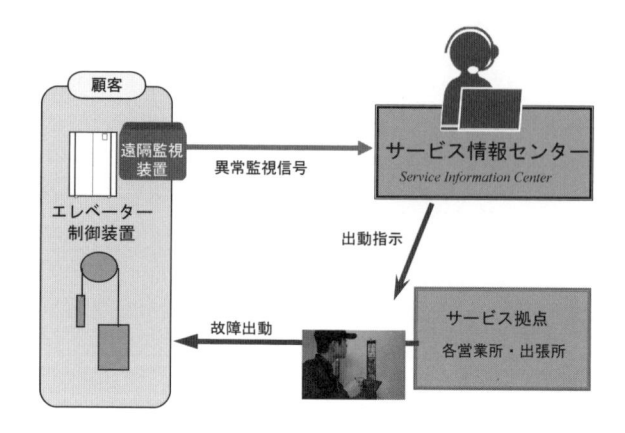

図2.11　故障発生時のワークフロー

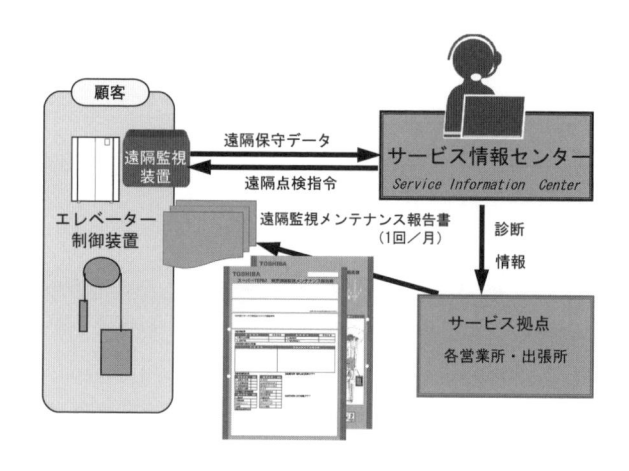

図2.12　遠隔点検時のワークフロー

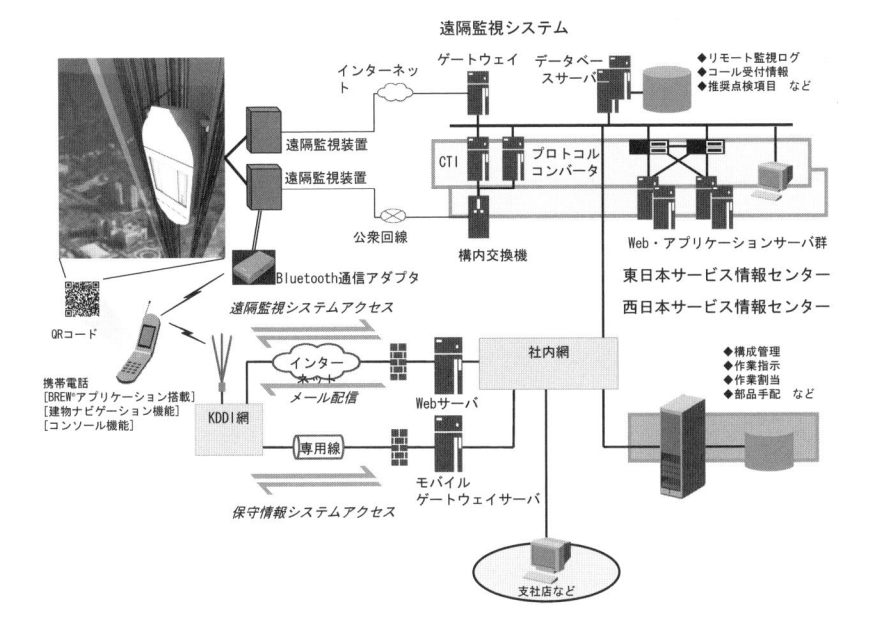

図2.13　携帯電話と社内基幹システムの連動

図2.14　現地情報の共有機能における建物状態表示

ついて述べる。

(2) 現地情報共有機能

携帯電話用のWEBサイトでは、現地にて昇降機設備の監視情報（遠隔点検情報、メンテナンス情報、故障経歴、未復帰情報、顧客情報）が参照できるとともに、作業進捗状況に関する情報（点検、出動に伴う作業開始と終了）をサービス情報センター及び支社店で共有している。

(3) 建物状態表示

地図システムと連動し、現在の保守員の作業（作業中、移動中）を地図上の建物情報に反映することで、設置している昇降機設備の状態を地図上から確認することができる。これによりサービス情報センター、及び支社店では管轄する昇降機設備の現在の状況を視覚的に管理することが可能になる。例えば故障発生時、エレベーターからの異常監視信号より、サービス情報センターは、地図システムで保守員の位置を確認し、出動者の選出を判断する（図2.14）。

(4) リアルタイムモニター

広域災害発生時には、管轄する対象地域の全昇降機設備の巡回点検を行うとともに、復旧状況を即座に集計し、社内情報として発信する必要がある。しかしながら、従来の方法では保守員との電話連絡などの情報を元に手作業で集計されていたため、巡回点検の進捗状況をサービス情報センターでリアルタイムに把握することが困難であった。現在では、携帯電話を活用することにより、現地での点検作業実績（点検開始／終了）を記録することで、サービス情報センターでは点検進捗や点検完了率をリアルタイムに把握することができるようになっている（図2.15）。

(5) 出動指示機能

昇降機設備は通常、24時間365日、遠隔監視により昇降機設備の状態を常に、サービス情報センターにて監視しており、昇降機設備の異常検知や顧客からの問い合わせにより、サービス情報センターから保守員に出動指示を行う。出動指示には電子メールを用い、出動要請を受けた保守員の携帯電話に電子メールを送信する（図2.16）。電子メールを受け

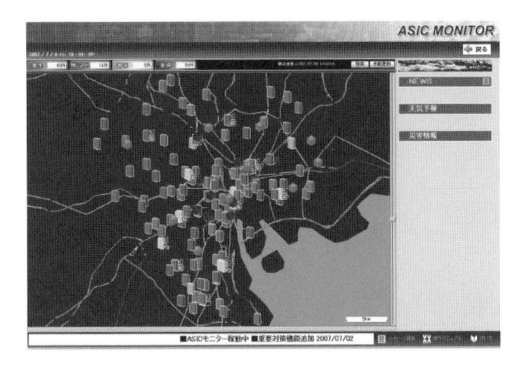

図2.15 広域災害時のリアルタイムモニター

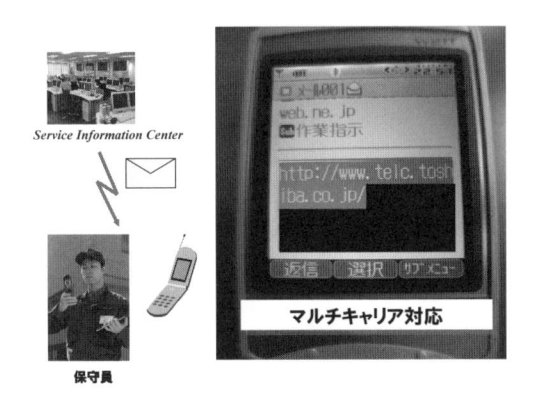

図2.16 出動指示機能

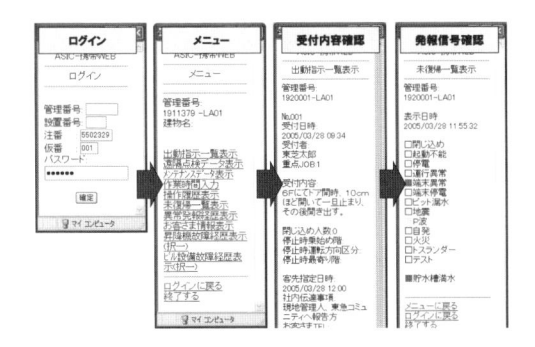

図2.17 保守員専用の携帯Webサイト

取った保守員は携帯電話のブラウザ機能を用いて、保守員専用の携帯Webサイトにログインし、故障内容を確認することができる（図2.17）。保守員は事務所に居ない場合であっても、電子メールによる通知と保守員専用の携帯Webサイトの利用により、保守員への出動指示とその出動内容（昇降機設備の状態）の確認を即時に行うことが可能である。

3.4 付加価値サービス

年々増加する昇降機設備を限られた人員で保守するために導入を進めてきたリモートメンテナンスやIT化は、保全業務の効率化だけでなく、各種技術の高度化の中で構築してきた情報インフラを活用することで、顧客に対する様々なサービスを提供することが可能となった（図2.18）。

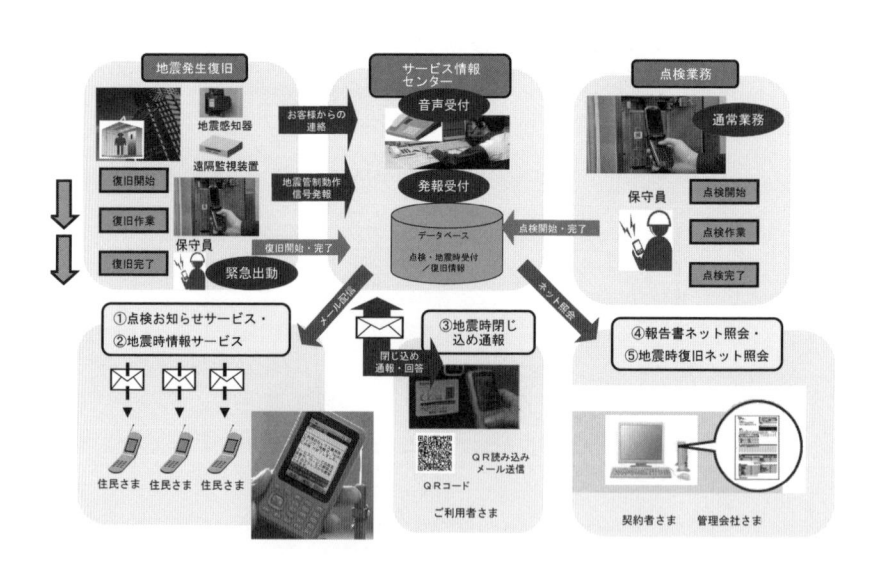

図2.18　付加価値サービスのコンテンツ

（1）点検お知らせサービス

エレベーター点検の開始と終了を、事前に登録されている携帯電話にメールで通知する。本機能は、保守員が昇降機設備ごとに貼付されたQRコード（(株)デンソーウェーブの登録商標）を携帯電話のカメラで読み取ることにより、作業開始・終了をサービス情報センターに通知すると同時に、自動的にエレベーター点検の開始・終了時刻として、事前登録している顧客へメールで通知する。

（2）地震時情報サービス

地震の際、エレベーターの停止・仮復旧・復旧情報を事前に登録した携帯電話にメールで通知する。

（3）地震時閉じ込め通報

携帯電話のメール機能を利用し、エレベーターに閉じ込められた場合に通報する機能である。広域災害発生時の一斉通話による通信渋滞が起こった場合に、かご内非常呼びボタン、音声による連絡に続く第3の有効な通信手段となる。前述の保守用QRコードとは別に、かご内に昇降機設備ごとにQRコードを貼付しておき、地震発生による閉じ込めが発生した場合に、乗客が携帯電話のカメラで読み取り、メールを送信することにより、サービス情報センターへ通報する。

（4）報告書ネット照会

インターネットを利用して、顧客が点検報告書を専用ホームページからいつでも閲覧が可能となる。

（5）地震時復旧ネット照会

インターネットを利用して、顧客が管理されている複数のエレベーターの最新状態や復旧状況を、専用ホームページからいつでも閲覧が可能となる。

3.5　今後の展開

保全技術はネットワーク技術の発達、及びセンシング技術の進化に伴

い、今後ますます高度化していくことが予想される。現地での稼動状況に関する情報量が格段に増加することで、現在の昇降機設備保全の主流である、予防保全・事後保全から、故障の徴候を監視して事前に対処する「予知保全」へ移行するとともに、今後は故障の原因を監視して事前に除去する「プロアクティブ保全」へと進化発展して行くと考えられる（図2.19）。

またセンシング機能が高度化し、かつセンサー本体のコモディティ化による低価格化が進行するにつれて、センシング項目も格段に増え、センシング内容も多岐に亘ることが予測される。これにより、従来機器に関する状態信号を中心に収集してきたセンシングから、昇降機設備を利用する顧客視点での感覚をセンシング情報として入力することが可能となり、故障の事前防止だけでなく、乗り心地や快適性などについても検知し、新たなサービスとして展開することが可能となる（図2.20）。

さらに各種センシングの高度化に伴い、昇降機設備における保守点検項目は人間系による点検項目が、今後徐々に遠隔監視等による機械系点検項目に移行することが予想される。最終的にはセンサー自体の点検項目も新たに保守点検の対象となる（図2.21）。

保守員の点検効率は更に加速し、現場での作業負荷も軽減されること

保全方式	概要	例1	例2
プロアクティブ保全PRM Proactive Maintenance	故障の原因を監視し除去する	PG（パルジェネ）内の汚染度＞所定値 →PG分解清掃	油タンク内の汚染度＞所定値 →オイル交換、分解清掃
予知保全PDM Productive Maintenance	故障の徴候を監視し除去する	かご振動が発生した場合 →PG交換（清掃）	レベルずれ発生 →油圧バルブ交換
予防保全PM Preventive Maintenance	故障発生を予防するために処置する	→PGの定期的交換	→オイルの定期的交換
事後保全BM Breakdown Maintenance	故障してから直す	PG出力波形不良で永久故障 →PG交換	運行異常停止で永久故障 →バルブ交換

図2.19 保全方式の比較

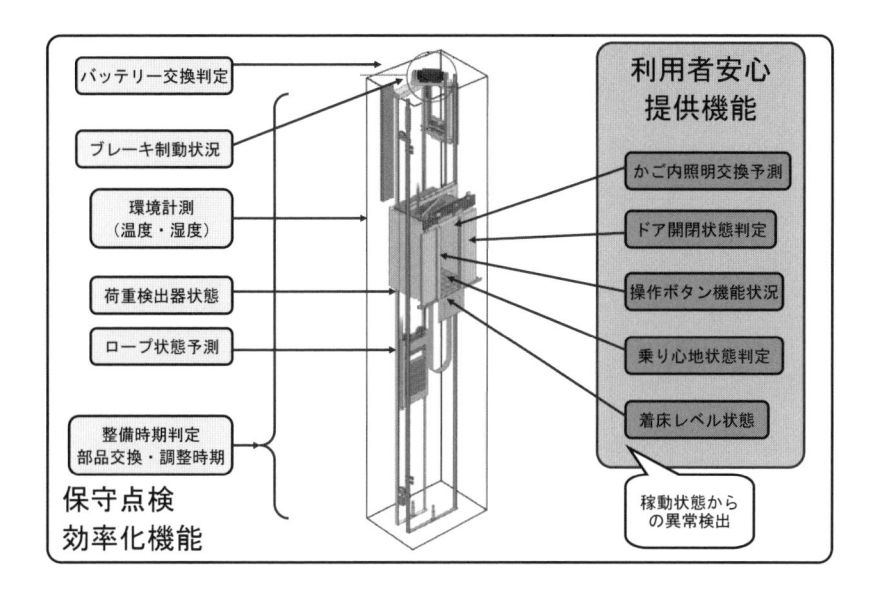

図2.20　センシング箇所と機能

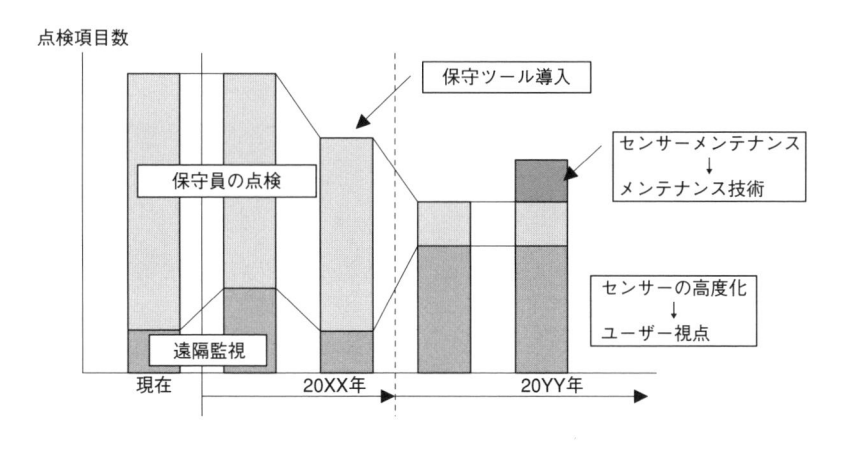

図2.21　点検内容の推移

で、保守点検時間が削減され停止時間も短縮される。顧客の利用に際しての快適性・利便性を考慮しながら、現場の情報をタイムリーに入手し、現場にマッチした最適な保全を提供し続けることが設備保全の使命であり、引き続き保全の高度化を推進する必要がある。

4. 計装ビジネスから環境ソリューションプロバイダーへ ──山武の事例

4.1 現場での改善活動の道具としての製品開発

　山武グループは、1906年の創業以来、計測と制御の技術、そして、永年にわたって培った経験とノウハウをもとに、社会と顧客の「省」に対する課題の解決に貢献してきた。特に省エネルギーに関してはBEMS（Building Energy Management System）に代表される製品開発とESCO（Energy Service Company）に代表されるソリューションを双発エンジンとした事業展開で拡大してきた。
　こういった事業展開から山武が学んだことは「顧客とともに、現場で価値を創る」ということである。顧客の現場にこそ、本当の価値の源泉があることを知り、現場で考えること、現場で使えることの追求から、自社の製品で「快適で効率的」という価値を現場で創造できるという経験を多くの顧客と共有してきたことがその原点である。本稿では、計測・制御メーカとしての山武がソリューションサービスと商品開発の好循環によってサービス・イノベーションを目指している現状を紹介する。
　快適で効率的な生活・業務環境の実現には、省エネや快適空間創造のための改善活動を継続し、それらの活動の中から創出されたノウハウを蓄積していくことが重要である。そのためにメーカとしての山武も、当初の計画における省エネが達成できているのか、快適な空間は創造でき

ているのかということを、顧客と一緒に現場でフォローアップを行い、改善活動に加わることを積極的に行っている。山武のESCOが施行後の省エネ量補償のみならず、M&V (Measurement & Verification, Monitoring & Verification) を改善のツールとして顧客と一緒に契約以上の省エネを実現するといったユニークなスタイルを確立したのは、こういったフォローアップ活動がベースになっている。

初期のBEMSは固定された場所でのみデータの表示やグラフ作業ができるものであった。顧客とのフォローアップ会議では、問題と思われる現象を特定すると、「次回までに解析グラフを作成し議論しましょう」ということになり数ヵ月単位で問題解決のサイクルを回していたが、それでもそれまでの状況からは相当の進歩であった。

これがデータを外部出力し、いわゆるオフラインBEMSで作業できるようになってからフォローアップの会議はスピードアップし、現場で次々に問題を解決し改善が飛躍的に進むようになった。

しかし、オフラインでもまだ時間的な遅れがありリアルタイムなフォローアップではないこと、そして是正のアクションをその場で取れないという使いづらさがあった。また多くの現場で改善活動を経験するうちに、空調・衛生や電気の設備、施設の運用、さらには経理部門や経営に携わるさまざまな専門家が協働で改善を進めていくことが重要であることがわかってきた。つまり「快適で効率的」という価値には多面的な検討が不可欠で、一面的な価値軸では対策が新たな問題を引き起こす懼れもあるということと、ひとつの部門では考えられなかった対策も、複数の部門が連携すると実現できる可能性があるということを現場で学習したわけである。そしてこういった複数主体の連携を実現するにはグループウエアとしてのBEMSが理想的であるということを現場から発想した。

山武は2004年にこのコンセプトを実現した"savic-netFX"をリリースし、各種機能の開発を順次行いBEMSを進化させてきた。その過程で、BEMSの機能をWebアプリケーション化し、サーバ内に実装する

ことでsavic-netFXは、全ての機能を汎用PCのWebブラウザ上にリアルタイムで表示が可能となり、ビル内はもちろん近隣ビルや広域管理センター、更に自宅のPCからでもビル内と同様に利用が可能となった。いわばこのネットワークBEMSが多くの現場で新たなソリューションを実現していくことになるが、こういった製品の発想は現場から生まれたものである。

　山武がこういった現場での価値創造をベースに製品開発を行うようになってきた経緯を次に紹介する。

4.2 「省」という企業理念がもたらしたもの

　山武は、戦後の高度成長期に我が国の製造業を支える計装機器メーカとして大きな役割を果たし、冷暖房の充実に伴う民生分野の空調制御など国民生活の向上にも寄与してきた。事業の価値軸は効率化、高性能化、品質の安定化など、ものづくりの基本となるものであった。

　70年代にはローマクラブに代表される資源の限界、環境問題などに訴求する価値軸が生まれ、山武は「省力、省エネ、省資源」といった「省」に貢献することを企業理念とし、その理念を"Savemation"と言う標語にこめた。

　オイルショックなどを経験し、特に省エネの重要性が社会認知されるようになると、「省」という企業理念が社員の中に「自社の製品は省エネに寄与するもの」という意識を喚起させた。これは製品開発や営業・マーケティングでも共有され、次第にモノを提供する中にも省エネというコトを提供することの重要性が意識されることになっていった。これは、自社の製品が使われている現場に目を向けることにもつながり、よく言われることではあるが、「顧客は穴あけドリルが欲しいのではなく、壁に穴があいている状態を欲しいのである」ということが少しずつ意識されてきたわけである。

　ところで米国ハネウエル社が60年代から事業を始めていた遠隔ビル

管理サービス BOSS（Building Operation Support Service）を山武は1984年に開始したが、BOSS センターは当時の施行メンテ会社である山武計装に設置され、90年には事業をその山武計装に移管することになる。これも現場で産み出される価値に次第に重みが増していった過程である。この BOSS 事業を通じて、計測と制御の専門家が設備の運転や保守のスキルを磨き、現場での改善のプロへ進化していくことになる。

また一方でストック市場の拡大にあわせリプレースやリニューアルを行うとともに、より利便性や省エネ性といった付加価値を提供する既設市場事業も80年代に始めている。

90年代後半には後のソリューション事業に繋がる2つの動きがある。1つは BOSS 同様米国ハネウエル社が展開していた ESCO 事業を国内で事業化することを検討し始めたこと、そして分社・再編によって、施行・サービス機能とメーカ機能を統合したことである。ESCO 事業は、当初新規事業として独立した組織で始められたが、まもなくメンテナンスや前述の BOSS 事業を展開するサービス事業部門と統合し、現場で価値を提供する ESCO の基礎を築くとともにサービス事業のソリューション化を加速していった。またリニューアル事業とも統合し、顧客施設のライフサイクルにわたるソリューション事業を展開するメーカーとして現在に至っている。

ESCO 事業とは、省エネルギーに関する包括的なサービスを提供し、省エネルギー効果の保証等によりクライアントの省エネルギー効果の一部を報酬として受取るビジネスである。計装機器メーカーの山武にとってこれらのサービスは必ずしも得意なものばかりではなかった。事業資金のアレンジなどは専門外であるし、「保証」という法的な側面を持つものに対して、不慣れな社員も多かった。また国内でもまだ浸透していないプロジェクトファイナンスの知識不足なども事業実施のハードルとなった。しかしまず数人のエキスパートを養成し、リース会社などとの協業を構成したり、社内の法務部門の人材を登用して標準の契約書を作成したりして小さく事業を開始し、いくつかの成功事例が作られていく

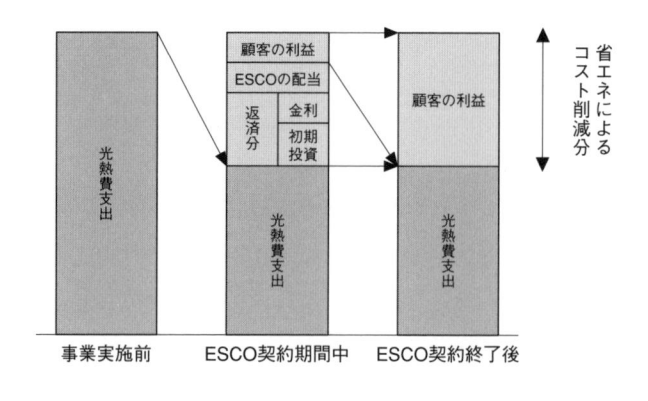

図2.22　ESCO事業における資金計画

と、社内での期待も大きくなってきた。そのような期待を受けて、既存の多くの部門と統合して、さらに外部の人材も採用して携わる人材も増やしつつ、全体としてのサービスのソリューション化が、ESCOが山武にもたらした最初の効果と考える。

　他方、ESCOに携わった人材にも変化が起こる。それはユーザーサイドのビジネス感覚とでもいうべきものである。流通で商品を供給しているとエンドユーザーとのかかわりが少なくなり、せいぜいメンテナンスなどのサービスがその辺を補っていた中で、包括的なサービスを行うために常にユーザーサイドに立ったビジネスを行うことに意識を変えていったのである。プロジェクトの実行意思決定のための計算をしたり、リスクを考えながら収益性を向上させるための様々な提案を行う。たとえば公的な補助金を応募提案したり、機材の調達先を選定したり、あるいは資金の調達方法や保険を考えることなどであるが、次第にそれらも通常の業務として行われることになっていった。これらの業務を眺めてみると、一般的には多くのビジネスが包含しているものばかりである。つまり、ESCO事業を行うことで自社の社員が一般に通用するビジネスマンにランクアップできたとも考えられる。

ところで、商社や金融と違ってメーカーはユーザーサイドに立ったビジネスをやりにくい面もある。つまりユーザーにとって有用なものが必ずしも自社の製品とは限らないということである。ESCOの場合、自社の制御機器が省エネに貢献する場面は多々あるが、やはり設備機器そのものの更新がメニューの大半を占める。長らく自社製品を売ってきた社員にとって、他社のしかも異業種の製品も扱うことに抵抗がないわけでもない。また自社製品の利益率に比べればどうしても仕入れ品や専門外の工事による利益率は低くなることも混乱を招いた。単一ジャンルの製品しか扱っていなかった山武にとって、このような多様なビジネススキームが混在する事業の評価は難しい。規模の小さな支店・営業所などではESCOを受注すると売り上げが立ち、利益額も何とか出ていても利益率が悪化し評価が下がるといった状況も起きた。本来貢献利益（限界利益）がプラスであれば選択すべき案件も、配賦経費などを含む評価で赤字と見えてしまうので受注に消極的にならざるを得ないのである。個別の案件を全社としての貢献度で評価することの難しさであるが、ソリューションの多様な展開にこの点は欠かせない管理問題である。

　そういう中で、本来の得意分野に回帰する流れも出てくるわけであるが、山武の場合これを良い方向に向けた。次項ではソリューションと商品開発の好循環の例としてBEMSに関して説明する。

4.3　ソリューションサービスからの製品開発

　ESCOを展開していたビルシステム部門はそれまで建物向けの監視制御システムBA（Building Automation）を主力製品として事業を展開していたのであるが、その主力製品をESCO事業の真ん中に持ってくるという発想に転じた。当時民生施設の省エネにエネルギーマネジメントの重要性が学会などで提唱され、新たな装置BEMSとして研究されていた。折からのIT振興とも相まって、経済産業省を中心に行政も本格的に普及支援を検討し始めていたため、この製品にも期待が高まっていたので

あるが、山武は新製品の開発と同時に主力製品であるBAのエネルギー管理機能や充実した計測計量などを盛り込んで自社のBAをBEMSとして販売することを企画したのである。

バリューチェーンで考えればBAの供給システムはすでに確立されているため供給面でもコスト面でも有利である。また政府の支援をうまく活用しつつリニューアルやESCOなどのサービス・ソリューション事業で開拓した事業者との直接契約のチャネルで営業することによって、導入時から運用をにらんだ販売ができるようになった。いわばBEMSを中心としたESCO事業の展開である。本来BEMSはエネルギーを管理し改善を行うツールであるが、装置として販売すると省エネ効果が出るかどうかは使い方次第といった側面がある。省エネ量を保証しプロジェクトとしてマネジメントまで請け負うESCOの中核に自社製品であるBEMSを据えて、使い方までフォローすることでプロジェクトの収益性を確保する道具として活用していく、まさに現場で価値を作り上げる

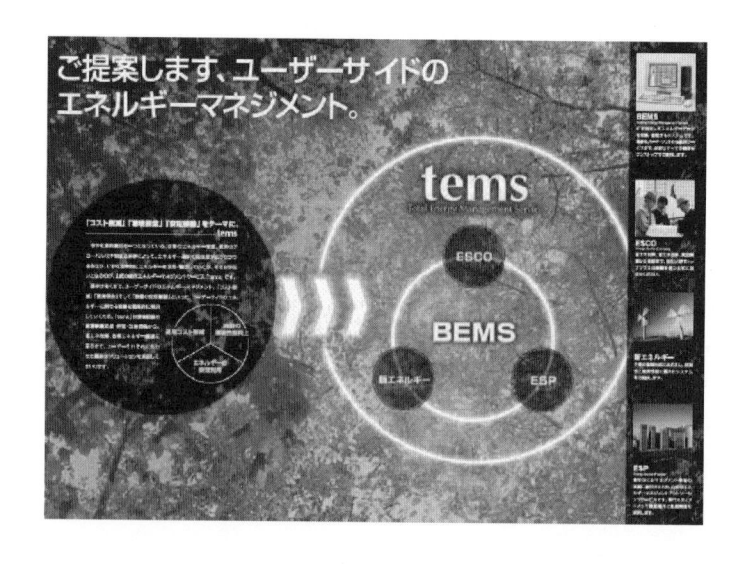

図2.23　当時の山武のESCO「tems」パンフレット

ユニークなESCOが構築できるわけである。

4.4　省エネの環境側面の価値を商品とする試み

　ESCO事業が軌道に乗ってきた2000年代半ばには、省エネの価値がエネルギーコストの低減のみならずCO_2の削減というもう1つの価値も内在していることに着目した。ESCO事業の顧客の中にはCO_2の削減を目的に実施して欲しいという企業もこの数年出てくるようになった。そこでESCOの提案時には必ずCO_2の削減予定量なども記載するようになったが、あくまでも付加的な扱いである。そんな中CO_2の環境価値を商品としてはじめて取り組んだのが「グリーン電力証書」である。

　山武がグリーン電力証書を扱いはじめたのは2005年2月、ちょうど京都議定書の発効と同時であった。それまで自然エネルギー系会社との長期・大容量・相対契約が基本であったグリーン電力を一括で契約し、小口に分けてESCOのクライアントなどに提供するといった方式は現在のカーボンオフセットの先駆けであった。また山武にとって、環境価値のみを売るというそれまでの省エネとはまったく違うビジネスモデルは、その後の環境訴求事業の可能性を占う試金石でもあった。その中で見えてきたのは、販売員の環境に対する知識や地球温暖化問題に関する理解の度合いが営業に直結するということである。グリーン電力証書を売れる社員は限られているという傾向が出てきた。そこでわかったことは、顧客の環境担当の多くは専門的な知識を一通り網羅しており、売り込む山武の社員より詳しいケースがある。そのようなケースでは、どんなにマニュアルやパンフレットに書いてあることを読み上げようと信用されないのである。またあまり詳しくない顧客の場合、今度は予想外の質問をされることがある。十分な知識を有していない営業は質問に答えられず、話はそこで終わってしまう。

　この経験は重要であった。つまり省エネをコストメリット商品として売るのは電気代や燃料代で説明できるので簡単であるが、環境価値を説

明しようとした瞬間にこちらが専門家でなくてはならないのである。実はこれはソリューションビジネス全般に言えることであるが、ESCOの場合最終的には金銭メリットに落とせるので途中の難しい話ができなくても営業できていたという側面がある。こういった課題を解決するには社員1人1人の環境知識や温暖化問題に関する理解を進めることが必要であるが、全社員を専門家にしていくのはコンサル業ならともかくメーカーとしてはハードルが高い。

そこで、山武はメーカーとしてのポジションを逆にうまく使って、このハードルを下げることを企画した。会社としてCO_2に関する先進的な取り組みを行い、それを最大限PRして、社員1人1人の資質以前に企業としてまず信用されることで顧客の関心を得ようというものである。次にその取り組みである太信プロジェクトを紹介する。

4.5 「太信プロジェクト」による環境戦略

太信プロジェクトとは、(株)山武が出資子会社である(株)太信との間で2007年度に取り組んだ、我が国初の民間での企業間排出量取引である。メーカーであり工場という省エネの現場を有しているポジションを生かし、また同じ製造業の環境担当にアピールすることを意識して企画されたプロジェクトでもある。

省エネの環境価値とはCO_2の削減であるがこれを取引するところまで行うということで、省エネから産み出された省CO_2を算定し定量化するための様々な試みが行われたが、それらのすべてを机上ではなく実際に行ったことにその価値がある。

まず、山武の省エネ技術者が太信の現場で診断を行って、各種改善提案を行い、現場での省エネ技術を移転することからはじめたのであるが、社外の有識者を含むタスクメンバーにて、国連における排出量取引と同様の排出量算定方法も同時に検討した。具体的にはバウンダリ(温室効果ガスの排出量算定においてその範囲をどこまでにするかは重要であ

る。組織境界・活動境界などをあらかじめ決めることが算定の第一歩となる）・排出源の特定・モニタリング方法などについて確認及び協議を行い、いわゆる有効化審査に相当する専門的な予備調査も行ったわけである。

　太信は提案内容に沿って2007年8月から2008年1月末までの6ヵ月間省エネ活動を行い、エネルギーの利用実績を毎月モニタリングすることで前年実績から平均約5％ほどの省エネルギーを達成した。このモニタリング結果に対し国連の第三者認証機関の審査を受け23t・CO_2の削減が認証された。この審査結果を基に、民間の環境取引所を使ってクレジットの登録を行い、（株）山武が（株）太信からそのクレジットを購入することで排出量取引を2008年5月27日に完了した。一連の作業は多くの企業の環境担当者にとって先進的なプロジェクトであった。取引完了の1週間後に、当時の福田内閣より「福田ビジョン」が提示され、洞爺湖サミットを経て閣議決定された「低炭素社会づくり行動計画」には国内排出量取引の試行的実施が盛り込まれ、太信プロジェクトは一気に脚光を浴びることになった。新聞雑誌のみならずテレビニュースでも取り上げられ、少なくとも企業の環境担当へは山武がCO_2の先進企業であるというイメージを刷り込むことに成功した。

　山武は2009年春、省エネ法の改正もにらみ、事業所単位から企業単位でのエネルギー管理、さらにそれらをCO_2として管理するCO_2マネジメントシステムの販売を始めた。こういった商品を販売する上でこのような企業イメージはプラスに働く。実際、この商品のファーストユーザーは、太信の事例説明会に来場した企業の環境担当者であり、最初から山武に信頼と期待を持って先方からコンタクトしてきたのである。

4.6　まとめ

　サービス・イノベーションに必要なものは「自由度」である。自社の業種にこだわらず、幅広くビジネスを捉えることで様々な可能性が広が

る。そして新しいことに取り組むことで個人も組織も成長する。このような事業の拡大の次のステップは、自社のリソースも加味した業態に戦略的に集中することで事業が確固たるものになる。その工夫もまた自由な発想の1つであるといえる。そうして、1つの業態が新たな業種になることがまさにイノベーションであり、それは現場で創出されるからこそサービス・イノベーションと言える。

　「自由度」の裏にあるものは幅広い知識や見識であるとともに、あらゆるものに興味を持つことで、ビジネスを広く薄くを意図しているのでは無い。イノベーションをおこすためには新しい分野でも専門家になることが必要で、組織は常にプロ集団でなければ顧客にソリューションを提供できない。短期間で知識を習得しプロになってしまう努力が不可欠なのである。そして、これは新しいものへのチャレンジを続けることで鍛えられるのであって、チャレンジしない組織に未来はない[3]。

参考文献
(1) 小谷敏之, 木村和生, 林貴之：「携帯電話を活用した昇降機設備用保守支援ツール」, 東芝レビュー, 2007 Vol.62 No.5（2007）
(2) 豊田利夫：「最近の設備診断技術と予知保全」, ターボ機械 Vol.32, No.3（2004）
(3) 福田一成：「計装機器メーカーにおけるサービスイノベーションの事例──ソリューションと商品開発の好循環が生み出される現場」開発工学, Vol.29, No.1（2009）

第2部　情報産業のサービス化論

第3章 情報産業のサービス化の経緯と動向分析

高橋 浩

(宮城大学)

1. 情報産業における環境の変化

1.1 ビジネス環境の変化

現在、身の廻りには、パソコン、ゲーム機、携帯電話などのコンピュータを基盤とする製品が溢れている。少し前までは、様々な技術が高度に統合され、デザイン、性能、信頼性に優れたスタンドアロン型家電製品が溢れ、この分野で日本は世界的リーダーの地位を確保していた。ところが、コンピュータを基盤とする製品が主流になるにつれ、ゲーム機以外では競争力を低下させている。この変化は何に起因して発生しているのだろうか？ 携帯電話を始めとする、新たに普及してきた製品に共通する特徴を見ると、ソフトウェアを基盤にしてプラットフォームが形成されている製品であることが分かる。プラットフォーム化は、パソコン、ゲーム機用のソフトウェア流通、インターネットによる各機器間相互接続、ソフトウェア・ダウンロードなどによって引き起こされている。これによって、スタンドアロン製品における統合化価値から、アプリケーション、音楽、映画、ゲームなどのデジタルコンテンツを他製品と共有するプラットフォーム型製品による共有化価値へ、価値がシフトする状況が起こってきた。そして、このような価値構造の変化の過程で、製品は垂直統合型から垂直方向の特定部分毎に分断された垂直非統合型構造に形態を大きく変化させてきた (図3.1)[1]。

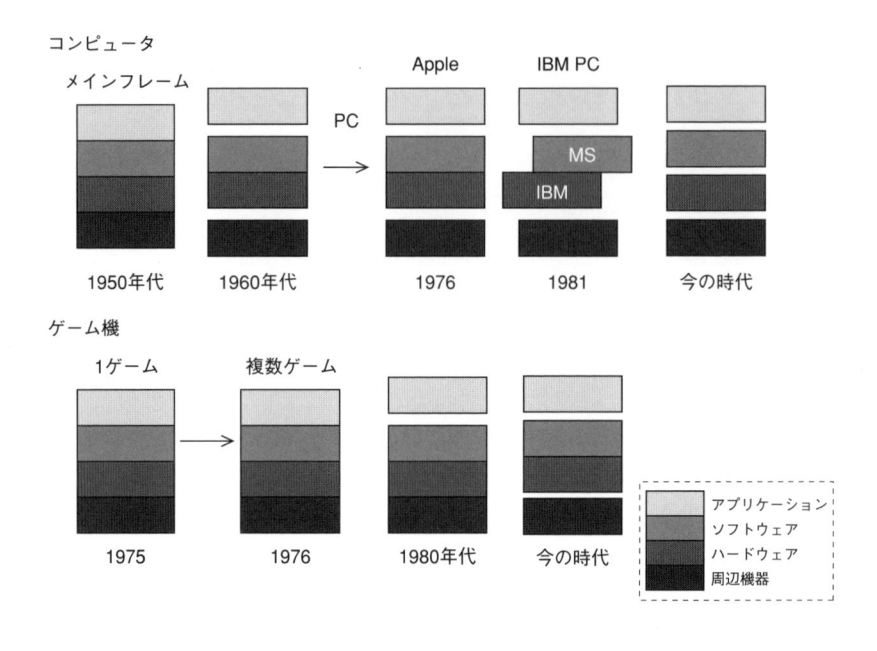

図3.1　垂直非統合型構造への変化の経緯

　このような形態で成功を収めるには、単一企業で全ての製品やサービスを提供することでは不可能で、消費者と製品・サービス提供者間の連携による価値創造を前提とした製品・サービス提供戦略が求められる。

　携帯電話を始めとするコンピュータを基盤とした製品やサービスは、このようなプラットフォーム化による価値に、価値の大半を依存する構造になっている。また、図3.1の階層構造で、より上位に位置するソフトウェアやアプリケーションへの価値移動が見られる。そして、コンテンツ、ソフトウェアの価値全体に占める割合が大きくなり、この分野で主導権を取れるかどうかが決定的に重要になっている。このようなビジネス環境で求められるのは、他と連携して新たな価値を生成するプラットフォーム形成のための戦略的取組みである。

1.2 プラットフォーム環境の変化

プラットフォームとは、サービス提供業者とサービス利用者が連携する共通の場と捉えよう。このプラットフォームは、インターネットの登場によって、パソコンやゲーム機を主軸としたスタンドアロン機器を介した場から、ネットワークを介した場に重点を移してきた。これによって、消費者、サービス提供者間の連携が実現しやすくなった。また、プラットフォームの役割が、パソコンやゲーム機に搭載されたOSなど基本ソフトウェア依存から、消費者が最終的に求めるアプリケーション、コンテンツ中心のウェートが高くなってきた。消費者とサービス提供者間の連携の場を提供してきたプラットフォームのこれまでの変遷を図3.2に示す。このような変化はIT化（またはITC化）の進展によって引

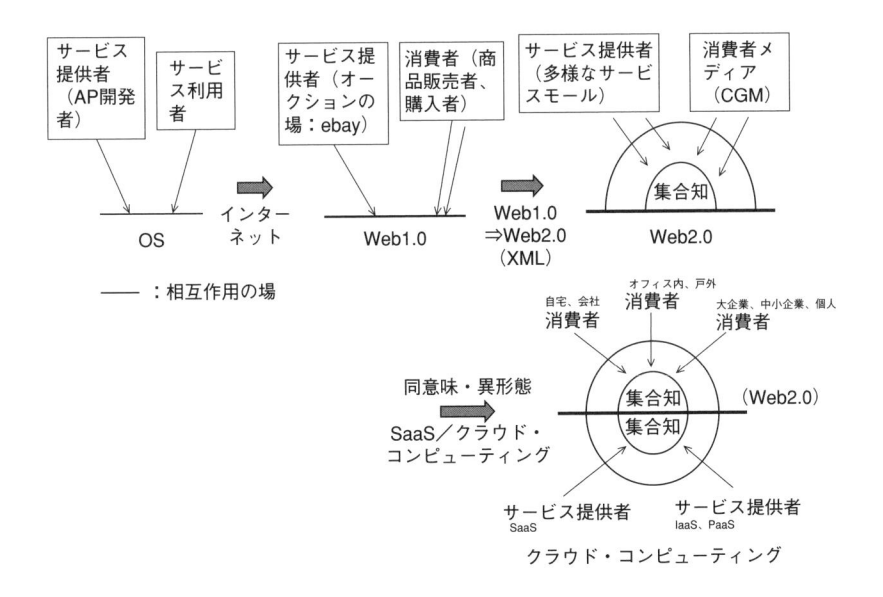

図3.2　情報産業のプラットフォームの変遷に基づく構造変化

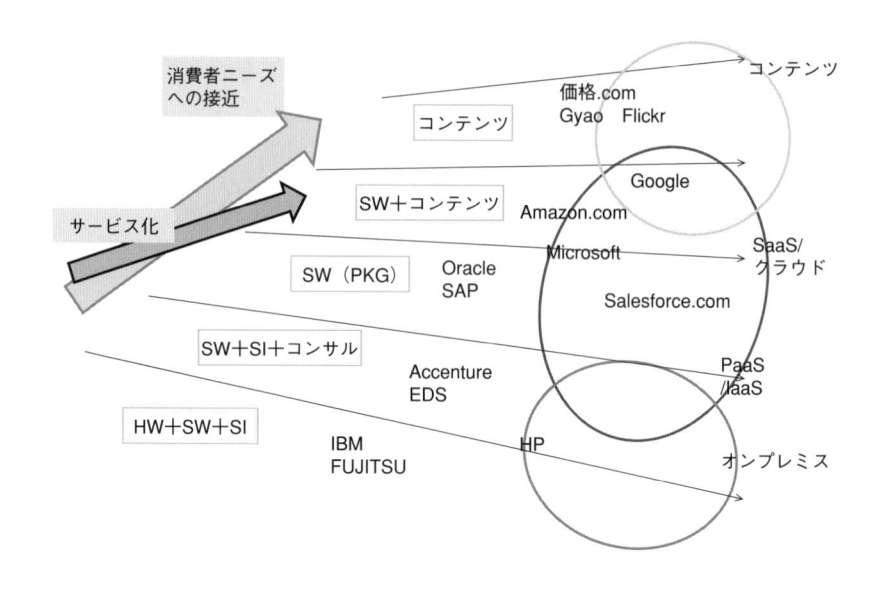

図3.3　情報産業サービス化の全体像

き起こされてきたが、ここではインターネットの影響を明示するため、IT化とネット化に分けて捉える。初期段階は、情報産業はIT化に貢献した。次にインターネットの登場によりネット化が進展し、現在はネット化の高度化で相互連携が深化している状況にある。そしてネット化の深化が消費者のライフスタイル変革に直結していると見ることができる。

　このような変化全体を情報産業のサービス化と捉える。情報産業のサービス化の対象はどんどん広くなっているので、情報産業のサービス化を、下記のように定義し、対象範囲を明確にして議論を進める。

【定義】：情報産業のサービス化とは下記の2つの側面を包含したものとみなす。

1. 既存情報産業のサービス化：主として既存情報産業を担ってきた企業が提供するハードウェア、ソフトウェアなどの価値からそれ

らの保守運用またはソリューションなどへの価値シフト
2. 新たな情報提供サービス：消費者が直接利用したい情報の提供や情報共有のような機能に関わるサービスを主業務とする企業の勃興や関連産業の拡大

情報産業のサービス化は、図3.2に示したような構造変化が連続的に発生し、全体のビジネススコープが拡大しているためであり、その全体は模式的に図3.3のように捉えられる。このような変化は、垂直非統合型構造への変化とそれに続くネット化の深化の影響下で、情報産業変革を主導する下記のような決定的取組みが登場してきたことによるものである。

① 消費者ニーズにフィットした無料検索エンジンの提供とそれに引き寄せられた広告掲載企業
② 先進インターネット企業が、高度のソフトウェア開発力を持つにも関わらずサービス提供のみに特化し、ブランド化されたハードウェア、ソフトウェアを陳腐化させることでサービス化を促進
③ 先進インターネット企業がサービス提供基地として整備したサーバー群をSaaS/クラウド・コンピューティングと言い換えて新変化を演出し、企業顧客にまで変革を拡大しサービス化を促進

このような変化はビジネスモデルとしてのネットワーキングの台頭[2]と捉えられ、情報産業は消費者ニーズへの接近を一段と深めることで、サービス化を促進させ、消費者のライフスタイル変革を拡大させている。

1.3 2面市場モデル

このような変化を取り扱う手段として2面市場モデルを利用する。インターネットの普及によって、広域ネットワーク・システムが一体となって消費者にサービス提供できる環境が整備され、パソコンや携帯電話が著しく普及してくると、ネットワークを介した連携や同一ソフトウェア所有者間での機器共有によるメリットが著しく拡大する。2面市場モ

デルは、このようなプラットフォーム型連携による価値分析ツールとして登場した。そして、誰がプラットフォーム費用を負担するか、などの金銭的側面を複数関係者間の関係として可視化することで、商業的成功に有用な情報を提供してきた。Rochet、Tirole[3]は2面市場モデル[注1]を、「2つ以上の異なるタイプの顧客を対象とするプラットフォームを持つ製品があって、その顧客が相互に依存し合い、共同で関与することでプラットフォーム価値を拡大させているもの」と定義した。2面市場モデルでは、2種以上の異なる顧客グループ間でのプラットフォーム費用負担において、一方を優遇、他方を冷遇のような処置がみられる。このような複数関係者間の関係を構築する際、一方の顧客グループの所属する顧客数が他方のグループ価値に直結するネットワーク外部性が決定的に重要になる。

注1) 例えば、オペレーティング・システム（Windows、Linuxなど）は2面市場モデルと言える。ここで異なる顧客とは、ソフトウェア・ベンダー、ハードウェア・メーカー、コンテンツ・プロバイダ、一般利用者などである。多面市場が正確だが、少なくとも2種類以上の異なる顧客グループを前提とする、と言うことで2面市場と称することにする[4]。

オレーリー[5]は、ITバブルをくぐり抜けて規模拡大したインターネット企業の成功の秘密を分析した結果、第2世代インターネット（Web2.0）とみなせる新たな傾向が登場しているが、そこでは消費者グループの役割がより拡大し、CGM（Consumer Generated Media）と総称されるブログ、SNSなどの機能によって、より進んだ顧客グループ同士の相互依存による価値創造が行われているとした。これらは利用者同士や利用者により近いサービス提供者との連携による価値創造に価値生成が移動していることを示している。そこで、以下ではこのような変化の分析に2面市場モデルを適用する。

1.4　ネットワーク外部性の可視化

インターネットビジネスでは、一見"儲け"を捨てたような企業に利益が集まっている。それらを見ると、複数顧客グループが相互に依存し合い、共同で関与することで価値を拡大している特徴が見られる。このようなサービスを提供する企業は、無料製品市場（一方の顧客グループ）と割増製品市場（他方の顧客グループ）を組み合わせている。例えばアドビ社の場合、PDFファイルをインターネットで参照する一般顧客向けAcrobat Readerは無料提供している。その一方、できるだけ多数の顧客に文書を読んで欲しい文書作成者向け文書作成ソフトは有料で販売している。この場合、Acrobat Readerダウンロード者が多ければ多いほど、文書作成者はアドビ社製有料文書作成ソフトを多く購入する、というネットワーク外部性が働く。即ち、一見（一般顧客向けでは）"儲け"を捨てたように見える企業が、一対の異種市場を跨る規模の経済を利用していたといえる。

この構造をモデル化するため、まず2市場を考える[注2]。各市場は、それぞれ独立して価格p、販売量q間に単純な線形関係が成立しているものとする（図3.4）。ところが、実際には2市場は相関しており、一対の市場に対し、（仲介者が独立か、一方の市場によって管理されているかに関わりなく、一方を無料、他方を割増課金とするような）価格管理者が存在するものとする。最初、それぞれの市場で生み出された利益はあるが、市場1を無料にすることで、市場1の損失を上回って市場2の利益を増大させることが可能であれば、この可能性（ビジネスモデル）を発見し、実行に移して金銭的成功を勝ち得た場合は、ビジネスモデルを構築し、普及させたということになる。そこで、どちらの市場に課金するかが問われる。簡単な2面市場では、一方を消費者、他方を開発者とした場合、①消費者：無料、開発者：課金、②消費者：課金、開発者：無料、③双方：課金の3種類がある。そこで、どのような形態がより余剰の利益を生みだすかを考え、交差する市場において、より多くの

市場1　　　　　　　　市場2

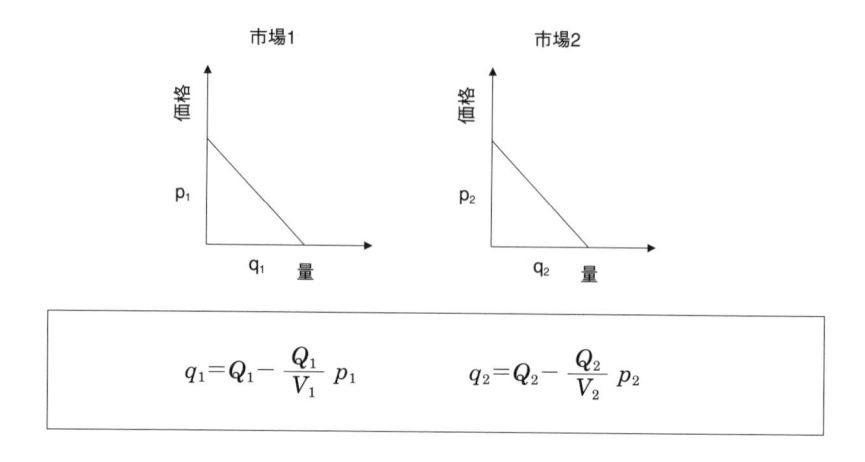

(グラフ：価格 p_1 対 量 q_1、価格 p_2 対 量 q_2)

$$q_1 = Q_1 - \frac{Q_1}{V_1} p_1 \qquad q_2 = Q_2 - \frac{Q_2}{V_2} p_2$$

図3.4　価格・販売量相関図

利益を生み出す方法を見出す。そして、消費者に喜ばれるサービスを提供できる一方、利益を拡大できる方法が発見され、普及させることに成功すれば、これがサービス産業の生産性向上となる。

注2) Parker, Van Alstyne[6]はネットワーク外部性の効果を可視化する分かりやすい手法を具体化した。

　この戦略を交差する2面市場に向けた自社複数製品の価格戦略によって利益拡大する方法（図3.5：製品補完）と、競争相手に対する差別化が競争者の競争力を弱めた結果、自社利益に跳ね返ってくる方法（図3.6：製品置換）に分けて検討する。図3.5でe_{21}は市場2から市場1へのネットワーク外部性の効果を表すファクターで、市場2の販売量q_2が市場1の販売量q_1に正の増加要因となる（市場1が市場2に与える影響も同様）。他方、図3.6は市場2の販売量q_2が市場1の販売量q_1に負の要因となることを示している。製品補完（図3.5）は、一方（市場1）の無料化で対をなす市場（市場2）に利益を増大させ、結果的にトータル市場

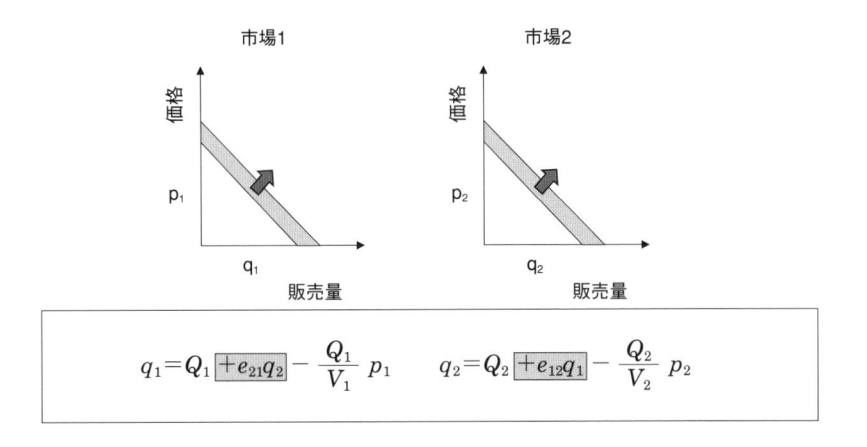

$$q_1 = Q_1 \boxed{+e_{21}q_2} - \frac{Q_1}{V_1} p_1 \qquad q_2 = Q_2 \boxed{+e_{12}q_1} - \frac{Q_2}{V_2} p_2$$

図3.5　製品補完の場合

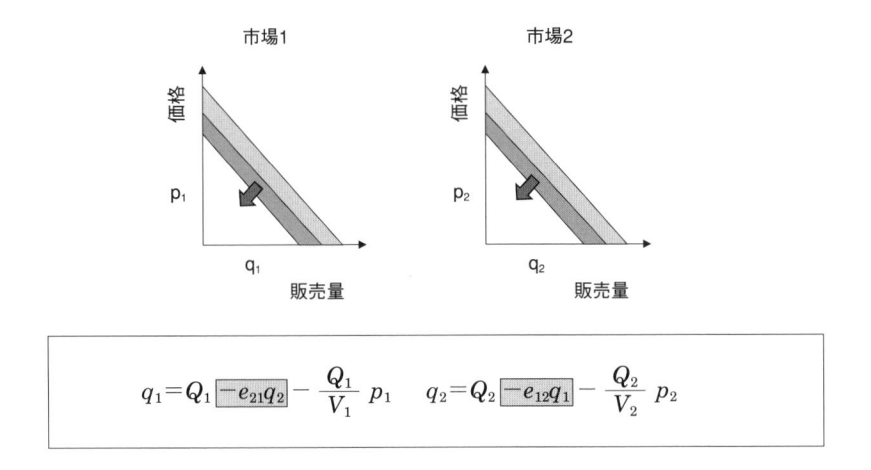

$$q_1 = Q_1 \boxed{-e_{21}q_2} - \frac{Q_1}{V_1} p_1 \qquad q_2 = Q_2 \boxed{-e_{12}q_1} - \frac{Q_2}{V_2} p_2$$

図3.6　製品置換の場合

シェアを拡大させられる場合に合理的である。また製品補完は販売量を促進させる戦略である。一方、製品置換（図3.6）では負に影響するネ

ットワーク外部性を設計する。一方（市場1）の無料化が競争相手製品からの競争的干渉を減じさせる結果、対をなす市場（市場2）に利益を増大させ、トータル市場シェアを増大させられる場合に合理的である。製品置換は自社製品のロスを抑止する戦略である。

1.5　2面市場モデルによる情報産業のサービス化の経緯

2節以降では、プラットフォームの変遷に着目して2面市場モデルによる情報産業のサービス化の経緯を分析する。その際、図3.2に示した3つのステップを用いる。3ステップは下記のように整理できる。
　ステップ1：プラットフォーム＝OS、スタンドアローン機器
　ステップ2：プラットフォーム＝インターネット（Web1.0）
　ステップ3：プラットフォーム＝インターネット（Web2.0）

ステップ1では、IT化の進展によってコスト削減や生産性向上が進み、品質を改善しながら価格が下がり続けた結果、大量消費社会への変化が加速された。ステップ2では、ネット化によって生活や習慣が劇的に変わり、ヒトの行動様式が変わった。ステップ3では、その傾向が加速され、付加価値の定義もモノを消費することから、目に見えない本質的価値に価値移行が発生するような変化が発生した。この間、サービス提供者側では責任や信頼性、情報の透明性やオープン性などに基づく価値創造が必要になり、サービス利用者側では多様性や顧客主導に基づく価値創造が求められるようになった。

これらの変化は質的変化を伴っており、適当な接点での事例に基づく分析が実態を捉えやすい。そこで、以下では、ステップ毎にそれぞれのプラットフォームに相応しいサービス事例に基づく分析を行い、情報産業サービス化の経緯を明らかにする。
　ステップ1：OSS（ソフトウェア利用と共有に関わる新形態）
　ステップ2：SaaS（インターネットを前提として登場した新たなサ
　　　　　　ービス提供形態）

ステップ3：CGM（インターネットの高度化によってサービス提供者/利用者共同による新たなサービスの拡大）

2. OSSによるサービス化

2.1　OSS登場とサービス化

オープンソース・ソフトウェア（以下、OSSと略す）活用による価値創造は、米国において、IT活用によるイノベーションに大きく貢献した。この背景には、米国のインスティテューション(注3)下でのオープンイノベーションが大きく関わっている。米国では、80年代の製造業不振からの脱却のため、90年代以降、情報産業を包含したサービス産業に経済の核を転換し、オープンイノベーションを通じて産業構造変革とサービス産業の生産性向上を図った。この過程で、ベンチャー企業やインターネットと共にOSSも情報産業のサービス化に重要な役割を果たしたのである。

注3）　インスティテューションを民間企業、政府、大学などの機関、特許制度などの制度、教育制度や教育レベル、商品への好み、イノベーションへの取組み姿勢など、国・地域の社会・経済・文化・習慣の全体特性を示す広い概念とする[7]。

OSS発祥の源であるオープン性という文化は、米国を中心に発生し、その紆余曲折は特異な経路を形成してきた。OSSの代表であるLinuxに限定しても、出発点はATTのUNIX開発とその権利を主張しないオープン性にあった。ところが、一転してATTが情報産業への参入を許可される制度改訂があった際、従来の方針を転換してUNIXをクローズに切り替えた。この事態に、オープン性の危機を懸念したリチャード・ストールマンがオープン性を堅持するために提唱したGNUプロジェクトとGPLライセンス[8]がLinux登場の布石となった。

このような経路依存性に基づくオープン性は、各国の事情に応じて多様なサービス産業においては、文化や産業特性の影響を受ける。OSSを核としたビジネスモデル成立と普及は、米国で先行して発生したものであると言える。

2.2　OSSを核としたビジネスモデル

OSSを核としたビジネスモデル構築では、顧客や特定企業グループとのより深い連携を求めて、従来の延長での現場努力やマーケティング努力だけでなく、新たな変革の流れを作ることが必要であった。2面市場では、一方を消費者、他方を開発者とした場合、無料、課金に3種類の組合せがある。これらの中で、どの形態がより余剰の利益を生みだすかをよく考え、交差する市場において、より多くの利益を生み出す方法を見出す必要がある。このような試みが多数行われた。以下はその成功事例のリストである。

①　OSSを核としたDB戦略

1998年、informixは自社DBをLinuxに正式対応させると表明し実施した。これはDB専門ベンダーであるinformixが、有料OS（OS：市場1）の代替OSであるLinuxを採用することでOS価格を無料化し、結果的にDB利用システム（DB:市場2）の全体価格を低下させることでユーザ企業のDB導入を容易にし、DB採用数拡大を狙ったものである[注4]。OS市場の売上げ低下を上回る成果をDB市場にもたらすことができれば、自社の利益拡大に繋がる。この戦略は極めて有効であったため、他DB専門ベンダーであるOracle、Sybaseにも採用され、IBM（DB2）も追随した。これ以降LinuxはOSの選択肢としてビジネス市場で認知されることになった。

注4)　垂直非統合型構造（図3.1）ではOS、DBそれぞれが市場を形成する。また、インテルCPUで動作するLinuxを採用することで、ハードウェアを

UNIXサーバからPCサーバに切り替えることも可能になる。この場合はサーバを市場3として加えて検討することもできる。

更にDB専門ベンダートップのOracleは自社DBをLinuxに対応させただけでなく、強力に自社DBのLinuxへの最適化を推進した。その結果、低コスト化・高性能化を同時に実現する結果となり、DB戦略先行者のinformixを圧倒した。informixは先行優位を失い、2001年IBMに買収された。DB専門ベンダー同士ではLinuxへのチューニング力とカスタマーベースが競争力に影響した[注5]。

・DB戦略1（製品補完）：OS売上げゼロによる損失を上回るDB売上げ増加の実現
・DB戦略2（製品置換）：OracleのLinux対応最適化がinformixのそれを上回り、Oracle DBの売上げ拡大

注5) 現在、OracleはIBM、HPに次いでLinux関連で10億ドル近い売上を達成している。

② OSSを核としたサーバ戦略

DB戦略の成功から、その応用として自社コアコンピタンスでない領域にはどこにでもOSSを導入してシステム全体価格を低下させ、ユーザ企業に導入しやすくして、自社コアコンピタンスについて利益確保する戦略が考えられた。サーバ戦略にその例がある。ハードベンダー各社はミドルウェアにOSSを採用した低価格サーバを提供した（OSSミドルウェア例：Webサーバ）。無料化ということは、単に安いというだけでなく、契約が不要など、多様なコスト削減の効果を生む。ただし、コアコンピタンスが異なる各社が類似戦略を推進すると、特定部分のコモディティ化を進行させてしまう場合がある。Webサーバの場合は誰もがApacheを採用することになり、あまり有効な差別化戦略とはいえなくなってしまった。

・サーバ戦略（製品補完）：ミドルウェア無料化の損失を上回るサ

　　　　　　　　　　ーバ売上の増大
　　　・サーバ戦略（製品置換）：ミドルウェア無料化の効果最大化によ
　　　　　　　　　　　　　　　　って、他社サーバ以上の付加価値増大
　　　　　　　　　　　　　　　　に成功し、自社サーバ契約数を増大

③　OSSを核としたSI（サービス統合）戦略

　IBMは2001年、4000万ドル相当のソフトウェア開発製品Eclipseを OSSとして提供しブランドイメージ向上を計るとともに、Linuxに大規模な支援を行った（約13億ドル相当）[9]。こうすることで、先行していたSI戦略で、SI構築費、運用・保守費圧縮を促進させ、サービスビジネス拡大を推進した[注6]。

　また、SI構築費や運用・保守費を圧縮することで、今までシステム投資してこなかった領域や顧客を開拓できて、SI・保守などのサービスビジネスに特化した自社コアコンピタンスを有利に展開し、安定収益確保を実現することができた。

　　　・SI戦略（製品補完）：開発ツール無償化で顧客のSI費用削減とブ
　　　　　　　　　　　　　　ランド価値向上により、損失を上回るSI受
　　　　　　　　　　　　　　注増加を獲得
　　　・SI戦略（製品置換）：開発ツール無償化で競合他社に対しSI競争
　　　　　　　　　　　　　　力を強化し、自社へのSI受注量を拡大

注6）　この戦略では製品ビジネス（サーバ）、サービスビジネス（SI、保守）両
　　　方を保有するベンダーが全体を見て競争力を増す価格戦略を取り易くな
　　　る。この結果、SIが中心のEDSは2008年5月補完関係にあるHPに買収
　　　される結果となった。このような経緯から極めて有効な戦略であったと
　　　考えられる。

④　OSSを核とした保守戦略1

　代表的OSS版DBMSであるMySQLは、これを自社製品に組み込めば、自社製品配布時に自社製品ソースコードの公開が必要になり、他社差別化に懸念を残す。そこでMySQLは開発費用低廉化のためなどの

OSSライセンスとともに、非公開ライセンスのデュアルライセンス採用による差別化戦略を取った。自社パッケージをMySQLを使用して開発し、また非公開ライセンスと組み合わせた戦略を推進できれば、潜在顧客の拡大が可能になる。

・保守戦略1（製品補完）：デュアルライセンス採用による潜在顧客拡大

⑤ OSSを核とした保守戦略2

また、後発企業にとってライセンス料を放棄してもユーザー数を増加させられれば保守料増収を期待できる。既に著名なソフトウェアであればOSS化することでユーザー数を桁違いに増やし、保守料増加がライセンス料減少を上回る場合がある。ユーザー数増加は多くのトラブル情報収集に有用で短期間で品質を桁ちがいに向上させられる。DBMS市場で高品質DBパッケージとしての評判を得ていたMySQLは、ライセンス料放棄戦略を追加することで、ユーザー数を桁違いに増やし、結果的に当該DBMSを組み込んだシステム数増大によって有料による保守サービス増加を実現できたと考えられる。

・保守戦略2（製品補完）：自社ソフトウェア無料化で桁違いに多数の顧客を獲得し、そこから発生する有料保守料が損失を上回って売上げ増大

⑥ OSSを核としたサービス戦略

GPLライセンスで提供されるOSSを使用した場合でも、自社内利用のみで他社に頒布しなければ、ソースコード公開義務は免れる。これを利用してASP、SaaSの仕組み構築時に、OSSを活用したシステム開発を行い、その成果はサービスとしてのみ社外に提供する戦略がある（事例：Salesforce.comのCRM）。

また、ASP/SaaSは開発ソフトの公開義務を免れ、低廉化のメリット

を享受できるだけでなく、OSS最適化による価値を自社システム内に閉じ込めることができる。その結果、SIベンダーの企業向けSI戦略の対象領域の一部をASP/SaaSサービス提供形態で代替できる可能性がある[注7]（事例：GoogleのAppsサービス、Amazon.comのEC2など）。

  ・サービス戦略（製品置換）：PKGビジネスの替わりにASP/SaaSサービスを廉価で提供し、既存PKG利用者を取り込むことができる。

  ・サービス戦略（製品置換）：SIビジネスの替わりにASP/SaaSサービスを廉価で提供し、既存SIサービス利用者を取り込むことができる

注7) Salesforce.comはForce.com、GoogleはGoogle AppsなどのAP開発キットを保有しており、結果的に実行環境はASP/SaaS型でセンター側で走行するので、ソフトウェア頒布の必要がなく、従来型SIサービスの一部を代替することができる。

2.3　OSSを核としたビジネスモデルの特徴

OSSを核としたビジネスモデルは、
 ① コア製品（DB、サーバ、など）を有利にするモデル（第Ⅰ象限）
 ② コアサービス（SI、保守など）を有利にするモデル（第Ⅳ象限）
 ③ ソフト頒布を回避しサービス提供に特化するモデル（第Ⅲ象限）
に分類できる（図3.7）。

①は、自社コアビジネスを有利にするために、OSSを他社コア製品の代替品として利用し競争条件を変更するために使用された。このような戦略は、製品の垂直非統合型構造への移行に合わせた専門ベンダーの登場と、市場競争が貫徹されるビジネス環境の存在を前提としていた。②は、①におけるコア製品などをコモディティ化することによって、コアビジネスそのものを製品からサービスに移行させようとするものであ

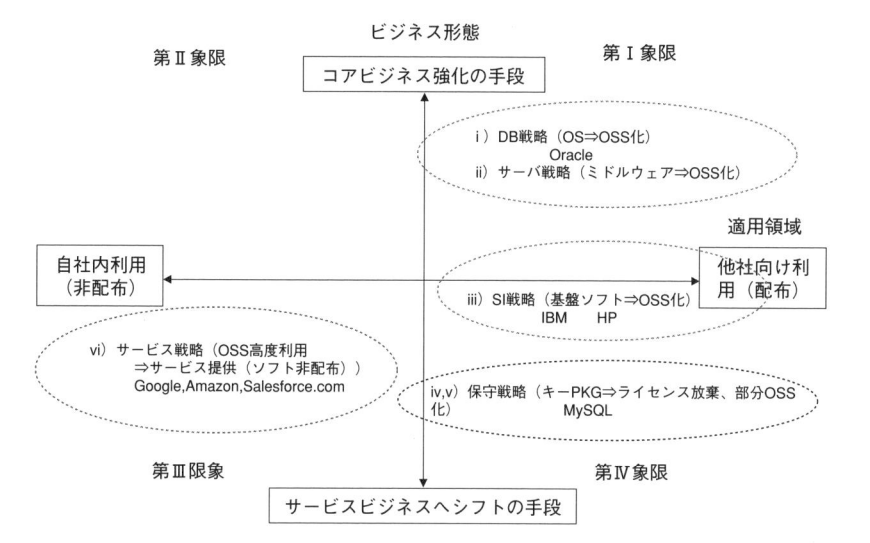

```
                          ビジネス形態
         第Ⅱ象限                               第Ⅰ象限
                     コアビジネス強化の手段

                              ⅰ）DB戦略（OS⇒OSS化）
                                  Oracle
                              ⅱ）サーバ戦略（ミドルウェア⇒OSS化）

                                                          適用領域
    自社内利用                                       他社向け利
    （非配布）                                        用（配布）
                             ⅲ）SI戦略（基盤ソフト⇒OSS化）
                                 IBM      HP

       ⅵ）サービス戦略（OSS高度利用
          ⇒サービス提供（ソフト非配布））
          Google,Amazon,Salesforce.com
                                       ⅳ,ⅴ）保守戦略（キーPKG⇒ライセンス放棄、部分OSS
                                              化）     MySQL

         第Ⅲ限象                               第Ⅳ象限
                     サービスビジネスへシフトの手段
```

図3.7　OSSを核としたビジネスモデル分類

った。②は、①に対する競争手段ともなっている。③は、OSSを利用して開発した新規ソフトも頒布しなければ非公開可能、というOSSの公開条件を巧みに利用し、新規価値をサービスのみに限定することでサービス化の流れを推進させた。③は、①、②に対する競争手段ともなっている。

このように、ITのビジネス形態は、ハードからソフトへ、ソフトからソリューションへ、ソリューションからサービスへと、挑戦者が既存ビジネスを覆す形で変化を遂げてきた。この中でOSSはこの変化を引き起こす強力なテコの役目を果たしてきたと言うことができる。

このような劇的な変化のプロセスは次のようにまとめられる。

・リチャード・ストールマンという個性があって、（GPLライセンスに基づく）OSS登場の種がまかれた。

・これに準拠しながら、リーナス・トーバルスが「作る楽しさ」[10]

を提示しLinux開発が推進された[11]。
・Linuxを自らのビジネス拡大のテコに利用しようとする企業の取組みがビジネス形態そのものの変質を誘発した。

垂直非統合型構造に変化したビジネス環境分析には2面市場モデルが合致し、複数利用者グループ間の連携によって、OSSそのものが差別化の源泉というよりは、OSSをテコにしたソリューションの優劣で競争が起きていた。こうした成功事例が登場した結果、このサイクルに含まれるOSSの種類は増加の一途をたどっている。

このような競争によって産業構造の転換が発生している。新たなビジネスの主役の登場や交替、既存ベンダーの抜本的体質改善が発生した。このような変化によって、消費者ニーズに合う産業形態への産業構造転換が実現し、それを実現するために情報産業のサービス化が進行した。

3. SaaSによるサービス化

3.1 日本企業とSaaS/クラウド・コンピューティング

近年、SaaS、クラウド・コンピューティングが技術面から盛んに取り上げられている。SaaSは、ソフトウェアが提供していた機能をインターネット経由でサービスとして提供する仕組みであり、クラウド・コンピューティングは、インターネットを基本にした新しいコンピュータ利用形態の全体を指す。これらは、ユーザーの視点からすれば、所有から利用に切り替わる点に最大の特徴がある。このパラダイム変化は、ユーザー側所有コンピュータ資源を放棄しサービス提供者側所有コンピュータ資源に移るかどうかの根本的判断をITユーザー企業の経営判断に委ねる。そして、この判断は日本企業にとって重い判断となる可能性がある。何故なら、日本企業は、従来、SI（受注）比率大、パッケージ利用比率小、自社開発比率小の判断を行ってきており、サービス提供者コ

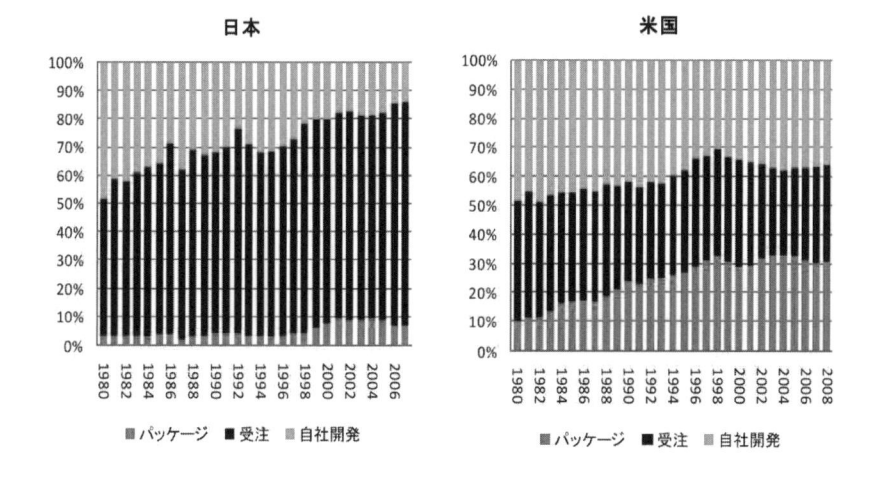

図3.8　日米のソフトウェアタイプ別投資額構成

ンピュータ資源へ移行する際の移動距離を大きくしているからである（図3.8）[12]（SaaS/クラウド・コンピューティングはパッケージ利用比率大、自社開発比率大に親和性が高い）。

　SaaS/クラウド・コンピューティング利用は、現行システム開発の経緯、また、そこから脱皮する場合の考え方などの経路依存性を踏まえた、利用者視点からのビジネスモデル構築が重要である。このような課題を検討するには、判断主体である企業側の分析も重要になる。日本企業は失われた10年を経て企業ガバナンスが大きく変化し、ハイブリッド型、新興企業、伝統的日本型に3分割された（2002年12月アンケート（東証1、2部上場723社（金融を除く）の分析：図3.9）[13, 14]。特にハイブリッド型が注目される。このカテゴリーに分類される企業は、金融・所有構造は市場志向型（欧米型）、内部組織（雇用など）は長期関係重視の関係志向型（日本型）という折衷型であり、日本企業は、この折衷型と従来からの伝統的日本型にほぼ2極分化したと見られる。

　SaaS/クラウド・コンピューティング活用は、IT化に遅れた中小零

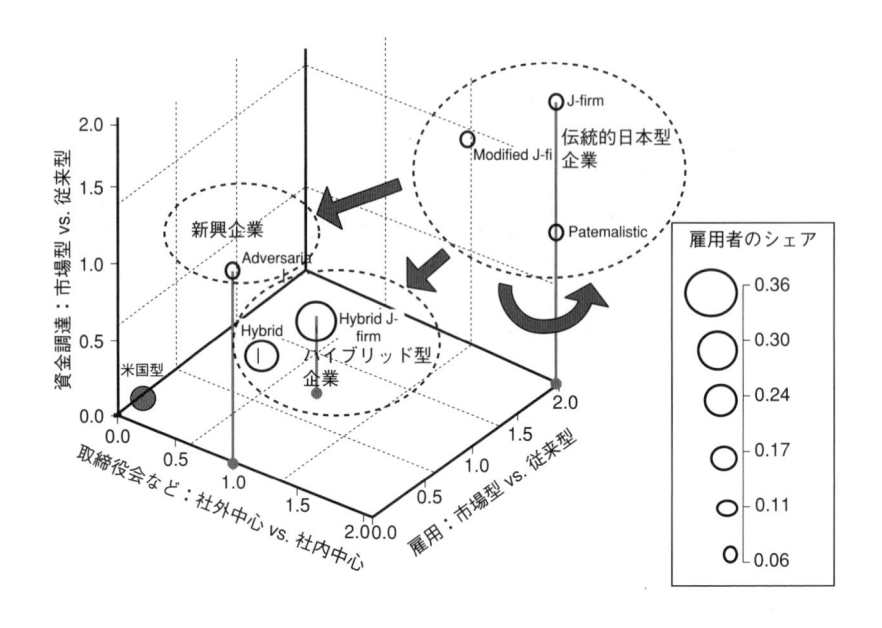

図3.9　日本企業の企業ガバナンス形態のクラスター分析結果

細企業のIT化促進によってサービス産業全体の生産性向上を図る機会ともなる。以下ではこのような日本企業の状況を前提にしてSaaS/クラウド・コンピューティングのビジネスモデルを検討する。

3.2　SaaS/クラウドコンピューティング時代のIT戦略

ITユーザ企業にとって多様な選択肢が登場した。選択肢は自社開発、HaaS、PaaS、SaaSの4つである[15, 16]。これらは順番に差別化から標準化、高価から廉価の特性を持つ。いずれを選択するか、またどのような組合せにするかに関しては、差別化なら自社で全所有しコントロール可能性を活かして自社コア・ビジネス差別化を強化する、標準化なら迅速導入や運用負担軽減などの低コスト・メリットを享受する、などの戦

略が取られる。そこで、どこまでをSaaS/クラウド・コンピューティングに頼るかが重要になる。このような組合せの枠組みを図3.10に示す[17]。

図中、Ⅳ象限が現在想定されている標準的SaaS利用領域だが、Ⅰ象限もSaaS領域に取り込みたいとの思惑が、特に日本企業が強調しているプライベートSaaSという概念の背景になっている。このような選択は、現行からの移行を前提としている以上、利用者の主導権によって決断される。そこで、サービス提供者は利用者にアピールしつつ、既存ビジネスとの共食いを最小化する対応を行っていくことになる。

以上をサービス利用者、サービス提供者の視点で示すと下記のようになる。

【サービス利用者の視点】

重要なのはサービス内容であって、実現手段ではない。期待は"サー

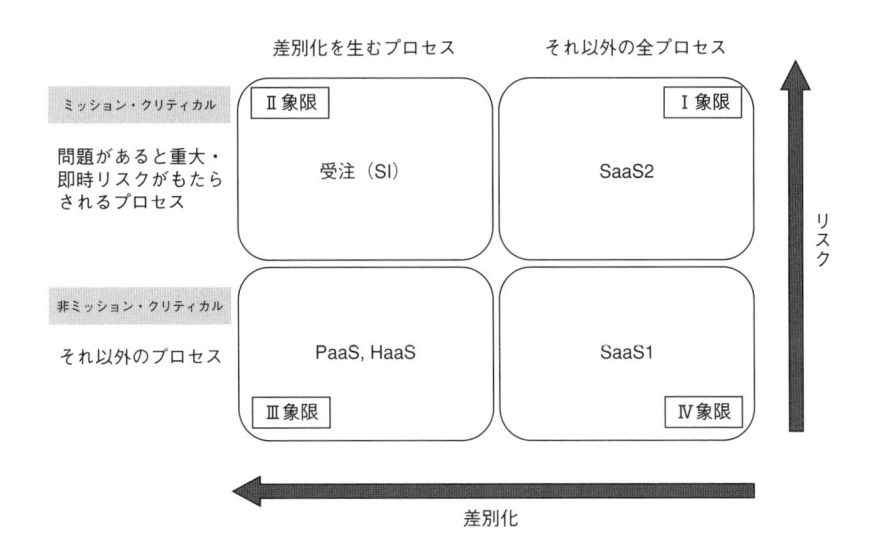

	差別化を生むプロセス	それ以外の全プロセス	
ミッション・クリティカル 問題があると重大・即時リスクがもたらされるプロセス	Ⅱ象限 受注（SI）	Ⅰ象限 SaaS2	↑ リスク
非ミッション・クリティカル それ以外のプロセス	Ⅲ象限 PaaS, HaaS	Ⅳ象限 SaaS1	

← 差別化

図3.10　クラウド・コンピューティングの適用範囲

ビス利用の容易性"と"信頼性・コスト"の両立にある。利用者企業の規模は直接的には関係ないが、コスト重視の点からは、"規模の経済"によるコスト低下度に関心がある。また、信頼度は高リスク領域への導入時に最大のポイントとなる。これらを明確にセグメント化したサービス市場を望む。

【サービス提供者の視点】

全てのニーズに応えられるサービス提供者はいない。Salesforce.com、グーグル、アマゾン等の新興企業はオープン化手法で企業市場に進出する。一方、確たるオンプレミスソフトウェアビジネスを持つMicrosoft、IBM、富士通等は既存ノウハウを活用したクローズ化手法も含めて対抗する。この結果、新旧サービス提供者間に従来とは異なる競争が発生する。後者は自社内既存ビジネスとの競合、利益相反の危険性を犯しながら推進する。

また、新たな競争条件として、上記競争はサービス提供における競争という性格上、それを支えるハードウェア、ソフトウェアのブランドは重要でなくなり、提供サービスそのもので競争する。これらを踏まえて、利用者の選択・サービス提供者の競合の枠組みとして、ビジネス・アーキテクチャ[18]に基づく図3.11を導入する。

3.3 利用者視点のサービス

利用者から見た新たな価値と提供者に求められる責務間にはかなりの非対称性が存在する。利用者が期待する効果には、①ネットワークに接続した機器を通じて、多様で便利なソフトウェアを自由かつ安価に利用したい、②料金は利用に応じて支払い、ソフトウェア資産購入・運用の負担を免れたい、がある。一方、サービス提供側は、ソフト・パッケージ製作・流通に関わるコスト軽減、集中的にシステム構築することなどを通して安全・廉価・魅力的なサービス提供の責務達成を試みるが容易なことではない。結局、利用者・提供者双方のメリットが両立する領域

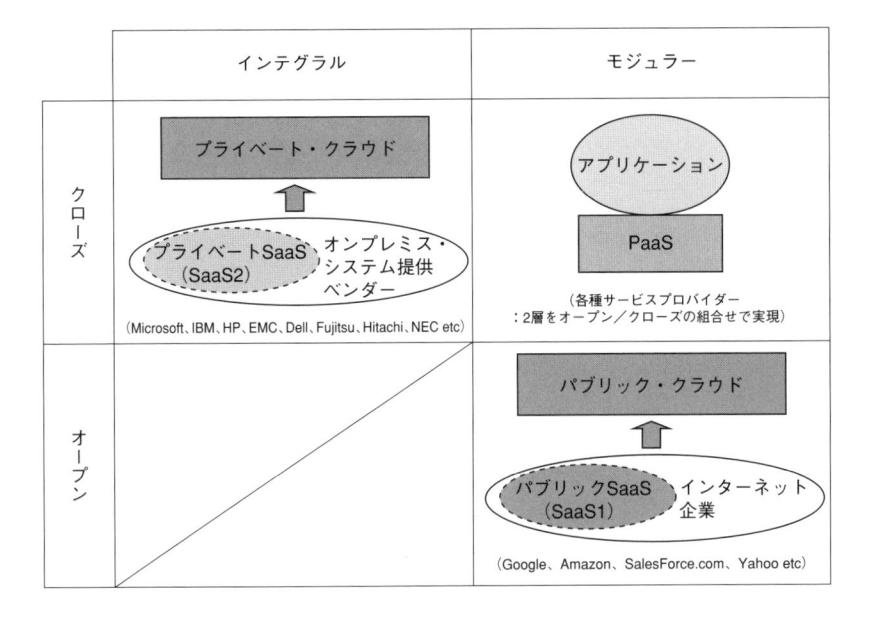

```
              インテグラル              モジュラー

ク      ┌─────────────────┐       ┌─────────────┐
ロ      │ プライベート・クラウド │       │ アプリケーション │
│      └─────────────────┘       └─────────────┘
ズ              ↑                       
        ┌──────────┐ オンプレミス・          ┌──────┐
        │プライベートSaaS│ システム提供          │ PaaS │
        │ (SaaS2)  │ ベンダー              └──────┘
        └──────────┘                   (各種サービスプロバイダー
     (Microsoft、IBM、HP、EMC、Dell、Fujitsu、Hitachi、NEC etc)  :2層をオープン/クローズの組合せで実現)

                               ┌─────────────┐
オ                             │ パブリック・クラウド │
│                             └─────────────┘
プ                                    ↑
ン                             ┌──────────┐ インターネット
                               │ パブリックSaaS │ 企業
                               │ (SaaS1)  │
                               └──────────┘
                            (Google、Amazon、SalesForce.com、Yahoo etc)
```

図3.11 競合の枠組みと進化の方向性

は限定され、限られた領域獲得の覇権を巡ってプレーヤー交替を伴う競争が発生する。

　このような競争の結果、一握りのPKG普及を除くと、利用者・提供者双方にとってメリットのある新たな価値創造が伴わない限り、縮小均衡に陥る危険がある。そうならないためには、利用者・提供者連携による価値創造が必要になる。特に、オンプレミス・ビジネスを主体としてきた既存SIベンダーは、抜本的に利用者へのサービス価値提供に向けてビジネス構造を再設計する必要がある。このためには従来と異なる視点からのビジネス見直しが必要となり、この出発点としてサービスを多様な軸で分類し直すことが求められる。分類軸としては、従来、サービス提供者視点からの機能面が重視されてきたが、利用者視点からは、サービス性に力点を置かなければならない。手順型⇔気づき型、ハイスキ

ル型⇔ロースキル型、実務サービス⇔感動サービス、自分でできない⇔自分でできる、組織型⇔個人型、リピート⇔その都度、お客様参加型⇔お客様受身型など[19]の分類が考えられる。このような枠組みは下記を示唆している。

1) 従来、SI（受注）開発で実現してきた機能は偏在しており、利用者がこれから拡充を想定している領域を充分カバーしていない可能性がある。
2) 利用者がサービス拡充する際、下記プロセスが必要だが、その中でSaaS/クラウド・コンピューティング導入の判断に資する情報が充分提供されていない。
   － 既存システムの一部SaaS領域への移動
   － 既存システムとSaaS領域との連携
   － 新規アプリケーション開発と既存システム、SaaSとの連携

3.4 パブリックSaaSとプライベートSaaS

以上の検討を元にパブリックSaaS、プライベートSaaSの適用性について検討する。

① パブリックSaaS

利用者へのアピールを狙い既存PKGベンダー等がSaaSへのシフトに挑戦している。CRMはSalesforce.comの成功でプレーヤー交替を伴いながらオンプレミスからSaaSへの移行を方向付けた。このような見通しが立った業務はまだ少ないが、ERPは移行途上にあると考えられ、多くの業務で類似の傾向が発生すると見られる。このため、多様な分野でPKGベンダーのSaaSシフトの挑戦が続く。そして、この中からデファクト化に成功したPKGが新規中小企業利用者をも取り込んで規模の経済を達成すると想定される。

また、中小零細企業を幅広く取り込む際は、利用者に新たなサービ

ス提供と認知される、従来とは違ったレベルのメリット訴求が必要になる。それにはサービス提供者、PKGベンダー、利用者がともに、新たな価値創造が可能と確信を持つことのできる仕組みが必要で、サービス提供に関わる組織のあり方、サービス・マネージメントの工夫も求められる。

② プライベートSaaS

SI（受注）を選択してきた企業の実態調査、ニーズ確認から出発する必要がある。利用者の現場では下記状況が発生している。
 ・コア、ノンコアの更なる精査
 ・ノンコアの更なる効率化のため、規模の経済達成が可能なPKG等の利用
 ・コアはビジネスを支える更なるIT活用を促進
 ・上記に基づく事業ポートフォリオの組換えを容易かつ柔軟にするIT基盤の整備
 ・コアに近い部分とノンコアに近い部分におけるSaaSに対する要件の特定（セキュリティ、管理レベル、インタフェース、性能、カスタマイズ度、……）

このようなニーズに対応するには下記対策が必要になる。
 ・利用者主導のソリューションに対応可能な組織改革の実施（例：利用者主導の複数戦略に対して、それぞれのシステムのライフサイクルを通した評価・支援などが実施可能な能力の確保、など）
 ・上記目標達成に必要な人材育成、M&A、新たなパートナーとの連携、これらを柔軟且つオープンに実施できる企業文化の醸成。これらを企業顧客にアピールするオープン、クローズの巧みな使い分け、など

焦点はコアを保証しつつ、プライベートSaaSのメリットを提供できる複合システムの使い勝手と信頼性ということになる。信頼性保証のためには一定のクローズ化が求められる。このような複雑な取組みは容易

ではないものの、日本企業に相性の良い部分もある[20]。

3.5 SaaSビジネスモデル

　サービス提供者側所有コンピュータ資源に重要な経営資源のITシステムを移すかどうかは企業の重要な経営判断であり、従来、欧米企業と異なる判断をしてきた日本企業は、今回も独自判断をする可能性がある。図3.9の枠組みによるこれからの判断例を図3.12に示す。
　これから、どの企業も自社構築システムとSaaS/クラウド・コンピューティング・システムの使い分けの挑戦を開始する。その際、典型的には図3.12の"質"と"量"の2種類の異なる要件が求められる。これは下記のようにまとめられる。
　1) 一定のミッション・クリティカルに対応可能な"質（信頼性）"

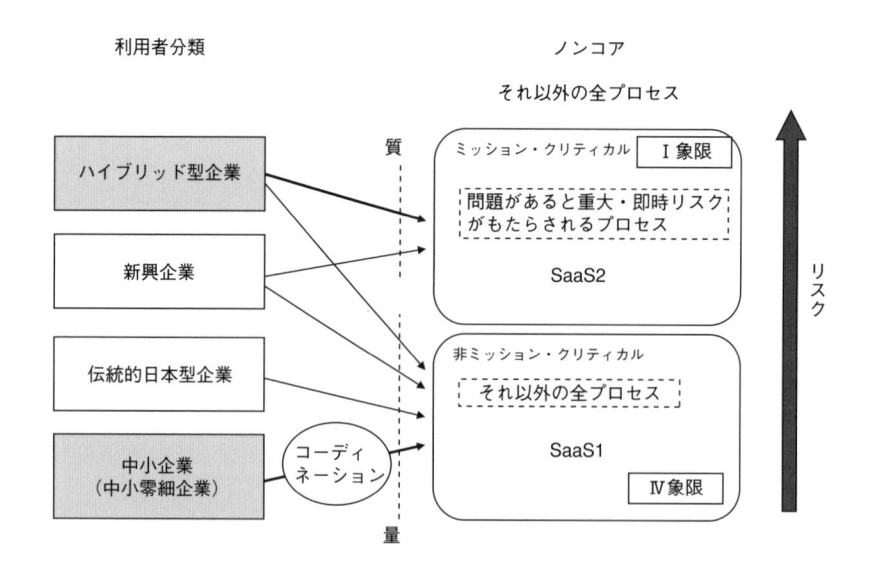

図3.12　利用者とSaaS利用の対応図

の実現。これは既存ハイブリッド企業のコア差別化強化に照らして、一定の補完関係を担えるレベルのサービスであること。
2) IT化が緒についていない中小零細企業への導入も含めて、抜本的に導入が容易・廉価・有用な"量（低コスト機能）"の実現。初期には支援を受けながらも大量に導入できるサービスであること。

これらの要件に対応する解がそれぞれに成立すれば、2種類のサービスが同時に提供される可能性がある。

3.6 SaaSと2面市場モデル

これらの2サービスが安定的なサービスたり得るかどうかは利用者の選択と主導権に委ねられる。利用者に多様な選択肢が提供された場合、サービス提供者の思いもよらない利用形態が登場することがある[21]。このような傾向は、ユーザ主導型社会でその傾向を増している。このような選択の集合がプラットフォームを形成し、その結果として2面市場

表3.1 2サービスの2面市場モデルによる解釈

2面市場	利用者グループ1	利用者グループ2	主プラットフォーム・プロバイダー
パブリック・クラウド	消費者*、検索者*、プレーヤー*	広告主、PKG開発者、など	Google、Amazon、SalesForcecom、Yahoo、……
プライベート・クラウド	従業員、雇用者、所有者、事業主	ビジネス・アナリシス*、接続サービス*、BI（ビジネス・インテリジェンス）ツール・ベンダー*、など	Microsoft、IBM、HP、EMC、Dell、Fujitsu、Hitachi、NEC、……

＊：優遇される側の利用者

モデルが登場する[22]。そして、それぞれのサービスを強化する際、複数利用者グループの一方を優遇することが発生する。この原理に基づく2サービスの解釈を表3.1に示す。

3.7 SaaSによるサービス化の進展

SaaS/クラウド・コンピューティングの活用は、単に新たなパラダイムへの適応ということに留まらず、変化の主導権を利用者がにぎるというパラダイム変化を伴っている。そこで、ベンダー主導のどの解が本命かなどの情報よりも、利用者視点のビジネスモデル設計が重要になる。その際、2面市場において複数利用者グループのどちらの利用者グループがどのように優遇されるかの仕組み理解は重要である。もしパブリックSaaS、プライベートSaaSが利用者選択によって異なるビジネスモデルとして認知されれば、それらは共存する。このような過程は利用者主導によるので、欧米の解がそのまま日本で成立する訳ではない。これらの選択は日本企業の経営判断と同時に、日本の利用者ニーズに巧みに適応するサービス提供ベンダーの能力に依存する。このような利用者視点からのサービス価値拡大がサービス化を促進させる駆動力となる。

4. CGMによるサービス化

4.1 情報産業のサービス化とCGM

前節までは、主として情報産業のサービス化：定義1の範囲を扱った。しかし、情報産業のサービス化には、消費者視点に立って、消費者が直接利用したい情報の提供や情報共有に関わるサービスに主眼を置いた定義2の分野がある。この視点では、クラウド・コンピューティングは、誰もがインターネット・サービスが利用できるライフスタイル変革の上

で登場してきた新サービスと言える。これは、インターネット・サービス利用者が、一般消費者だろうが、企業顧客だろうが、さほど差が無いともみなすことができる。そして、これからの変革がライフスタイル変革を伴うことをも示唆している。

　このような変化の最前線が、消費者とサービス提供者で情報が頻繁に行き交う場である。CGMは、このための重要な情報の流れの1つである。そこで、本節では消費者が発信するCGM情報の分析を通して、ライフスタイルに関わる消費者嗜好がどのように情報産業のサービス化に関わっているかについて検討する。

4.2　市場の特定

　CGMにも多様な種類があるが、クチコミを中心に検討する。クチコミは消費者の身近にあって、一般消費者に有用な情報を提供する。特に旅行、化粧品、居酒屋などの店舗、食品など、日常生活に関わる分野で有用である。日本では2005年頃から年1兆円の規模で急激なインターネット購買増加が発生している（図3.13）[23]。この中で、食品に関する食材宅配は、ネット以外通販も含めて通販市場全体で約1.6兆円と全体の1/5程度を占めることと、消費者の日常生活に直結しているので、ターゲット市場として取り上げる。

　食材宅配に関するCGMはクチコミランキング・サイト[24]が公開するクチコミ情報を元にする。本情報はクチコミランキング運営会社が運用する約140項目もの公開情報の1つで、ランキング公開の裏付け情報として、年齢・性別・職業を明記したクチコミをセットで公開している点に特徴がある。クチコミ情報は、オイシックス（1位）、パルシステム（2位）、らでぃっしゅぼーや（3位）、大地宅配（4位）の上位4社を扱う。食材宅配は主に女性が利用するが、女性のライフスタイルは、近年、社会進出・共働きの増加、個食化、晩婚化による単身世帯増加、欧米化などで急激に変化しており、この変化との相関が想定される。また、

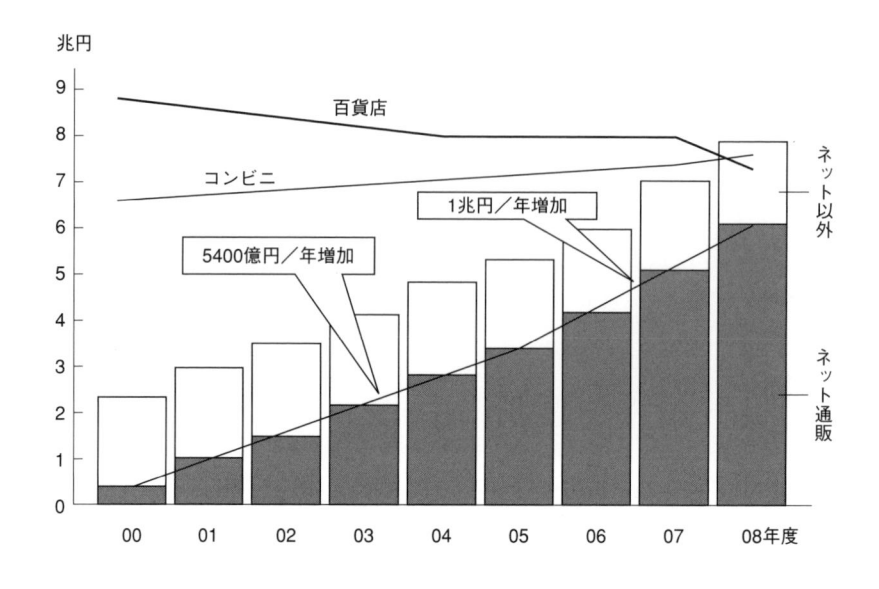

図3.13 インターネット購買の増加

食品は高齢化社会の到来による健康志向への関心、安全志向による有機農作物などへの関心、野菜の効果を代替するサプリメントの登場、などからもライフスタイル変化が強く反映される分野である。

4.3 データ分析

上記4社のクチコミ内容は5項目（安全へのこだわり、品揃え、サービス、価格、人気：各項目5点満点）で比較され、それらを総合すると、オイシックス4.3、パルシステム4.2、らでぃっしゅぼーや4.1、大地宅配4.0となっていて、4社間に目立った差は付けられていない。しかし、「人気」を除いて4社間比較を行うと、4社の重点はかなり異なっている（表3.2）。

そこで、クチコミ情報を精査して4社の特徴を分析する。パルシステ

郵便はがき

113 - 0033

料金受取人払郵便

本郷支店承認

2369

差出有効期間
2011年9月30日
まで

有効期間をすぎた場合は、50円切手を貼って下さい。

社会評論社 行

（受取人）
東京都文京区
本郷2-3-10

氏名	( ) 歳
住所	TEL.

購入申込書◇　■お近くの書店にご注文下さるか、弊社に送付下さい。
　　　　　　　本状が到着次第送本致します。

¥　　　（　　）部

¥　　　（　　）部

¥　　　（　　）部

- ●今回の購入書籍名
- ●本著をどこで知りましたか
    - □(　　　　　)書店　□(　　　　　　)新聞　□(　　　　　)雑誌
    - □インターネット　□口コミ　□その他(

●この本の感想をお聞かせ下さい

上記のご意見を小社ホームページに掲載してよろしいですか?
□はい　□いいえ　□匿名なら可

- ●弊社で他に購入された書籍を教えて下さい

- ●最近読んでおもしろかった本は何ですか

- ●どんな出版を希望ですか(著者・テーマ)

- ●ご職業または学校名

ーやは145となり、成長差が極めて大きい。

　これらから、図3.13で見られる、現在発生しているネット通販急増の変化にもっとも高い相関を示しているのはオイシックスである。次に4社比較を離れて、クチコミに見られるライフスタイル変化に焦点をあてる。食材宅配サービス利用者のイメージは、①家族に安心、安全な物を食べさせたい、②小さいお子様がいて買い物になかなかいけないご家庭、③共働きで買い物に行く時間がないご家庭、④1人暮らしでも栄養のある食生活、などであった。そこで、これらを元にライフスタイルをイメージすると下記のようになる。

　　①④対応：「時間に余裕があるか料理に自信や意欲があり、安全で
　　　　　　良いものを多用するちょっとセレブママ」
　　②対応：「育児に多忙な一方、食費節約でスーパーとも上手い使い
　　　　　　分けを図るかしこいママ」
　　③対応：「仕事・育児で忙しいか共稼ぎなどで時間がなく、出来合

表3.3　4ライフスタイルに望まれるサービス

ライフスタイル	ニーズ	サービス
安全で良いものを多用するちょっとセレブママ	良いものを求める安定したニーズ⇒安全で良いものを選択する負担軽減ニーズ	・ブランド化⇒第3者機関による認定、商品ランキング整備* ・レシピ・セットなど総合化* ・専門情報の公開*
スーパーとも上手い使い分けを図るかしこいママ	スーパーとの使い分け指針／ノウハウ取得ニーズ	・ノウハウ共有サイトの公開と運営* ・リアル店舗／仮想店舗を横断した比較サイトの構築*
出来合いを多用するネット愛用ママ	栄養価も高く、安く、安全で簡便な商品ニーズ	・新たな商品開発
生活防衛優先&巣ごもり族	安く、安全で、美味しい食材を大量に求めるニーズ	・新たな廉価食材の開発（例：食材生産工場、安全な海外生産の拡大）

表3.2　4社のアピール点の重点比較

	安全	品揃え	サービス	価格
オイシックス	○	△	◎	○
パルシステム（生協）	△	○	○	◎
らでぃっしゅぼーや	◎	△	○	○
大地宅配	◎	○	△	○

ムは宅配に特化した生協であり、スーパーと他食材宅配企業との中間に位置する。らでぃっしゅぼーや、大地宅配は配達が固定時間・お任せセット中心で配送が柔軟性に欠ける一方、安全に特化している。オイシックスは顧客とのコミュニケーションがメール中心など、インターネット系と同様の特性を持つ。

成果とクチコミの関係については、JASDAQ上場のらでぃっしゅぼーやとオイシックスの2社を比較した[注8]。これらの結果、4社の総合点差は小さいものの、サービス内容は下記のように極めて異なっている。

注8）　オイシックス（創業2000年6月、資本金約3.2億円、従業員数85名、利用者28万人、購入経験者40万人）。
　　　らでぃっしゅぼーや（設立1988年5月、JASDAQ上場、資本金約8.6億円、従業員数237名、登録会員数9.68万人。利用世帯数約8.2万）

・らでぃっしゅぼーや、大地宅配は、安全重視（有機野菜など）、毎週決められた曜日配達、配達時間指定不可で、農家支援の色彩を持つ。
・パルシステムは生協と食材宅配の中間に位置する。
・オイシックスは全国カバー、パルシステムは首都圏を中心とする特定地域のみ、と対応地域差が極めて大きい。
・オイシックス、らでぃっしゅぼーやの成長率比較では、2005年を100とすると、2009年でオイシックスは305、らでぃっしゅぼ

いを多用するネット愛用ママ」

これに、積極的にクチコミ投稿していないものの、ネット通販拡大の立役者の1人と想定される"生活防衛優先＆巣ごもり族"を加えた4ライフスタイルに対し、消費者ニーズと、ニーズに対するサービスをまとめた結果を表3.3に示す。

各ライフスタイルに対するサービスの中で、新商品開発に加えて、ノウハウ共有サイト、レシピ・セットとの統合化、リアル/バーチャル店舗横断型比較サイトなどの新情報サービス・ニーズがあることが分かる。このような流れの延長線上に、消費者視点からの、定義2に対応する情報産業サービス化が促進されると解釈できる。

4.4 クチコミによる集合知

インターネット以前のデータの流れは放射型かツリー型で、効率よく情報をコントロールできる特徴を持っていた。ところが、インターネット登場でデータの流れはメッシュ型になり、柔軟性は高いが効率が悪く情報コントロールがむずかしい状態になった。このメッシュ型の典型がクチコミである。ただし、クチコミに基づく集合知として「『みんなの意見』は案外正しい」[25]、のような性質が登場する。1つ1つは、匿名のクチコミだったりしても、「皆さまからお寄せいただいた評価と編集部のプロの目を基に」[24]クチコミ・ランキングが作成され、クチコミに性別・年齢・職業を付記した代表的クチコミが公開されると、クチコミ・ランキングは消費者意見を集合した一種のサービス格付け情報のような機能を果たす。これが効率的サービス普及を支援し、情報産業サービス化を促進させる面がある。

4.5 CGMと2面市場モデル

このような過程で需要構造が顕在化し、目的別利用が促進される。食

材宅配ビジネスでは、生産者視点を出発点とするエコロジー志向と消費者視点を出発点とするインターネット志向の2ビジネスモデルが認められる。そして、どちらも出発点は違うが、生産者志向からでも消費者メリット、消費者志向からでも生産者メリットが享受されることが認められる（図3.14）。

これらを俯瞰して見ると、情報産業は、消費者とサービス提供者の接点でいろいろな消費者ニーズに対して競争している。消費者が自由に意見を言え、その結果としての第三者企業によるクチコミランキングなどによって、消費者はサービスの中身や優位性に関する情報を知ることができる。そして、これらの情報はサービス提供者によって都合良くフィルタをかけられたものでなく、一定の客観的比較によって自主的に公開されたものであるため、情報の存在が消費者との共創[26]の形で市場の方向性に影響を与える。この状況を2面市場モデルによってまとめた結

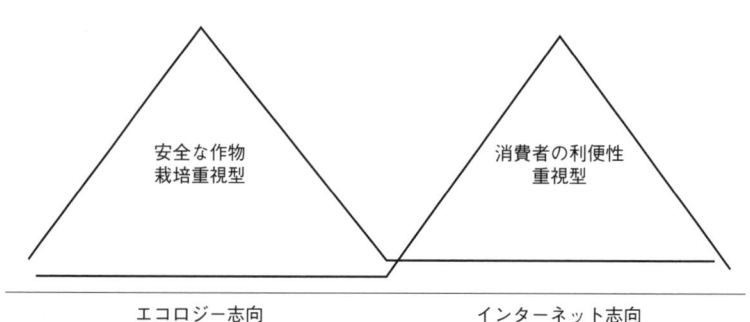

エコロジー志向	インターネット志向
安全な作物栽培重視型	消費者の利便性重視型
生産者に安全な作物栽培を保証することが消費者の価値につながる	安全で美味しい作物を消費者の利便性重視で提供することが生産者の価値につながる
定期野菜セット購入が条件 独自の配送ネットワーク確保	消費者のニーズに合わせた品揃え 自社便を持たず宅配便使用
特定顧客層に対応し安定的 需要層が固定していて量的限界あり	ネット通販拡大の恩恵を受けやすい 高級食材はブランド商品の限界あり

図3.14 食材宅配における2ビジネスモデル

表3.4 2面市場モデルによる2ビジネスモデル比較

2面市場	利用者グループ1（消費者）	利用者グループ2（生産者）	備考
消費者の利便性重視型（オイシックスなど）	消費者（必要な時だけ注文可能。配達日、時間指定可能。入会費・年会費無料）	作物生産者	"たまに"お客様向け、記念日、その他で、美味しいものを欲しいニーズ
安全な作物栽培重視型（らでぃっしゅぼーやなど）	消費者	作物生産者（野菜定期セット購入必須による支援）	"いつも"安全で美味しいものを欲しいニーズ

果を表3.4に示す。

4.6 CGMによるサービス化の進展

　サービス提供者からサービス利用者への情報流通は、発信者側の費用負担によって行われてきた。一方、インターネット登場後、インターネットによる広告拡大などに加えて、サービス利用者からサービス提供者、またはサービス利用者同士の情報流通が普及した。この情報発信は無償である点に大きな特徴がある。この変化は、有償のみのパラダイムから、無償も混在するパラダイムへの移行と捉えることができる。そして、情報発信比率がサービス利用者側、サービス利用者と直接接するサービス提供者側で増加し、その延長で情報産業サービス化が進展している。これは、CGMが、情報産業における有償ソフトウェアのみからOSS登場による無償ソフトウェア混在の業界変革によってサービス化が進展した状況にも比すべき、新たなサービス化のテコになっていると考えられる。このような変化が、定義2に該当する情報産業のサービス化を促進させている。これらの変革の結果は下記のようにまとめられる。

- 消費者のどこで何を買うかの使い分けが進み、適材適買の消費が増加する。
- こだわりの食材や付加価値食材などを求める層と低価格やお得感を求める層の2極化が進む。
- 利便性を追及した配達によるサービスを求める層が増加する。
- 新ニーズに対応する上位プレーヤーが形成されてくるが、ユーザ特性が多極化するため、寡占化に至るかどうかは予測できない。

このような変化が情報産業のサービス化を促進し、消費者のライフスタイル変革を主導していると考えられる。

5. まとめ

5.1 情報産業サービス化の仕組み

以上の議論をまとめると、情報産業は以下のような仕組みによってサービス化が進行したと言える。

1) 垂直非統合化が変革の原点である[注9]。これをベースに種々の組合せが誘発された。
2) 垂直非統合化に伴い、各層間や各プレーヤー間の潜在的連携可能性が拡大したことと、連携が部品企業からアセンブリ企業へという一方向連携だけでなく、複数方向の連携が可能になったことから、ネットワーク外部性が発生する複数利用者グループ間連携が登場し、それらが拡大した。
3) インターネット上の成功モデルが拡大することによって、ソリューションが全世界規模を志向し、寡占化が起こり易い構造になった。
4) その結果、特定モデルがドラスティックに拡散する傾向が増大した。

5) 最終的には、一般消費者へのサービス高度化と、サービス対価を限りなく無償に近い方向にするビジネスモデル競争が発生した。この条件を満足させやすいビジネスモデル競争によってネットワーク外部性の影響が拡大した。

注9) 垂直非統合化そのものは、情報産業のコアがデジタル技術であることによる宿命である[27]。メインフレーム時代は垂直統合化であったものの、コンピュータの成熟化に伴い必然的に垂直非統合化したと言える。

このような原則による競争を追求する多様な試みが、複数利用者グループ間の相互作用によって選別され、多くの競争者に取っては必ずしも意図しなかった変化が次々に発生するとともに、広域拡散することで情報産業サービス化は拡大していったと考えられる。

本章では、このような流れを顕在化するため、サービス化を促進さ

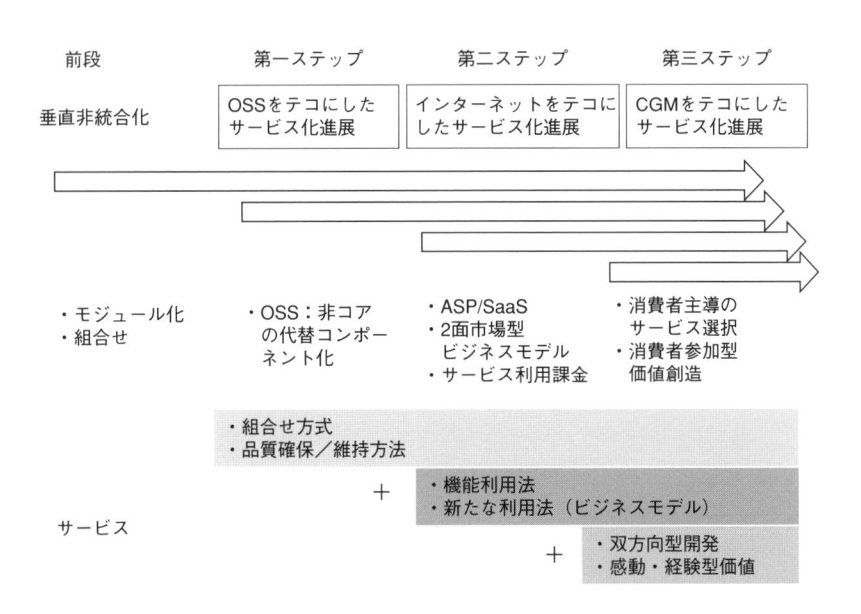

図3.15 ステップアップ毎のサービス化内容の変化

せるテコの例としてOSS、SaaS、CGMを取り上げ、これらをキッカケとしたサービス化のステップを2～4節に記述した。これらの変化によるサービス化のステップをまとめた結果を図3.15に示す。

5.2 日米のインスティテューション

　本章の目的は、OSS、SaaS、CGMを事例とした価値創造の分析を通して、情報産業のサービス化の仕組みを明らかにすることにあった。その経緯は、必ずしも合目的的に変化してきたものではなく、意図せざる変革が、特定企業の挑戦を誘発し、次の変革につながるという、壮大な挑戦の連鎖による変化であった。このような流れの中で、日本企業は、嘗て緻密に統合された家電製品で勝ち得ていた地位を維持できず、劣勢を強いられてきた。情報産業のサービス化は今後も拡大し続け、状況は刻々変化している。ここでは、前節までの知見を元にこれからの日本におけるサービス産業の生産性向上への示唆を考察しよう。

　情報産業のサービス化の経緯は、ビジネスモデルを何度も更新するようなイノベーションの歴史とみることができる。それは各時代のビジネス環境の特徴を表現した法則によってもたどることができる（グロッシュの法則、ムーアの法則、メトカーフの法則、ギルダーの法則など）[28]。そして次々と発生する異なる原理によるビジネスモデルが旧ビジネスモデルと激しく衝突し主役交代が続いてきた。このような変化の延長線上に情報産業のサービス化も進展している。現在までのこれらの変化の殆どは、米国企業とそれを受け入れた組織風土、主として米国を拠点に活躍した個人によって引き起こされている。米国にはこのような変化を受け入れる土壌と、それを許容するインスティティテューションがある。同時に、多数の変化を主導してきた経験や、利害を異にするグループ間軋轢への対応などから、関連ノウハウの蓄積があり、これが次の変化への取り組みを有利にする面もある。この資産は、ネットワーク化が進み、複数関係者間連携が一層活発になる2面市場モデルの世界では、今後も

有利に作用する。

　上記の変化とセットで、市場は、1企業が何でもサポートする垂直統合型から各企業が特定分野に特化する垂直非統合型に変質し、新分野に焦点を合わせたベンチャー企業も多数登場して、全体としてトータル・サービスを実現する形態に変わってきた。ところが、日本は大手企業による統合型形態を維持したいという組織風土が根強く、自前主義も相まって新たな挑戦に制約がかかる状態が続いてきた。ただし、この制約は、ITユーザ企業側あるいは中小企業が活躍する分野から徐徐に緩和または克服される可能性が増している。

5.3　今後の取組みの可能性

　現在の変革の原理と考えられる、「オープンイノベーション」[29]や「民主化するイノベーションの時代」[21]などで主張されているオープン・イノベーションは、オープンであることそのことがイノベーションの鍵であり、多様な取組みへの競争と連携によって変革を駆動する。このような状況に対応しようとすると、人材やノウハウの自社囲い込みには問題があり、人材流動化、社外ノウハウ活用、そのための知恵の活用が重要になる。加えて、次のようにイノベーション内容が変質していることもオープン化せざるを得ない背景となっている。

- ・新たな変化に関するニーズ情報や急激に変化する技術情報がなかなか形式知化して他者に伝達できない。その結果、イノベーションがより消費者サイドでニーズ・技術両面で対応可能な場へ移動する。
- ・適切なイノベーションであるかどうかは顧客課題を解決しているかどうかの消費プロセスにおける確認が重要で、顧客サイドまで包含せざるを得ない。

　イノベーションの発生も多様化しており、オープン化にも多様な切り口があることから、日本のインスティテューションに相性の良い切り口

も登場している。図3.9で示したように、日本企業のガバナンスも多様化が進んでいる。特に、雇用などでは日本型を踏襲しつつ、ビジネス面ではオープン化を取り入れ、両者をハイブリッドに使いこなす企業が増えている。結局、どんな取組みもそれぞれの社会との整合なしには導入しえない。その際、イノベーションの発生場所がよりサービス最終利用者である一般消費者側に移動しているのは日本にとって有利な面がある。この分野で日本には良い伝統がある。新たなサービス構想に際し、顧客の消費プロセスに食い込んだ肌目細かい顧客志向への取組みは、顧客主導によるイノベーションが増大する傾向の元では、新サービス提供に有利である。

　OSS、SaaS、CGMをテコとしたサービス化に挑戦することで、新ビジネスモデルを発見する可能性は依然残されている。そして、新たな発見確率を向上させるため、ITユーザ企業は自らのコアの明確化、一括SI発注型からの脱皮、従来以上にPKG利用、自主開発への移行の取組みが必要になる。これを同様なニーズを持つ企業同士で共通化する試みが望まれる。更には連携グループ同士で、どちらをどのように優遇するかの戦略性も求められる。このような組み合わせの幅の拡大と、日本型の木目の細かさとのバランスが取れれば日本発の優れたソリューションが登場してくるものと考えられる。

参考文献

(1) アンドレイ・ハギュー：「デジタル家電産業のイノベーションと競争優位──多面的プラットフォームの重要性」, 日本のイノベーションシステム──強みと弱みシンポジウム, RIETI（2005）

(2) ジョー・ティッド, ジョン・ベサント, キース・パビット：『イノベーションの経営学』, NTT出版（2004）

(3) J. C. Rochet and J. Tirole : "Cooperation Among Competitors: Some Economics of Payment Card Associations", *Rand Journal of Economics*, 33 (4), pp.1-22（2002）

(4) D. S. Evans, A. Hagiu, and R. Schmalensee : "*INVISIBLE ENGINES How*

Software Platforms Drive Innovation and Transform Industries, The MIT Press（2006）

(5) T. O' Reilly：*What Is Web2.0: Design Patterns and Business Modelsfor the Next Generation of Software*, O' REILLY HP（2005）

(6) G. Parker and M. V. Alystyne："Two-sided Network Effect: A Theory of Information Product Design", *Management Science*, Vol.51, No.10, pp.1494-1504（2005）

(7) 21世紀COEプログラム：「インスティテューショナル技術経営学」，第5回年次国際シンポジウム予稿集，東京工業大学（2009）

(8) クリス・ディボナ他：『オープンソースソフトウェア――彼らはいかにしてビジネススタンダードになったのか』，オライリー・ジャパン（1999）

(9) 井田昌之，進藤美希：『オープンソースがなぜビジネスになるのか』，MYCOM新書（2006）

(10) リーナス・トーバルス，デイビット・ダイヤモンド：『それがぼくには楽しかったから――全世界を巻き込んだリナックス革命の真実』，小学館プロダクション（2001）

(11) エリック・スティーブン・レイモンド：『伽藍とバザール』，光芒社（1999）

(12) 元橋一之：「ITと生産性に関する日米比較――マクロ・ミクロ両面からの計量分析」，日本銀行ワーキングペーパー，No.10-J-2（2010）

(13) 宮島英昭：「日本型企業システムの多元的進化――ハイブリッドモデルの可能性」，RIETI Discussion Paper Series 09-J-017（2009）

(14) M. Aoki, G. Jackson, H. Miyajima：*Corporate Governance in Japan*, Oxford Univ Press（2007）

(15) 城田真琴：『クラウドの衝撃』，東洋経済新報社（2009）

(16) ニコラス・カー：『クラウド化する世界』，翔泳社（2008）

(17) ジェフリー・ムーア：『ライフサイクル・イノベーション』，翔泳社（2006）

(18) 青木昌彦,安藤晴彦編：『モジュール化――新しい産業アーキテクチャーの本』，東洋経済新報社（2002）

(19) 諏訪良武：『顧客はサービスを買っている』，ダイヤモンド社（2009）

(20) 高橋浩：「ユビキタス社会に向けたパラダイム変化と日本企業の適応性」，情報文化学会誌，Vol.11, No.1, pp.49-56（2005）

(21) フォン・ヒッペル：『民主化するイノベーションの時代』，ファーストプレス（2006）

(22) T. Eisenmann, G. Parker, M. W. Van Alstyne："Strategies for two-sided

markets", *Harvard Business Review*, October, pp. 92-101（2006）
(23) 日経新聞2009年6月26日
(24) Hayakawaホームページ http://kuchiran.jp/
(25) ジェームズ・スロウィッキー：『「みんなの意見」は案外正しい』，角川書店（2006）
(26) 小川進：『競争的共創論――革新参加社会の到来』，白桃書房（2006）
(27) 小川紘一：『国際標準化と事業戦略――日本型イノベーションとしての標準化ビジネスモデル』，白桃書房（2009）
(28) 高橋浩：「情報化に関する諸法則と新しいビジネス構造」，水野幸男編『情報化時代の経営科学』，p.112-139，朝倉書店（2003）
(29) H. Chesbrough： *Open Innovation*, Harvard Business School Press（2003）

第4章 ● 携帯電話産業における
　　　　ソフトウェア産業のサービス化

山上俊彦
（ACCESS）

1．はじめに

　情報産業の包含するところは広範囲にわたる。また、サービスという概念も非常に広範囲である。本章では、産業のサービス化に対する具体的な事例として携帯電話ソフトウェア産業を取り上げて考察することで、情報産業界のサービス化に対する実態を具体的に理解できるようにすることを目的とする。
　ソフトウェア産業全体においては、MicrosoftモデルからGoogleモデルへの転換が図4.1に象徴的に示すように、ソフトウェア製造価値から

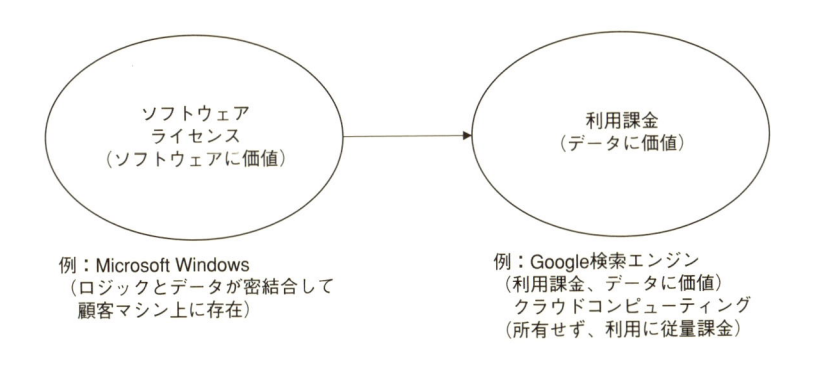

```
  ソフトウェア            利用課金
  ライセンス    ─→     （データに価値）
（ソフトウェアに価値）
```

例：Microsoft Windows　　　　　例：Google検索エンジン
（ロジックとデータが密結合して　　（利用課金、データに価値）
顧客マシン上に存在）　　　　　　クラウドコンピューティング
　　　　　　　　　　　　　　　　（所有せず、利用に従量課金）

図4.1　ソフトウェア価値（製造価値）からデータ価値（利用価値）への転換

利用価値への転換が進んでいる。利用ベースコンピューティングへの転換は、クラウドコンピューティングなどに見られるようにソフトウェア業界全体に大きな転換を迫っている。そして、サービス化に向けて、どう取り組むかが、個別企業とともに産業全体としても大きな課題である。

産業のサービス化には、表4.1に示すようにさまざまな要因が考えられる。

本章では、携帯電話産業、特にソフトウェアを開発するためのプラットフォームとなるミドルウェアプラットフォームの業界動向を中心に、携帯電話産業のソフトウェアのサービス化について述べる。

表4.1　産業のサービス化の多様な要因

要因	概要	例
客の求める価値のサービス化	顧客へ訴求する価値が所有価値から利用価値へシフト	自社でIT設備を所有していた企業顧客がクラウドコンピューティングにシフト
サービス化による新しい市場創造	サービス化によって従来存在しなかった市場が創造	家庭内で食事していたのが外食化
経営資源のサービス化	経営資源のサービス化	自社ビルを証券化して売却し自社で賃貸。正社員を派遣労働者で代替。IT資産のリース化
産業構造の変更によるバリューチェーンのサービス化	エンドユーザ向けビジネスモデルが変化することによってバリューチェーン全体がサービス化	音楽のディジタルダウンロード化により、音楽ジャケットや店頭ポップがバーチャル化
サービス業の高度サービス化	エンドユーザ向けビジネスモデルが変化することによってバリューチェーン全体に付加価値サービスの拡大	通販の拡大により宅配業者の代金回収ビジネスが拡大

（出典：山上作成）

2. 携帯電話産業におけるソフトウェアの現状

　携帯電話ソフトウェア産業も携帯電話出荷数の増大による市場の拡大とともに、ソフトウェア産業としてサービス化の影響を受けている。表4.2に各国の最近の携帯電話加入者数を示す。携帯電話は年に11億台出荷され、2009年末時点で、世界の携帯電話番号数は46億個にも達している[1]。中にはひとりで複数の電話番号やSIMカードを有する利用者もいるので、いちがいに断定はできないが、世界の全人口68億人という数に比較して2/3に達する数の電話番号が利用されている、ということは小さからぬ意味がある。TVが10億台、PCが10億台と推定されている世界保有数と比べても、人口への浸透率という点では圧倒的なものがある。さらに、インターネットへの接続という点でもTVを圧倒し、PCに比肩するところにきている。メディアとしての影響力も拡大している。

表4.2　各国の携帯電話利用者数

国名	ユーザ数 (百万人)	時点	2007末ユーザ数 (百万人)
中国	747	2009.12	530
インド	506	2009.11	237
アメリカ合衆国	276	2009.09	252
ロシア	204	2009.09	172
ブラジル	158	2009.05	122
インドネシア	145	2009.03	92
日本	111	2009.12	100
ドイツ	107	2008.12	97
パキスタン	96	2009.07	76
イタリア	89	2009.06	90

(出典：2007 GSM[1]、2009 Wikipedia[2][3])

インドの固定電話回線数が携帯電話の利用の進展により、3000万余で頭打ちになり、携帯電話利用者数のほうは5億人に到達する、という2009年の展開は、情報通信の主体が携帯電話に移っていることを示している[4]。中国の携帯電話ユーザは中国のような新興国の一角ですら普及率50％を越え、確実に音声通信からデータ通信への移行期を迎えようとしている。

最先端の日本における携帯電話加入者数、3G加入者、パケット定額加入者の推移を表4.3に示す。高速データ通信の3Gとパケット通信使い放題のパケット定額の加入者は確実に増加しており、データ通信への移行が進んでいることがわかる。このような傾向はやがて世界に普及すると想定される。

単に市場が大きいだけでなく、携帯電話のソフトウェアは、制約、多様性、進化の速度という3つの課題を有している。表4.4にそれらの課題の概要を示す。

表4.5に、進化の速度について1999年と2008年の携帯電話資源の推移を示す。

また、利用者にとっては、サービスをハードウェアで実行しようがネットワークで実行しようがソフトウェアで実行しようがどうでもいい。

表4.3 日本の携帯電話加入者、3G加入者、パケット定額加入者の推移

	携帯電話加入者（百万人）	3G加入者（百万人）	3G比率（％）	パケット定額加入者（百万人）	パケット定額比率（％）
2004.9	84.31	24.94	29.6	2.38	2.8
2005.9	89.13	39.23	44.0	9.27	10.4
2006.9	93.81	58.15	62.0	17.90	19.1
2007.9	99.33	79.83	80.4	31.03	31.2
2008.9	104.83	94.03	89.7	39.73	37.9

（出典：モバイル・コンテンツ・フォーラム[5]）

そういう意味でサービスを実現する上で、ハードウェアとソフトウェアとネットワークとコンテンツを同時に考えなければならないという課題も持っている。

表4.4　携帯電話ソフトウェアの課題

項目	特徴
制約	画面の解像度、利用可能なメモリ容量、CPU能力、などが制限されている。
多様性	画面、メモリ、CPU能力、ブラウザやJavaなどのアプリケーションのバージョン、キー配列、入力方法、ネットワーク速度などが多様である。
進化の速度	制約が緩和され、容量が拡大するのがパソコンなどに比べても急速である。

（出典：山上作成[6]）

表4.5　1999年と2008年の携帯電話資源の推移

年	1999	2008
パケット速度	9.6Kbps	14Mbps（HSPDA 3.5G）
CPU	数MHz	500MHz（Dual CPU）
メモリ	1MB	256MB
推奨Webサイズ	2KB	100KB
Javaサイズ	なし	1MB
外部記憶	なし	16GB（MicroSD）
画面解像度	94×72（モノクロ）	480×864（カラー18bit）

（出典：山上作成[7]）

携帯電話のソフトウェアは複雑なエコシステムの上に成り立ってきたといえる。携帯電話のデータ通信サービスは、携帯電話事業者、携帯電話製造業者、そして、モバイルコンテンツ業者の3者の連携によって成り立ってきた。前2者は大企業であることが多く、コンテンツ業者は多様で、そのビジネス関係は複雑である。このエコシステムに最近、黒船ともいうべき、大きな挑戦者が現れている。ひとつはAppleであり、もうひとつはGoogleである。

　Appleは携帯電話製造業者としてiPhoneを提供している。iPhoneをめぐるマーケティングの秀逸さやiPhone自体のユーザエクスペリエンスの優秀さはともかくとして、携帯電話業界のエコシステムに最大の影響を与えたのはそのAppStoreの登場と成功である。このことは携帯電話産業のサービス化として考察することが可能であるので、後述することにする。

　Googleは検索エンジン業者としてインターネットでもっとも有名で影響力の大きい企業のひとつである。GoogleはAndroidというオープンソースのミドルウェアプラットフォームをOpen Handset Allianceという招待性のコンソーシアムを通して、提供している。2010年になって、GoogleはNexus oneというGoogleが直販する携帯電話でも市場にニュースを提供している。Android、および、Nexus oneの考察も興味深いが、Open Handset Allianceという枠組みも携帯電話ソフトウェア産業のサービス化のひとつとして、OSSとコンソーシアムエンジニアリングの活用という点で興味深い。これも後述する。

3．携帯電話産業のソフトウェアのサービス化の要因

　携帯電話産業がソフトウェアのサービス化を進める要因は次のようなものがある。
　・携帯電話に対するコスト削減圧力

・携帯電話に対するリッチインターネットアプリケーション圧力
・携帯電話の利用の普及とアプリケーションニーズの多様化

表4.6にそれぞれの概要を示す。

特にコスト削減圧力については、携帯電話製造業者の寡占化が進んでいることも影響している。寡占化の状況と上位5社のシェア変動を表4.

表4.6　サービス化の要因

プラットフォーム	概要
携帯電話に対するコスト削減圧力	先進国では携帯電話利用者数は飽和しつつあり、利用者数の自然増による携帯電話事業者の増収は限界にきている。このため、利用者増を見込んだ販売補助金などは削減され、コスト削減圧力となっている。また限られた市場の奪い合いが安値競争を生み、これもコスト削減圧力を生んでいる。携帯電話のサービスが多くなりすぎ、個別のサービスの顧客誘引効果が限定されてきている中、全体のコスト削減圧力だけでなく、ソフトウェア開発に対する個別コスト削減圧力も増加している。商用ソフトウェアを所有して維持管理するリスクが増大している。
携帯電話に対するリッチインターネットアプリケーション圧力	携帯電話のデータ通信速度の拡大、メモリ容量の拡大、CPU能力の拡大により、リッチなマルチメディアによるアプリケーションの拡大圧力がかかっている。ソフトウェア開発に対するコスト削減圧力が加わる中、新規に作成することが難しく、PC用のオープンソース資源の活用などが求められている。
携帯電話の利用の普及とアプリケーションニーズの多様化	携帯電話の普及率が多くの先進国で100％にも達する中、利用者のカバー率が高くなったことによって、特定の年齢層に対するアプリケーションがすべての利用者をカバーできなくなってきている。さまざまな年齢層、性別、利用シーンに対応するソフトウェアが必要になってきており、携帯電話事業者や携帯電話製造業者がこれらをすべてカバーしてバンドルすることが難しくなっている。

（出典：山上作成）

7に示す。

携帯電話アプリケーションの開発が重要になり、開発コストが拡大するとともに、ソフトウェアを開発するためのプラットフォームの重要性が増している。表4.8に携帯電話ソフトウェアプラットフォームの概要を示す。Windows Mobileなどは従来ビジネスモデルによる商用ソフトウェアであるがOSS化の中で苦しい立場にある。

携帯電話ソフトウェアは初期においては、リアルタイム処理を行う携帯電話ハードウェアからのイベント割り込みをどのように処理するか、ということと、メモリの制限のある携帯電話上でいかにアプリケーションをうまく動作させるかということに力点が置かれていた。それがやがて、ソフトウェアの共有化による開発期間の短縮と開発コストの削減に重点が移り、後述するアプリケーションストアのようなエコシステムの構築によるサードパーティソフトウェア資源の活用に力点が移りつつある。これに基づく、プラットフォームの進化モデルとプラットフォームの目的の変遷を図4.2に示す。

表4.7 各携帯電話製造業者の出荷台数と世界シェア

	2008年		2007年		2006年		2005年	
	台数(百万台)	シェア(%)	台数(百万台)	シェア(%)	台数(百万台)	シェア(%)	台数(百万台)	シェア(%)
Nokia	468.4	39.7	437.1	38.2	347.5	34.1	264.9	31.8
Samsung	196.7	16.7	161.1	14.1	118.0	11.6	102.8	12.3
LG Electronics	100.7	8.5	80.5	7.0	64.4	6.3	54.9	6.6
Motorola	100.1	8.5	159.0	13.9	217.4	21.3	146.0	17.5
Sony Ericsson	96.6	8.2	103.4	9.0	74.8	7.3	51.1	6.1
その他	218.5	18.5	202.9	17.7	197.8	19.4	213.1	25.6
合計	1,180.9	100.0	1,144.1	100.0	1,019.9	100.0	832.8	100.0

(出典:米調査会社IDC[8])

表4.8　携帯電話ソフトウェアプラットフォームの概要

プラットフォーム	概要
Windows Mobile	Microsoftが組み込み機器向けOSであるWindows CEをベースに開発したSmartphone向けプラットフォーム。PDA向けPocket PCがベース。最新版はWindows CE5.2ベースのWindows Mobile 6.5（2009年2月発売）。
Symbian	英PSION（サイオン）社がハンドヘルドPC向EPOC32を名称を改めスマートフォン向けに改良したOS。Nokia S60などに採用。メモリを節約することが強調、ディスクリプタやクリーンアップスタックなどの固有のプログラミングイディオムが使用されている。プログラミングはイベント駆動方式であり、イベントを処理していないときにはCPUはオフ。
Linux	リーヌス・トーバルズが1991年に個人で開発を開始したカーネル。クリーンかつフリーなUNIX互換カーネルとして広がった。GNUの多数の共通プログラム群と結合しディストリビューションGNU/Linuxとしても利用。ほぼPOSIX互換。組み込み情報家電OSとして広く普及。ライセンスはGPL。2009年12月　2.6.32リリース。2-3ヶ月毎にリリースされる。
Android	Linuxベースのモバイル用オープンソースオペレーティングシステム、ミドルウェア、主要なアプリケーションからなるソフトウェアスタック（集合）パッケージを基にしたプラットフォーム。オープンソース。アプリケーションは、原則として全てDalvik仮想マシンと呼ばれるAndroid OS上で動作する仮想マシン（VM）上で動作。
OMS	Open Mobile System。China MobileのiPhoneライク携帯電話Ophoneのプラットフォーム。ChineMobileのファンドでBORQS（清華大学系ベンチャー）がAndroidをカスタマイズしてChina Mobile用携帯電話プラットフォーム。Androidに対してOphone独自APIを10％程度追加。
iPhone OS	POSIX準拠のXNUカーネルをベースとし、Cocoa Touchを中心としたフレームワーク群を持つ、オープンソースのMac OS X v10.5のサブセット。iPhone OSと呼ばれ、現在は3.0（iPhone 3GS用）。

（出典：各社プレスリリースより山上作成）

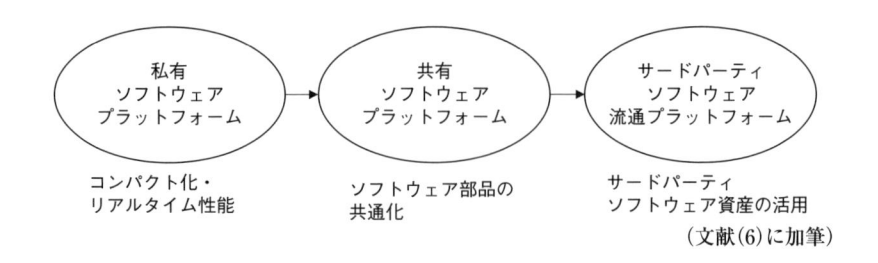

図4.2 プラットフォームの進化モデルとプラットフォームの目的の変遷

（私有ソフトウェアプラットフォーム：コンパクト化・リアルタイム性能 → 共有ソフトウェアプラットフォーム：ソフトウェア部品の共通化 → サードパーティソフトウェア流通プラットフォーム：サードパーティソフトウェア資産の活用）
（文献(6)に加筆）

　サードパーティ開発者のソフトウェア資源の活用が重要になるとともにオープン化、アンバンドル化が進む。いったん、オープン化、アンバンドル化が進むと、これらをクローズにしたりバンドル化に戻したりすることはきわめて困難である。

　従来、商用ソフトウェアとして自社所有のミドルウェアプラットフォームを開発、維持していた製造業としての立場が大きかった。上述したトレンドにより製造的側面は薄れ、OSSの技術評価、インテグレーション、流通支援技術などのサービス化の側面が大きくなっている。

4. サービス化の進展

4.1 アプリケーションストア

　初期の携帯電話はリアルタイム要求に対応するために、各社固有プラットフォームに対応するプログラミングをしていた。やがてアプリケーションが多くなってくると共通プラットフォームが必要になり、Symbianなどが利用された。携帯電話のメモリが拡大しCPUが高速化してくると、リアルタイム要求に対応する特殊なプラットフォームは必

要なくなり、Linuxなどの汎用ミドルウェアプラットフォームを利用することが可能になってきた。同時に、メモリの拡大、CPUの高速化、ネットワークの高速化は、携帯電話におけるマルチメディアアプリケーションの利用が拡大してくる。大量のマルチメディアアプリケーションを個別に作ることは難しいので、インターネットで利用できるオープン

表4.9　アプリケーションストアの進展

アプリケーションストア	企業	概要
App Store	Apple	2008年7月、iPhone 3Gの発売開始に合わせてサービス開始。iPhoneおよびiPod Touch向けのアプリケーションを提供。2009年11月時点でアプリ数は約10万以上。2009年4月に、ダウンロード数は10億本を突破、2009年9月に20億本、2010年1月時点で30億本を突破。
Android Market	Google	Android端末用アプリケーションの提供。2008年10月、無料アプリのダウンロードサービス開始。有料アプリは2009年2月から販売開始。
BlackBerry App World	RIM	2009年4月サービス開始。消費者向け、ビジネスユーザー向けのアプリを1000本以上提供。
Ovi Store	Nokia	2009年5月サービス開始。50機種以上のNokia端末から利用可能。
Samsung Mobile Applications	Samsung	2009年2月、英国で試験サービス開始。オープン時点で約1100本のアプリを用意。
LG Application Store	LG	2009年7月、アジアを対象にサービス開始。1400本のアプリケーションを提供。
Windows Marketplace for Mobile	Microsoft	Windows Mobile 6.5搭載端末向けのアプリケーションを提供。米国では2009年10月より、日本では2009年12月より開設。

(出典：各社プレスリリースより山上作成[6])

ソースソフトウェアの利用が拡大してきた。

　携帯電話アプリケーションの進展は表4.9に示すようになっている。

　この中でAppStoreが携帯電話産業的には大きなインパクトをもっている。携帯電話において電話機製造業者が大部分のアプリケーションをバンドルして開発責任を負うという産業ビジネスモデルを革新したことの意味は大きい。AppStoreのダウンロード数の推移を表4.10に示す。図4.3にアンバンドル化への流れとソフト資産の優先課題を示す。AppStoreはこの第3段階が今後、携帯電話産業界で主流になっていくことを示しており、それにAndroid Marketが続く流れを作っている。

表4.10　AppStoreのダウンロード数の推移

年月	アプリケーション数（本）	ダウンロード数（億本）
2007.7	500	0
2009.4	35,000	10
2009.9	85,000	20
2010.1	125,000	30

（出典：Apple[9]）

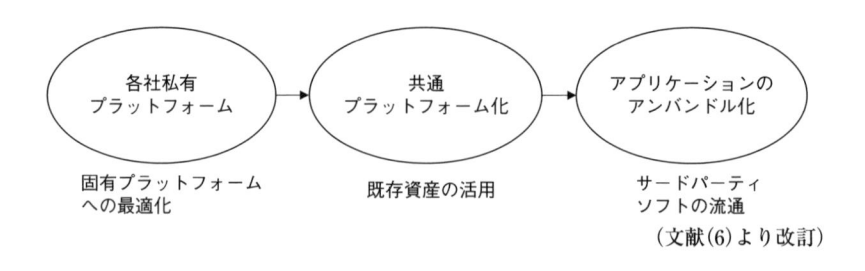

図4.3　アンバンドル化への流れとソフト資産の優先課題

各社私有プラットフォーム → 共通プラットフォーム化 → アプリケーションのアンバンドル化

固有プラットフォームへの最適化　　既存資産の活用　　サードパーティソフトの流通

（文献(6)より改訂）

アンバンドル化は、ソフトウェア産業のみならず、他の産業、たとえば、放送産業や電話産業などにおいても大きなビジネスインパクトを持っている。ディジタルによる再生産可能性、計算機資源の拡大によるデバイス依存性の減少、ソフトウェア規模の拡大による所有リスクの増大など複数の要素があいまってサービス化を進展させている。

4.2 OSS（Open Source Software）

携帯電話は急速に進化し、キャリアのビジネスモデルは、音声通話からデータ通信へと進化しつつある。携帯電話の普及が飽和すると音声通話による加入者増による自然増は頭打ちになり、キャリアはデータ通信へと収入の軸足を動かす必要がある。また同時に表4.5に示すように携帯電話の資源は進化している。1999年には、携帯電話と情報家電（ゲーム機やPDA）とパソコンの資源比率は1:10:100と言われていた。パソコンに比べて1/100であり、情報家電に比べても1/10であって、そこには従来のパソコンに比してまったく新規のメモリ容量を意識したソフトウェア開発が必要であった。しかし、パソコンのCPUやメモリがムーアの法則に応じて拡大する中、携帯電話のそれはムーアの法則を凌ぐスピードで拡大してきている。このため、携帯電話の計算資源はすでに携帯用ゲーム機のそれを大きくしのぎ、パソコンに対しても1：3から1：5の水準まで肉薄してきている。2010年にはボリュームゾーンにおいても1GHz CPUの携帯電話が続々と発売されてきている。

研究 → 中小企業 → 大企業 → ソフトウェアベンダ

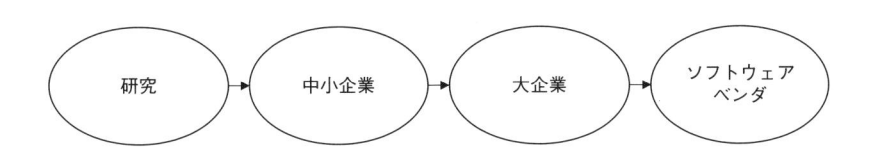

図4.4　OSSの普及

OSSはライセンス料の削減とソースの公開によるオープン性の2つの観点から大きく考えることができる。ライセンス料の削減については、図4.4に示すように研究機関や小規模ビジネスから導入が進み、現在ではソフトウェアベンダもOSSを無視してソリューションを考えることは難しくなっている。

　表4.11に示すように、OSSは複雑な概念であり、さまざまな見方が存在する。企業サイドとしては多様なOSSへの対応が必要である。

　表4.12に示すように、ソフトウェアの規模は拡大している。AndroidのLinux Kernelは770万行といわれている。ミドルウェアもアプリケーションも拡大し続けている。OSSのミドルウェア部分だけで

表4.11　OSSの多様な側面

見方	概要
ライセンス	OSSはオープンなライセンスを持ち、ライセンスに対応したコード管理が必要。
コード	OSSとはオープンなコードであり、コードに対する管理が必要。
開発手法	OSSとはソフトウェア開発のベストプラクティスであり、設計、コーディング、バグ修正、利用を行うコミュニティによって小規模なβリリースを繰り返すことによってコミュニティベースでソフトウェアの維持管理を行う手法である。
普及方法	OSSとはソースをオープンにすることによるソフトウェアの普及方法のひとつ。
コミュニティ	OSSとはオープンにしたソースを管理しているコミュニティ、コミュニティの方針と生態によってソースの未来が決まる。
哲学、運動	OSSとはソースをオープンにする、あるいはコーディングは芸術表現だ、というような哲学や運動の土台。
オープンイノベーション	OSSとは外部リソースを活用してイノベーションを起こすオープンイノベーションのソフトウェアにおける一形態。

（出典：山上作成（文献(7)に加筆））

も数十億円以上の価値があると見積もられている。また、成功しているOSSプロジェクトの活発な維持管理にも大きな価値がある。これらの価値をどのように自社ソフトウェア基盤に組み込むかは、いまやどの携帯電話ソフトウェア開発会社にも重要な課題となっている。

OSSは急速に進展しているが、携帯電話は利用者に販売されるというビジネスモデルのため、GPL汚染に対する注意など通常のサーバソフトウェアなどに比べて、制約が強く、慎重な取り扱いが必要である。

OSSを使う上でも、図4.5に示すようにソフトウェア開発業者としてもその取り組みは多様にわたる。OSSは数多くのライセンスが乱立しており、ライセンス管理を複雑化している。またGPLv2のようにいっ

表4.12　2009年におけるソフトウェア規模

要素	ソフトウェア規模（百万行）
Kernel	5-10
ミドルウェア	5-10
アプリケーション	5-10

（出典：山上作成）

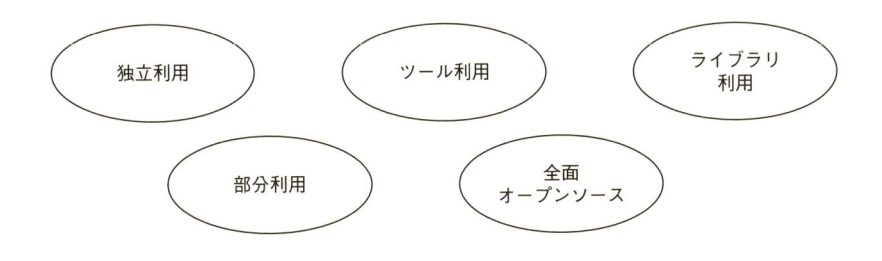

図4.5　オープンソース化

たん設定されると他のライセンスに転換するのが難しいライセンスもあり、的確なライセンス対応が必要である。このため、OSSに基づくソフトウェア開発は、製造としての側面に比して、ライセンス管理、手続き管理、評価、インテグレーションなどのサービス要素の比率がますます大きくなっており、その傾向は今後とも続くと予想される。

4.3 ファウンデーションによるソフトウェア開発

ミドルウェアの大規模化により、共同で共通のサードパーティアプリケーションを開発したほうがメリットがあり、大きいミドルウェアを独自に開発することによるコストとリスクは拡大している。このため、差異化を図る個別アプリケーションやユーザインタフェースを除いたミドルウェア部分については、競合他社と分散開発する形で開発や維持管理をする方向性が、近年顕著になってきている。

どのような開発手法をとろうとも、100万行を越えるようなソフトウェアを開発、維持することは容易でなく大きな課題である。これらの傾向はミドルウェアにおけるOSSの比率が高まっていることにも影響されている。表4.13に主要プラットフォームのOSS比率を示す。また、Symbian Foundationのように、このような業界動向を踏まえて、商用

表4.13 ミドルウェアプラットフォームのオープンソース比率の推定

プラットフォーム	オープンソース比率
Android	100％
Symbian（Symbian^3）	100％
Maemo	95％
LiMo	91％

（出典：各社プレスリリースより山上作成）

ミドルウェアソフトウェアをオープンソース化する動きもある。

　ミドルウェアプラットフォームのデリバリーは、携帯電話製造業者にとって、全体のソフトウェア開発に対して決定的な影響を持つ。このため、デリバリーを透明化するために、個別企業の影響を排除するためにファウンデーション（財団、非営利団体）を結成するようになってきている。また、OSSを利用する場合、いずれにせよ自社知的財産権の外の資源を活用することになるため、知財リスクなどを共有するためにファウンデーション化することになる。

　大規模なソフトウェアをファウンデーションという形で分散開発できるようになってきているのは、他のサービス化にも共通する傾向であるが、世界規模で高速、高信頼なデータ通信インフラがインターネットによって構築され、コードや技術情報の迅速な共有が可能になってきていることも影響している。

　表4.14に2007年から2008年にかけて設立された携帯ミドルウェアプラットフォームのファウンデーションを示す。

　ファウンデーション化による連携サービススキルはファウンデーション外、ファウンデーション内、社内の3階層になり、さらに社内も従来の開発より多様な部門（開発、グローバルマーケティング、サポート、法務）との緊密な連携が求められる。図4.6に3種類の連携サービススキルを示す。ソフト開発が外部連携を含めた総合調整作業へと移行しつつある。

5．サービス化への対応

　OSS化、ファウンデーション化、アプリケーションストアによるアンバンドル化など、複数のサービス化の進展により、携帯電話ソフトウェア産業においても、サービス化に対応するスキル、エンジニアリングの必要性が高まっている。

表4.14　携帯電話ミドルウェアプラットフォームのファウンデーション

プラットフォーム	主たる推進者	発足	概要
LiMo Foundation	携帯電話製造業者連合	2007年1月	Linuxベースの国際的に競争力のある共通プラットフォームの開発を推進。コミュニティーベースの開発手法の利点と、携帯電話業界内の優れた開発手法との融合を目指す。主要ベンダが端末コスト削減を目指し共通プラットフォーム開発のために発足。
Open Handset Alliance	Google	2007年11月	LinuxベースのAndroidによる携帯端末向けオープンソース共通プラットフォームの開発を推進。SDKを提供し携帯エコシステムの構築を目指す。Googleの各種サービスが統合を目指す。
Symbian Foundation	Nokia	2008年6月	Symbian OSをベースとしたオープンかつ共通のプラットフォームの開発を推進。共通プラットフォームの利用により携帯電話端末開発コストの低減や開発期間の短縮化。NokiaがSymbianを買収し、ソフトをロイヤリティフリーで提供。

(出典：各社プレスリリースより山上作成)

　表4.15にサービス化への対応を示す。外部リソースを利用するとともに総合サービス化の傾向を強めている。

　企業にとって、自社開発したソフトウェアの管理というのはきわめてわかりやすい目標であり作業である。一方、サービス化が要求するスキル、エンジニアリング、そして、それを満たすための人材開発、社内のさまざまな部署に従来は分散していたサービス化スキルの統合利用は大きく困難な課題となっている。

```
        外部ステーク
        ホルダーとの連携

  ファウンデーションの          社内関連部門
  運営、イニシアティブ         (開発、マーケティング、
                            法務)との連携
```

(文献(11)に加筆)

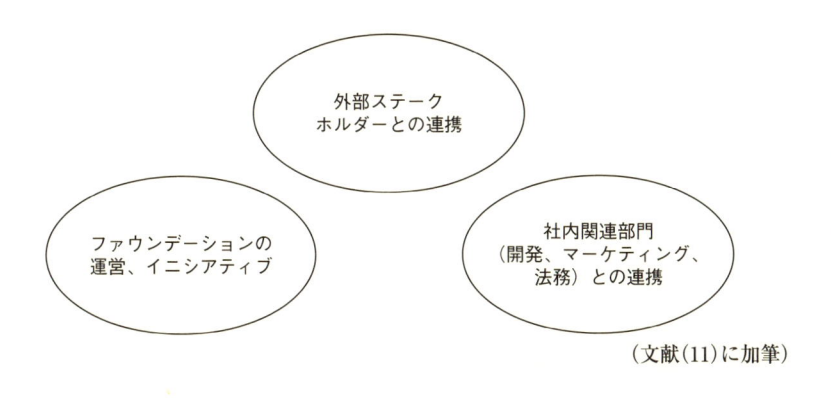

図4.6　ファウンデーション化による連携サービススキル

表4.15　サービス化への対応

項目	概要
ライセンス管理	OSS、派生物、商用ソフトウェアのライセンスを管理する。
OSSコミュニティへの貢献	長期的な維持管理コスト軽減のため、カスタマイズしたソフトウェア派生物を上流OSSコミュニティに貢献する。
認証、適合性	プラットフォームとの認証、適合性を試験、認定する。
技術サポート	OSS、ファウンデーションプラットフォームの技術サポートをする。サードパーティSDK、あるいは流通プラットフォームの技術サポートをする。
コード管理	OSS、派生物、商用ソフトウェアのコードを管理する。
技術評価	OSSプロジェクトのコード、ロードマップ、バージョンの機能、安定性、整合性を評価する。
エコシステム構築	自社の過去資産、サードパーティのソフトウェア資産を活用できるように相互利益が図れるようなシステムを構築する。
ファウンデーション管理	複数のステークホルダーが協力しあえるような枠組みを設定し、ファウンデーションを創設、運営、維持する。

(出典：山上作成（文献(11)に加筆))

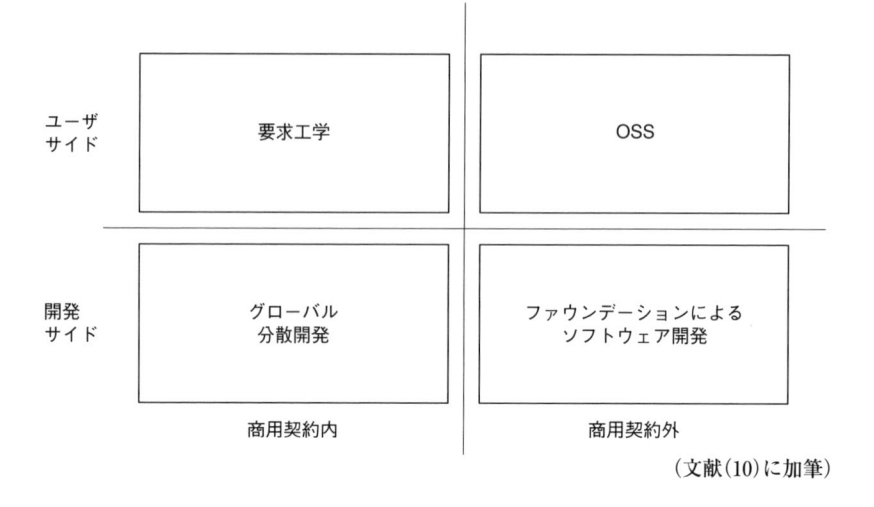

	商用契約内	商用契約外
ユーザサイド	要求工学	OSS
開発サイド	グローバル分散開発	ファウンデーションによるソフトウェア開発

（文献(10)に加筆）

図4.7　クロスバウンダリ・ソフトウェア開発

ソフトウェア開発においては図4.7に示すようにクロスバウンダリ・ソフトウェア開発ともいうべき、バウンダリ（境界）を越えたソフトウェア開発が加速している。このようなバウンダリを越えた協調行動が可能になる理由は情報通信インフラの進展であり、携帯電話ソフトウェア業界に限らず、ソフトウェア産業全体がサービス化している傾向を示すものである。

6. おわりに

産業のサービス化はモノからサービスへの転換という形でさまざまな産業に現れている。携帯電話の市場拡大および高機能化に伴い、携帯電話ソフトウェア産業は拡大している。携帯電話のソフトウェアは携帯電話ハードウェアに対応するソフトウェアという形で、製造と結びついて

いる。一方で、ソフトウェアの大規模化、アプリケーションストアなどの携帯電話産業のエコシステムの移行に伴い、従来の「要求獲得→設計→コーディング→デバッグ」という形でのソフトウェア製造からは離れようとしている。

　携帯電話がアプリケーションの実行母体として、メディアの担い手として、PCやTVやゲーム機を凌駕していく可能性を持ち、大きな市場と世界各地での浸透を背景に影響力を強めていくことは容易に予想される。そして、携帯電話に対応するソフトウェア開発量は拡大の一途をたどっている。それとともにさまざまなビジネスモデル、エコシステム、団体戦による市場競争は拡大している。携帯電話はハードウェアに依存するという特性を持っている特殊なソフトウェア領域であるが、それにもかかわらず、市場の圧力と産業エコシステムの変動により、サービス化が進展し、開発手法が転換しつつある。

　携帯電話に限らないが、電話事業というのは、サービスとしては音声通話で完結しており、設備調達、設備工事的な事業としての色合いが強く、ビジネスも少数のステークホルダーで閉じているものであった。データ通信サービスが拡大し、利用者のさまざまなニーズに対して対応する非常に広範囲のソフトウェアが必要になって、オープン化が進み、オープン化の進展がさらにサービス化を後押ししている。

　本章では、携帯電話ソフト産業の中でもミドルウェアプラットフォームを中心に述べたが、アプリケーション実行環境の高度化、携帯電話産業のビジネスモデルの転換、高度な情報通信インフラによるアプリケーション流通可能性の拡大、OSSの普及、ファウンデーションによるソフトウェア開発維持、などさまざまな要素が相互に影響し、非常に複雑な産業構造を生み出している。また、このような新しい課題に対して、どのような社内体制、教育体制、管理体制をとっていくかは、ソフトウェア産業の取り組まなければならない重要であるとともに難しい課題であり、現時点では試行錯誤が続いている段階である。

参考文献

(1) GSM World : Home of the GSM Association, http://www.gsmworld.com/
(2) List of mobile network operators of the Asia Pacific region, http://en.wikipedia.org/wiki/List_of_mobile_network_operators_of_the_Asia_Pacific_region
(3) List of mobile network operators of Europe, http://en.wikipedia.org/wiki/List_of_mobile_network_operators_of_Europe
(4) Telecom Regulatory Authority of India, http://www.trai.gov.in/pressreleases_list_year.asp
(5) モバイル・コンテンツ・フォーラム, http://www.mcf.to/
(6) T. Yamakami : "Stage Models of Middleware Platforms and Applications: Transitions in the Mobile Application Landscape", IEEE DEST2010 (2010)
(7) 山上俊彦:「情報ネットワークや組み込みソフトウェアを活かして価値を創造」, コンピュータ産業研究会第149回 (2010)
(8) IDC Home : The premier global market intelligence firm. http://www.idc.com/
(9) Apple, http://www.apple.com/
(10) T. Yamakami : "Pains and Challenges in the Mobile Internet Evolution", Keynote Speech at PDCAT2009 (2009)
(11) T. Yamakami : "A Three-dimensional View Model of Open Source-aware Software Development for Large-scale Mobile Software Platforms", IEEE DEST2010 (2010)

第5章 ● 情報産業のサービス化の展望

神田陽治
(富士通)

1. はじめに

　本章では、以下の3つの視点から、情報産業のサービス化について展望する。まず、第1番目に、人々の関心は、技術的な事柄から自分たちの要求を満たしてくれるかどうかに移って来ており、その帰結として、情報産業に属す企業はコア・コンピタンスを進化させる時であることを述べる。次に、第2番目として、コア・コンピタンスの開発事例として、カーディナルヘルス社の手術用サプライ・キットの事例と、富士通のフィールド・イノベーションの事例を述べる。さらに、第3番目に、新たなコア・コンピタンスの候補として、サービスを改善・改革する仕組みについて検討する。サービスの調整ループを陽に記述できれば、コンピューティング技術でサービスを改善・改革できる可能性があることを論ずる。

2. 情報産業の定義

　情報産業を定義するのに、業種名を並べるのではきりが無い。そこで、外延的な定義を諦めて、内包的な定義を試みる。本章では、情報産業を、「コンピューティング能力をコア・コンピタンスとする」産業と定義する。

まず、コア・コンピタンスという言葉を説明しよう。以下は、ゲイリー・ハメルとC・K・プラハラードの共著による、『コア・コンピタンス経営——未来への競争戦略』[(1)]の第9章からの引用である。

「コア・コンピタンスは、未来のビジネスチャンスへの入口である。コア・コンピタンスで主導権を握っているかどうかは、コア・コンピタンスを利用する新しい創造的な方法を考えて、どれだけ新しい可能性を、広げることができるかどうかによる」(312ページ)。

「コア・コンピタンスとは、顧客に特定の利益をもたらす一連のスキルや技術を言う」(315ページ)。

一言でいえば、コア・コンピタンスとは、未来を拓く力のことである。一方で、過去の活動で得られた資産（市場占有率、インフラストラクチャー、ブランド力、特許権など）は、コア・コンピタンスではない。なぜなら、過去の活動の結果である資産自体は良いスタート台となるが、それだけで未来の成功を約束するものではないからである。

次に、コンピューティング能力とは、コンピュータが持つ情報処理能力を適用し、問題解決を行う能力を意味するものと定義する。

以上から、情報産業とは、高いコンピューティング能力を売りとする業種である。ある企業は、価格性能比が高いコンピューティング能力を持つコンピュータを作って、販売する企業かも知れない。別の企業は、顧客が必要とするコンピューティング能力を、顧客に代わって構築する企業かも知れない。さらに別の企業は、顧客が必要とするコンピューティング能力を貸し出す企業かも知れない。

高いコンピューティング能力は、コンピューティング技術から作られる。そこで、コンピューティング技術の進歩について概観することから始めたい。

3. コンピューティング技術の進歩

ここでは、コンピューティング技術全般の進歩を概観した後で、Web技術の進歩を取り上げて説明する。人々の関心が、「コンピューティング技術の所有」から「コンピューティング技術の利用」へ移っていることを見ることができる。

3.1 コンピューティング技術の進歩

図5.1は、コンピューティング技術の進歩を描いたものである。網羅的に描くことを意図してはおらず、各年代を象徴するような技術を列挙して、コンピューティング技術の速い進歩を実感してもらうことをねらっている。階層の真ん中には、インターネットのネットワークプロトコルであるTCP/IPと、インターネット興隆の起爆剤となったWebブラウザの層がある。

当初、たくさんのネットワークプロトコルが規格化され、どれが主流

?	2010年〜頃
Web2.0、クラウド、…	2005年〜頃
Webサービス、SOA、グリッド、…	2000年〜頃
ウインドウシステム、GUI、P2P、…	1995年〜頃
TCP/IP、Webブラウザ、…	1990年〜頃
携帯電話、モバイル、…	1995年〜頃
ブロードバンド、無線LAN、…	2000年〜頃
タッチパネル、電子ペーパー、…	2005年〜頃
?	2010年〜頃

図5.1 コンピューティング技術の進化

になるかで巷を騒がしたが、1990年代前半にTCP/IPが普及してしまうと、人々の関心から外れてしまった。企業で使うネットワークでは性能や品質が重要であり、ベストエフォート方式のTCP/IPは適さないと言われていたが、インターネットの普及に伴い安価になり、性能もどんどん高まったTCP/IP機器には勝てなかった。そして、今やネットワークプロトコルと言えばTCP/IPという時代を迎えている。Webブラウザも同様で、当初は巷を騒がしたが、代表的なWebブラウザが普及してしまうと人々の関心から外れてしまった。

　図の上方に向かっては、利用者の利便性を高める方向への進歩である。TCP/IPとWebブラウザの階層の直上には、ウィンドウシステム、GUI (Graphical User Interface)、P2Pの階層がある。ウィンドウシステムやGUIは、コンピュータの操作性を飛躍的に高めた技術であり、人々の関心を呼んだ時代は1990年代後半である。それまではコンピュータの画面を1度に1つのアプリケーションが占拠していたので、1つアプリケーションを操作しているときには、他のアプリケーションの結果を見ることはできなかった。ウィンドウシステムの登場により、複数のアプリケーションと自然にやり取りができるようになった。また、GUIにより、コマンドを思い出しながら注意深く打ち込む手間が、メニューからコマンドを選ぶだけの手軽さに変わった。P2P (Peer to Peer) のように、TCP/IPの上に別のネットワークを重ねることで、世界中のコンピュータを自在につなげる技術も登場した。

　その上の層は、Webサービス、SOA、グリッドである。ウィンドウシステム、GUI、P2Pは、コンピュータを使う個人の利便性を増したが、Webサービス、SOA、グリッドの技術は、インターネットを使う企業の利便性を増した。これらの技術は、2000年から2004年頃にかけて、人々の関心を呼んだ技術である。企業間の取引がインターネットに移行すると同時に、個人相手の電子商取引が加速した時期でもある。その後、Web2.0やグリッドという新規のキーワードが登場して、今に至っている。コンピュータを使う個人の利便性が一層増すとともに、企業活動に

インターネットを使う企業の利便性も格段に増そうとしている。

一方、TCP/IP、Webブラウザの直下には、携帯電話、モバイルの層がある。携帯電話が爆発的に普及したのが1990年代後半で、携帯電話にWebブラウザが搭載されると、モバイルでのインターネット利用も爆発的に普及した。さらに、2000年頃よりブロードバンドや無線LANが普及し、家庭からのインターネット利用の利便性が劇的に改善された。その後、電子ペーパーを使った電子書籍の端末や、タッチパネルを使った特徴ある携帯機器が、人々の関心を獲得するに至っている。

かくして、ある時期に人々の関心を強く惹いた技術が、勝敗が決まり普及してしまうと、人々の関心から外れてしまう現象は、繰り返し起こる。人々の関心のあり様が変化するということは、企業の活動にも影響を及ぼす。

図5.2は、いわゆるスマイルカーブと呼ばれる図である。製品の企画開発、部品調達、機器の製造、販売、アフターサービスの段階ごとに、顧客価値の大きさを描いたものである。スマイルカーブの名前は、顧客価値のカーブが両端で持ち上がり、中央がもっとも低くなっている形状が、笑う口の形に似ていることから名付けられた。

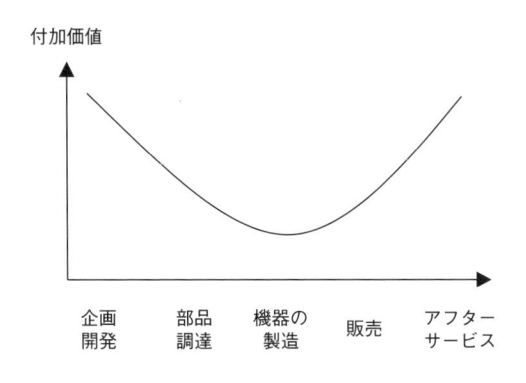

図5.2　スマイル・カーブ

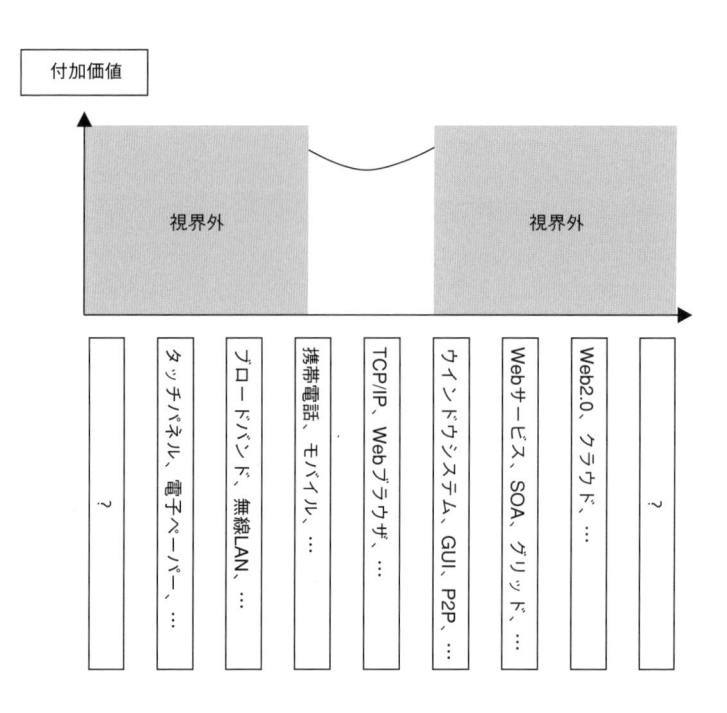

図5.3　情報産業のスマイル・カーブ（1995年頃）

　高い顧客価値を持つ段階に関わっている企業は、付加価値を作りだせれば、大きな利益が上げられる可能性があることを意味している。顧客が価値を感ずる領域であるため、製品の付加価値に見合う価格を付けられるからである。一方で、顧客価値が低い段階に関わっている企業は、大量生産によるコスト削減などで利益を上げなくてはならず、薄利多売の体力勝負となりがちである。

　1つの企業が製品のバリューチェーンのすべての段階を担う場合もあれば、複数の企業が分担して担う場合もある。前者は垂直統合と呼ばれ、後者は水平分業と呼ばれる。一般的には、垂直統合から水平分業の道筋をたどる。新しいカテゴリーの製品では市場が無いから、経験を積んだ企業も他に無く、垂直統合を取らざるを得ない。市場が広がり、利益が

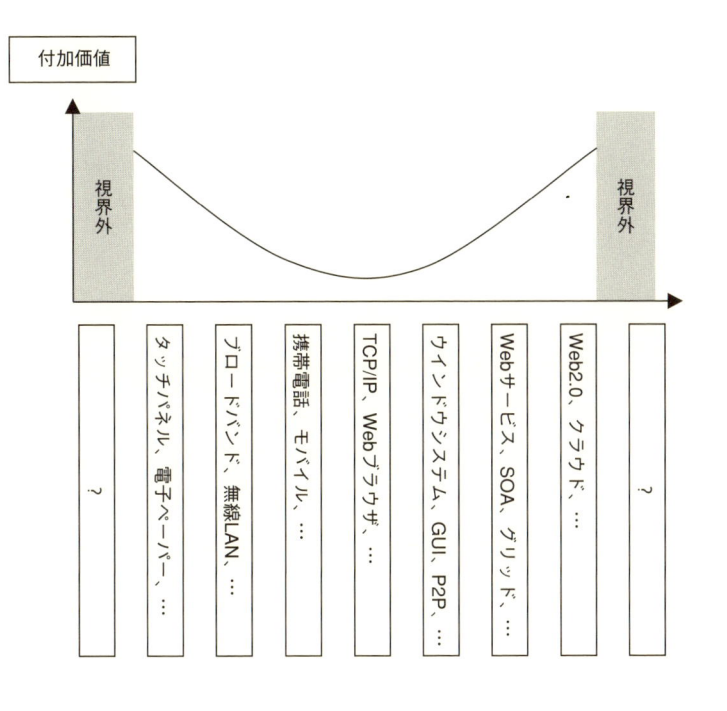

図5.4 情報産業のスマイル・カーブ（2010年頃）

出ることが分かると多くの企業が参入し、各企業が自分の得意な段階に投資を集中していく結果、水平分業となっていく。

スマイルカーブが意味しているのは、機器が市場に投入され、水平分業が進んでくると、機器の製造の段階には顧客価値が無くなり、製品ライフサイクルの最上流と最下流の、製品のデザインや特徴、製品購入後のアフターサービスに顧客価値が高まっていくということである。

図5.3、図5.4は、スマイルカーブからヒントを得て、図5.1を描き直したものである。縦軸に顧客価値を、横軸にコンピューティング技術の階層を描いている。図5.3は、1990年代頃で、TCP/IPの層前後に、人々の関心があった時代である。今の時代から見れば、TCP/IPのはるか上層や下層に来る技術は必然のように見えるが、当時に立ってみれば、

視界の外であった。図5.4は、今を描いており、TCP/IPの上層下層まで広く視界に入って来ている一方で、TCP/IPの層前後では顧客価値は低くなっている。

3.2 Web技術の進歩

図5.5は、Web技術が発明されてから5年ごとに区切って、Web技術のトレンドを描いたものである。Web技術を特に取り上げるのは、Webがインターネットの核技術だからである。

1994年頃まではWeb技術の黎明期で、仮にWeb0.1と名付けた。この時期のWeb技術は実用に徹したものであり、貧弱だったコンピュータやネットワークの性能に見合うように、簡単な仕様であった。

1995年頃から10年間は、Web1.0とでも称すべき時期である。XML (eXtensible Markup Language) を使って、Web0.1技術を、理想的に再設計しようとした時代と言える。ちょうど、インターネット技術が企業システムに流入した時代であり、旧来の技術の機能の豊富さを、そのままWeb技術にのせ換えようとした感があり、そのため重たい仕様となった感は否めない。あくまで例としてだが、グリッド・コンピューティングの標準化競争は大いに盛り上がったにも関わらず、分厚い仕様書だけが残った感がある。

2005年頃から、広くWeb2.0と認知されている時代に入った。コンシューマ技術が企業システムに流入した時代とも言える。普及が進まないWeb1.0時代の仕様は敢えて採用せず、Web0.1の時代の仕様の軽さを最大限に利用しながら、十分な機能と性能を引き出すことに成功した。

Web2.0後、2015年頃からを仮にWeb3.0とした。無線ネットワークの普及により、あらゆるものがセンサーと言えるようになって来ている。それらセンサー情報が、人に結び付けられて解釈されることになれば、捕捉できる個人情報の質と量が飛躍的に増えるだろう。そこで、Web3.0の時代には、個人情報が企業システムに、良くも悪くも今以上

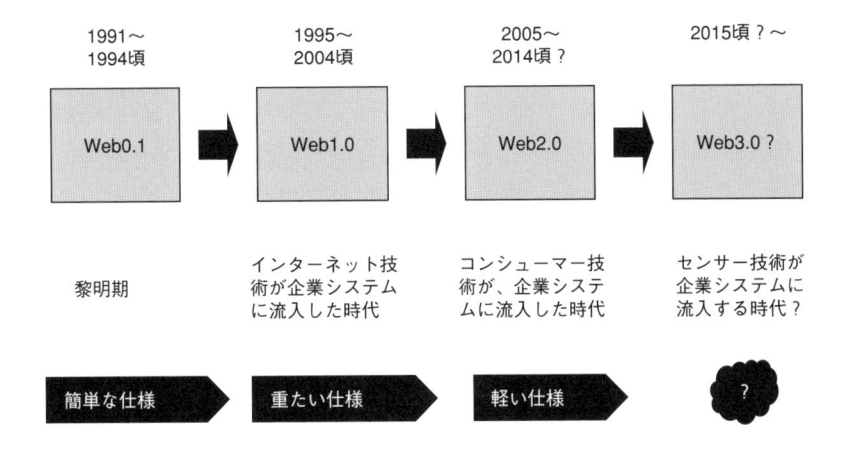

```
1991〜        1995〜        2005〜        2015頃？〜
1994頃        2004頃        2014頃？

[Web0.1] ➡ [Web1.0] ➡ [Web2.0] ➡ [Web3.0？]

黎明期    インターネット技    コンシューマー技    センサー技術が
          術が企業システム    術が、企業システ    企業システムに
          に流入した時代      ムに流入した時代    流入する時代？

[簡単な仕様]  [重たい仕様]  [軽い仕様]   [？]
```

図5.5　Web技術の進歩

に流入する時代になるのではないかと考える。センサー技術が企業システムに流入する時代と言えよう。そして、Web技術の仕様は、個人情報が保護できる方向に向かって、Web1.0の技術を再構築しながら、Web2.0の延長で進歩して行くと推測する。

3.3　情報産業の市場は成長段階から成熟段階へ

コンピューティング技術の進歩は、新サービスの開発を大幅に容易化する。新しいサービスを開発するときの技術的なハードルは確実に下がっている。言い換えると、新しいサービスを開発するときの金銭的なハードルも確実に下がっている。図5.6に示すように、1995年頃と2010年に、同じようなサービスを着想し開発しようとした者がいたとすると、1995年頃に比べて、2010年にサービス開発のために専用に開発しなければならない部分の割合は大幅に減っている。多くを自前で調達しないとサービスが提供できなかったものが、市場にある資源をうまく組合せ

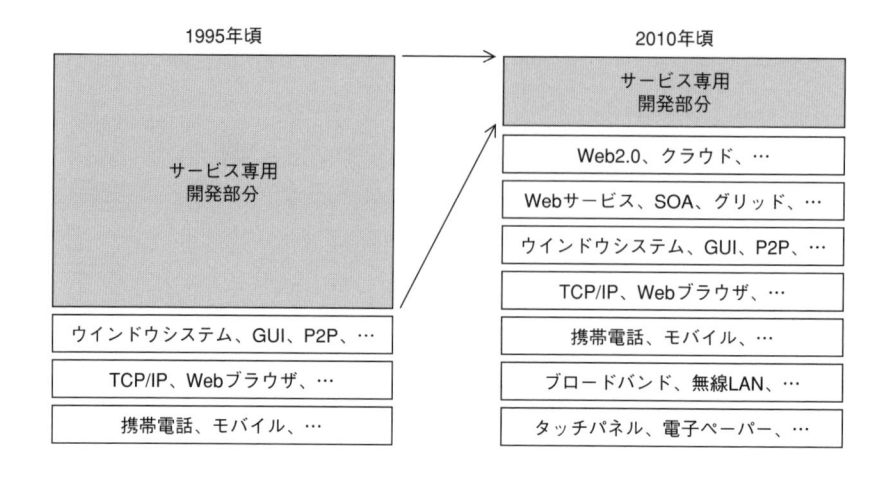

```
        1995年頃                      2010年頃
┌───────────────────┐        ┌───────────────────────────┐
│                   │        │      サービス専用           │
│                   │        │      開発部分              │
│                   │        └───────────────────────────┘
│    サービス専用    │        ┌───────────────────────────┐
│    開発部分       │        │  Web2.0、クラウド、…       │
│                   │        ├───────────────────────────┤
│                   │        │  Webサービス、SOA、グリッド、… │
│                   │        ├───────────────────────────┤
│                   │        │  ウインドウシステム、GUI、P2P、… │
└───────────────────┘        ├───────────────────────────┤
                             │  TCP/IP、Webブラウザ、…    │
┌───────────────────┐        ├───────────────────────────┤
│ ウインドウシステム、GUI、P2P、… │        │  携帯電話、モバイル、…     │
├───────────────────┤        ├───────────────────────────┤
│ TCP/IP、Webブラウザ、… │        │  ブロードバンド、無線LAN、… │
├───────────────────┤        ├───────────────────────────┤
│ 携帯電話、モバイル、… │        │  タッチパネル、電子ペーパー、… │
└───────────────────┘        └───────────────────────────┘
```

図5.6　サービス開発の容易化

ることで、新しいサービスの提供が可能となっているのである。その代表が、クラウド・コンピューティングである。自前でサーバー環境を作らずとも、クラウド事業者から借りて、小さく安くサービスを開始できる。小規模で良いなら、個人でもクラウドを無料で借りてサービスを開始することさえできる。

　このことは、情報産業の市場が成長段階を抜け出し、成熟段階に移りつつあることを意味している。サービスを提供しようとする者にとって、技術開発の能力よりも顧客ニーズを見定める能力を、強く問われる時代になったのである。人々の関心は、技術的な事柄から、自分たちの要求を満たしてくれるかどうかに移って来ている。

4．新たなコア・コンピタンスの必要性

　情報産業の市場が、成長段階から成熟段階へ移行したことに対応し、

情報産業に属す企業も、コア・コンピタンスを変化させる必要がある。コア・コンピタンスかどうかを決めるのは市場であって、企業自身の自分勝手な"想い込み"ではないからである。

ジェフリー・ムーア[3]によれば、コア・コンピタンスは、市場の状況に応じ、2つに区別できる。市場の成長期にあって、企業の成長を支えるコア・コンピタンスを、ミッション・クリティカル・コアと呼んでいる。また、市場の安定期にあって、企業の安定を支えるコア・コンピタンスを、ミッション・クリティカル・コンテキストと呼んでいる。ここで、コンテキストという語を用いているのは、企業の成長を作る意味でのコア能力ではないことを表現している。

市場が成長段階から成熟段階へ変化するに応じて、企業の成長を支えていたミッション・クリティカル・コアも、否応なく、企業の安定を支えるミッション・クリティカル・コンテキストに変化してしまう。ジェフリー・ムーアは、コア・コンピタンスには慣性があると言っている。一度、コア・コンピタンスを習得してしまうと、そこに経営資源を投入しがちなことを言う。慣性に任せて努力せず、次の時代のミッション・クリティカル・コアを獲得できなければ、企業の成長はやがて止まってしまう。

5. コア・コンピタンスの開発事例

今後の情報産業を支えるミッション・クリティカル・コア、言い換えると、サービス化の時代において、企業の成長を生み出すことができるコア・コンピタンスをどう作って行けばいいのか。次に、この課題を解くヒントとなりそうな事例を2つ紹介する。

5.1 カーディナルヘルス社の手術用サプライ・キット

　最初の事例は、エイドリアン・J・スライウォツキー[4]で、紹介されている事例である。カーディナルヘルス社は米国の大手医薬品流通業者である。電子商取引の販売サイトを開設して、医療器具を電子的に販売するだけであれば、価格競争の波におぼれてしまったであろう。この困難をどう克服したかに話の焦点がある。

　「手術の内容や医師の嗜好もあるが、通常、外科処理には200点ほどの製品が使われる。従来のシステムでは、手術にあたって病院の貯蔵室に備蓄された幾千点もの備品の中から必要なものを選び出し、トレーに載せて手術室に運び込む。このプロセスは人件費も時間もかかり、ミスも起きやすく、莫大な備蓄コストがかかる。貯蔵室の備品の整理、持ち出し分の追跡、補充注文、損傷品の処分等々、スタッフを煩わせる仕事はいくらでもある。

　カーディナルのカスタマイズされたサプライ・キットはこの手間を改良し、顧客のコスト削減に貢献した。同社のオンライン注文方式によって、外科医は処置に必要な自分に合った機器や備品を前もって注文することができる。また、自社製品は販売している製品の3分の1にすぎないが、2200社の製品を入手することができる。例えば、関節鏡を使った膝の手術を行う場合、200点ほどの備品が必要だが、これらを使用する順番に正確に並べた消毒済みキットが手術当日の朝、病院に配達される仕組みになっている。キットに入った備品はすべて外科医が事前に指示したものである。」(19-20ページ)

　カーディナルヘルス社は、医療品メーカーと病院を結ぶ仲介業として、病院関係者の話を聞き、医療現場の課題やニーズを直接観察できる立場にあった。手術用サプライ・キットのアイデアを、病院関係者からもらったということはないだろう。聞けたのは、病院経営者からの病院の莫大な備蓄コストの話や、病院スタッフからの手術の内容や医師の嗜好に合わせて、数多くの備品をミスなく手術室に運びこむ大変さの話であっ

```
┌─────────────────┐   ┌──────────────────┐
│ 医療現場の現状の把握 │   │「医療品メーカーから医 │    ミッション・クリティカル・
│・病院の貯蔵室の管理 │   │ 器具を調達する」能力 │    コアから
│ コストを削減したい │   └──────────────────┘    ミッション・クリティカル・
│ (病院経営者)    │            │              コンテキストへ
│・手術準備の大きな負 │            ▼
│ 担を軽減したい   │   ┌──────────────────┐
│ (病院スタッフ)   │   │ 医療器具の最新の知識 │
└─────────────────┘   └──────────────────┘
         │                    │
         └────────────┬───────┘
                      ▼
              ┌──────────────────┐
              │「手術の内容や医師の  │     新しい
              │ 嗜好に合わせて、手術 │     ミッション・クリティカル・
              │ の当日に必要な手術用 │     コア
              │ の器具を届ける」能力 │
              └──────────────────┘
                      │
                      ▼
              ┌──────────────────┐
              │ 手術用サプライ・キット │
              └──────────────────┘
```

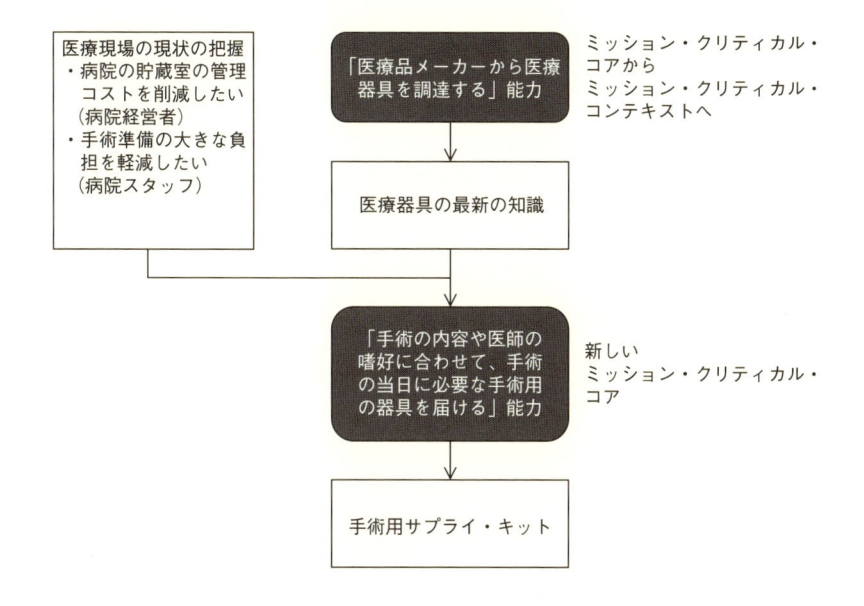

図5.7　カーディナルヘルス社の手術用サプライ・キット

ただろう。これとカーディナルヘルス社の「医療品メーカーから医療器具を調達する」能力を組み合わせたところから、手術用サプライ・キットの事業のアイデアが生まれたと考える。

　図5.7に、カーディナルヘルス社がコア・コンピタンスをどのように進化させたのかを図解した。電子商取引の普及は、カーディナルヘルス社のミッション・クリティカル・コアであった「医療品メーカーから医療器具を調達する」能力を、ミッション・クリティカル・コンテキストに押しやりつつあった。しかし、カーディナルヘルス社は、「手術の内容や医師の嗜好に合わせて、手術の当日に必要な手術用の器具を届ける」能力を、「医療品メーカーから医療器具を調達する」能力の上に積み上げることで、新しいミッション・クリティカル・コアを獲得できたのである。

手術用サプライ・キットのアイデアを他社が真似ることはできるが、カーディナルヘルス社は、病院関係者と直接にコンタクトを取り続けている点で有利である。カーディナルヘルス社は最新の医療備品の製品情報を伝えられるとともに、手術を担当する医者の最新の要求を常に聞くことができるからである。

5.2　富士通のフィールド・イノベーション

　カーディナルヘルス社は、コア・コンピタンスをうまく進化させることができた。クリス・ズック[5]は、このようなコア・コンピタンスの進化を、コア事業の再定義と呼び、それを成功させるには、企業に内在する"隠れた資産"を活用することが重要だと述べている。蛇足ながら、クリス・ズックは、何の手も打たない現状死守戦略が良い結果を生むことは無く、世間を騒がすような大型企業買収によるビックバン型の事業転換や、世間に注目されている急成長市場への無節操な多角化参入は、宝くじを買うようなものだと言っている。

　クリス・ズックは、3つの隠れた資産を挙げている。①企業内で過小評価されている事業基盤、②企業内の未使用な顧客インサイト（洞察、見識）、③企業内の埋もれたケイパビリティ（能力、機能）である。具体的に①では、コア事業を支援するための社内のサポート機能が、社外で通用する品質であったケース、②では、顧客からの信頼や顧客との取引関係などの企業独自のポジションが、強力な顧客へのアクセスや影響力を発揮するケース、③では、事業のバリューチェーン上の強みを使って、コア事業を再定義するケース、などを挙げている。カーディナルヘルス社の事例は、②の未使用な顧客インサイトを活用した例と言える。

　富士通のフィールド・イノベーション[6]も、企業内の未使用な顧客インサイトを使って、コア・コンピタンスを進化させようとする試みと言える。

　市場の成長期にあっては、要求された通りのITシステム（Information

Technology System)を作り出す能力があれば良かったが、市場が安定期に入るに及んで、ITシステムが真に経営や現場のために真に役立っているかどうかが問われるようになってきている。富士通のフィールド・イノベーションは、経営や現場に真に役立つITシステムを作り出す能力を、新たなミッション・クリティカル・コアとすることを目標としている。ちなみに、お客様の現場に入り込んでフィールド・イノベーションを担当する者を、富士通ではフィールド・イノベータと呼んでいる。フィールド・イノベーションの説明から引用する[7]。

「富士通は、25年間稼働した自社の受発注システムの再構築を通して、ITを適用する前に人やプロセスの問題を徹底的に検討し改善することが重要であることを再認識しました。そして、ITの投資効果は稼働後の利用率が決定するという原点に帰り、利用者の視点でITの課題を捉え、継続的改善を続けていく『革新体質』になることをめざしてきました。これらの取り組みを、フィールド・イノベーションとして提案していきます（図5.8）。

（中略）

富士通は、フィールド・イノベータを運用から投入することを考えています。フィールド・イノベータは、ITを開発した後、利用者の立場でどんな課題があるのか、お客様の現場、現物、現実を見て、お客様と一緒に改善し、ITのさらなる改善提案につなげていきます。

さらに、業務運用やITの活用状況を第三者視点からモニタリングし、その結果をお客様にフィードバック、ITの投資効果の検証にも貢献します。つまり、フィールド・イノベータの活動モデルは、運用重視の『システムを作りっぱなしにしない』モデルといえます（図5.9）」。

鍵は、ITシステムベンダーとしての立場を生かす点にある。フィールド・イノベータと呼ばれる専任者が、ITシステム作成後のアフターケアとして現場に入り込み、現場の責任者・担当者の話を聞いたり、ITシステムが実際どのように使われているかを観察・分析したりして、現場の現状を掴む。その結果から、人とプロセスを巻き込んだ運用改善

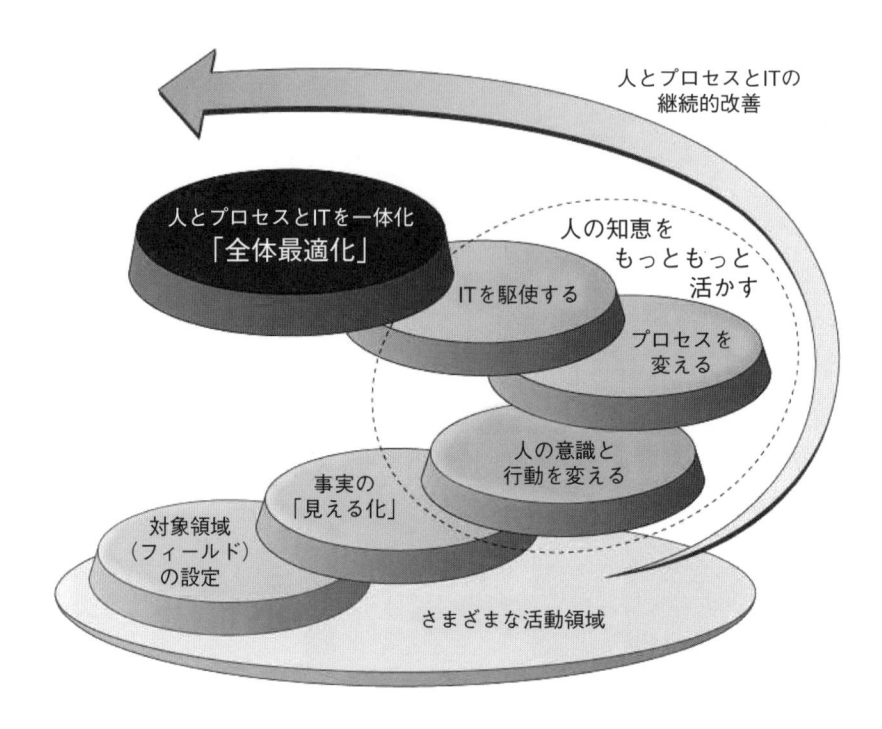

図5.8　フィールドイノベーションのコンセプト[7]

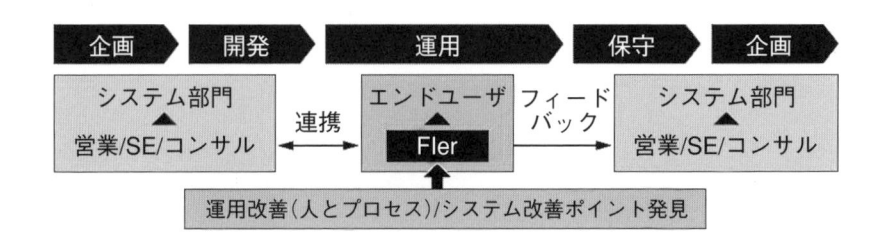

図5.9　「システムを作りっぱなしにしない」モデル[7]

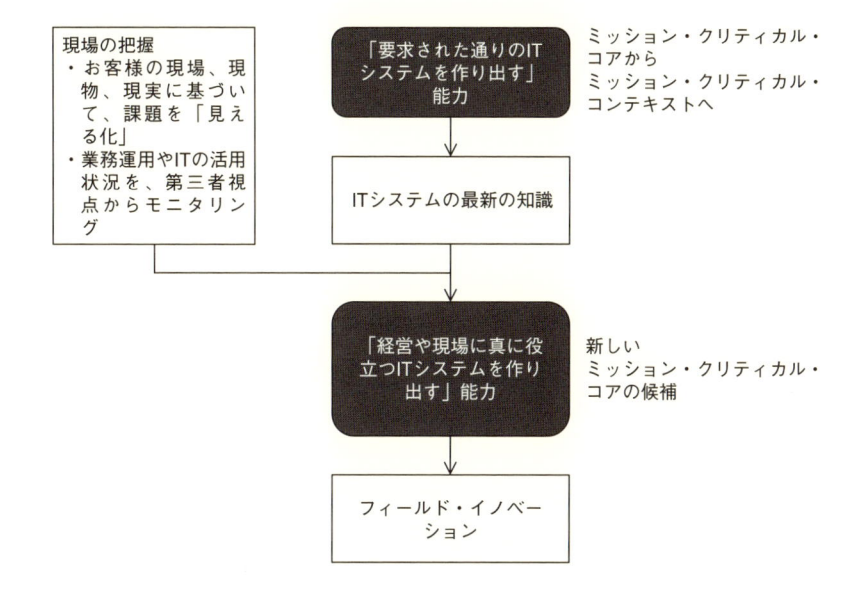

図5.10　富士通のフィールド・イノベーションのねらい

を提言したり、システムの改善ポイントを発見したりするのである。

図5.10に、富士通がどのようにコア・コンピタンスを進化させようとしているかを示す。コンピューティング技術の進歩は、富士通のミッション・クリティカル・コアであった「要求された通りのITシステムを作り出す」能力を、ミッション・クリティカル・コンテキストに押しこみつつある。しかし、「経営や現場に真に役立つITシステムを作り出す」能力を、「要求された通りのITシステムを作り出す」能力の上に積み上げることで、新しいミッション・クリティカル・コアを入手しようとしていると見ることができる。

富士通のフィールド・イノベーションと同様な試みは、他社も始めている。ビジネス分析の知識体系[8]も現れ始め、ビジネス分析ができる人材の育成を始めている。「経営や現場に真に役立つITシステムを作り

出す」能力は、情報産業の新しいミッション・クリティカル・コアとなる可能性を有している。

6. 新たなコア・コンピタンスの獲得

　最後に、情報産業に属す企業が獲得すべき、新たなコア・コンピタンス候補について検討する。コンピューティング技術のもっとも大きな価値は自動化にある。サービスの提供を人間がやっている限り、サービスの規模は簡単には拡大できない。人数を増やせば規模の拡大は可能だが、大きなコスト増しは避けられない。しかし、人間がやっていることをコンピュータに代替させることができれば、コンピュータを増やすことでサービスの規模を拡大できる。すべてをコンピュータに代替させることは無理にしても、人間が担う必然性が無い部分をコンピュータに任せることができれば、サービスの生産性を向上できる。銀行の窓口業務の一部をATMで代替できたことで、平日の昼間に限らず、お金を出し入れできるようになったのが好例である。

　そこで、情報産業に属す企業が開発すべき新たなコア・コンピタンスは、より広範でより強力なセルフ・サービス技術であると考える。ここではセルフ・サービス技術を広く捉え、人手を減らしつつ、同時にサービスの効率化・品質改善・安定運用を実現できるサービス技術だと考える。

　本章の残りでは、サービスの効率化・品質改善・安定運用を実現する際の要となるサービスの調整ループについて述べ、その記述法について調べる。サービスの調整ループの記述法が、セルフ・サービス技術の基礎を与えると考えるからである。

6.1 サービスの調整ループ

外部からの入力に対し、やり方を敏感に調整する方法には、さまざまな呼び名がある。Plan-Do-See、PDCA サイクル (plan-do-check-act cycle)、Sense&Respond 等である。経済産業省がまとめている技術戦略マップでは、最適設計ループと呼ばれている[9] (図5.11)。以下では、調整ループと呼ぶ。

良いサービスを提供するには、調整ループを備えることが必要条件となる。実際、世間で評判が高いサービスを調査した結果、調整ループの存在が確かめられたと言う[10]。また、富士通のフィールド・イノベーションの進め方も、調整ループの考え方に基づいている[11] (図5.12)。

ところで、調整ループの重要性を訴える文献は多くとも、どういうタイムスパンで調整ループを回したらよいかを、はっきりさせていないように思える。

実際には、さまざまな長さのタイムスパンで回すことができるだろう。例えば、サービスの具体的な実行場面において、すばやくループを回す

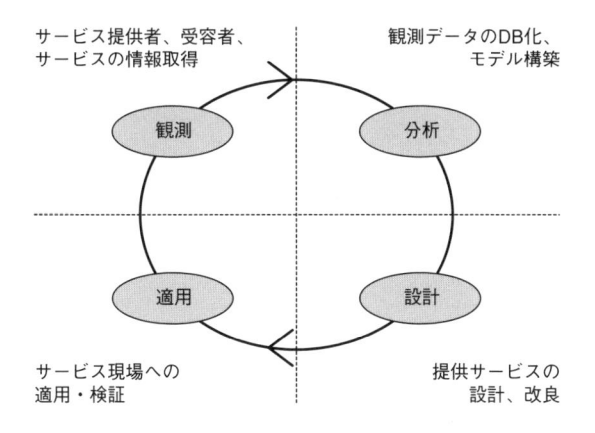

図5.11 サービス工学分野における最適設計ループ[9]

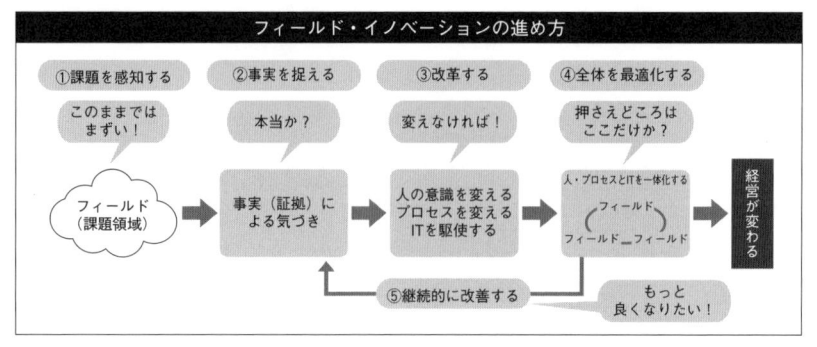

事実を可視化することで、人の意識が変わる。
人を主役として知恵を活かし、プロセスとITの継続的な改善で企業の「革新体質」をつくる。

図5.12　フィールド・イノベーションの調整ループ[11]

ことで、顧客の要求をその場で捉えて、サービスの内容を微調整することができる。また、一定間隔でループを回すことで、期間中のサービス実施結果を振り返って、サービスの内容を改訂することもできる。改訂は、うまく行った実行場面の成功要因を分析して、繰り返せるように強化しても良いし、うまく行かなかった実行場面の失敗要因を分析して、次からはうまく行くように修正してもよい。

6.2　調整ループの記述法

　調整ループをITシステムで動かすためには、手始めに、調整ループが陽に記述できる必要がある。現状では、標準と言うような記述法は知られていない。ここでは3つの方法を検討する。①数理モデル、②サービス・ブループリント（青写真）、③因果関係図である。
　これら3つの方法は互いに代替可能とは限らない。むしろ、3つの記述のレベルはそれぞれサービスの別の面を捉えており、調整ループを回すタイムスパンの長さ等によって、取捨選択されるべきものと考える。

1つ目の記述方法は、数理モデルを使う方法である。数理モデルは、数理マーケティング分野で広く使われている。例えば、価格の変化に対し、売上がどう変化するかが数理モデルで表される。企業のサービス提供には、ITシステムを使うことが当たり前となっているから、ITシステムのログが取得可能である。入出力データに落とし込み、線型性などを仮定すれば、とにもかくにも数理モデルを作ることができる。

　調整ループを作るには、新たな顧客の要求を数理モデルに入力し、モデルが出力した顧客価値の予測値を使って、なんらかの調整を行うことになる。ここでの問題は、数理モデルが出力するものが、本当に使える予測値かどうかである。というのも、モデル化しようとしている対象には人が含まれている。人は内部状態を持つ。同じ入力に対して、いつも同じ応答をするとは限らない。容易に飽きてしまったりする。また、モデル化しようとしている対象には、人と人との関係が含まれる。世間の流行を追う人もいれば、追わない人もいる。言い換えると、モデル化をしようとする対象には、内部状態があり、正や負のフィードバックループがある。

　デイヴィッド・オレル[12]が言うように、現実にモデルを合わせようとして、多くのパラメータを取り込み、パラメータ値をうまく選択することで、確かに過去の入力から現在を再現することができたとしても（論文が書けたにしても）、モデルが現実を正しく写し取っているかどうかは別の問題である。正や負のフィードバックループは、モデルをパラメータの変化に敏感にする。現実と合っている間は、「モデルは信頼できます」と胸を張っておいて、現実とずれた場合に、「モデルでは捉え切れない、予想外の事態が起きました」で済ませられるなら、モデルは要らない。過去の経験と勘で、サービスを運営しているのと大差が無くなってしまう。よって、数理モデルによる方法は、場面的にも時間的にも限定された局面で使える方法と考える。

　2つ目の記述法は、サービス・ブループリント（青写真）（例えば文献(13)）を使う方法である。サービス・ブループリントは、サービスを

提供するプロセスを、サービス開始からサービス完了までステップバイステップで記述した図式である。サービス・ブループリントには、サービス受容者である顧客と企業の担当者との間の対話フローと、企業の担当者と企業のバックヤードの間の業務フローの両方が含まれる。製品の生産においては企業内の業務フローで完結するが、サービスの提供においては、顧客の入力が企業内の業務フローを駆動する形になるので、顧客と企業の担当者の間の対話フローと、企業内の業務フローを合体させた図式が有効なのである。

　調整ループにおいては、サービスプリントの対話フローの最適化を達成する視点で、サービスプリントの業務フローを見直すことになる。例えば、対話フローのムダを取ると顧客から見た価値が高まるが、そのためには企業内の業務フローではコストをかけてでも効率を上げないといけないかも知れない。この点で、企業内の業務フローのみの最適化を行う製品の生産とは異なる。

　サービス・ブループリントに、TDABC (Time-Driven Activity Based-Costing)[14] 手法を合わせると、サービスの総実行時間や総実行コスト、さらには、サービス提供のキャパシティの余力を推定できるようになる。そこで、既存のサービスの改善 (improvement) には、威力を発揮しうる。しかし、サービス・ブループリントでは、提供プロセスがステップバイステップで記述できることが前提となるので、サービスを新規に作ろうとする場合とか、抜本的に作り直そうとかいう場合には適用は難しくなる。そのような場合には、次に説明する因果関係図を使う方法が候補となるだろう。

　3つ目の方法は、因果関係図を使う方法である。因果関係図は、原因と結果の連鎖を図式で表したものである。例えば、顧客に対し行った働きかけから、予想される顧客の行動へ、さらにその顧客の行動から引き起こされる結果へと、因果の連鎖が記述される。

　因果関係を描く図式の流儀には、さまざまなものがある。その中でも、因果関係が成立するための仮定を陽に示す図式が有用と考える。例えば、

TOC（Theory of Constraints）論理思考プロセス[15]では制約条件が、Results Chain[16]では前提条件が陽に記述できる。

　仮定を陽に示せれば、「もし、このことが成り立ったら」というような因果関係も図式に表現できる。人の中に蓄積されている、「こうすれば、ああなる」という経験と勘を、陽に書き出せる。実際にサービスを提供している経験があればこそ、普通の人には気付かないサービスの成功要因やリスク要因を、網羅的にリストアップすることができる。その意味では、数理モデルやサービス・ブループリントの記述よりも、意味的に深く、また、カバーする領域も広い領域に渡ったサービス記述となりうる。

　調整ループにおいて、サービスを改善・改革するには、因果関係図に表現された制約条件を回避し、前提条件を成立させるような施策を立案し実行することになる。特に、制約条件を強く抑止できる負のフィードバックループを組み込んだり、前提条件を更に強化するような正のフィードバックを組み込んだりできると、より強い結果を生み出し、効果を長く維持できる。

6.3　調整ループの実行

　調整ループが記述できたとして、残る課題は、調整ループをITシステムでどう動かすかである。場面を限定すれば、数理モデルと数理的な最適化手法を組み合わせることで実装可能である。一般的には、適用システム（adaptive system）や、自律コンピューティング（autonomic computing）と呼ばれる研究分野が関連する。ただし、調整ループをITシステムで動かすことは、表面的なモデル化では済まないと考える。

　消費者の立場から見れば、良いサービスは理解し易い。しかし、サービスを提供する側のバックヤードでは、シンクロナイズドスイミングの如く、理解し易いサービスを実現するためにいろいろな活動が行われている。特に、何か問題が生じたとき、消費者にストレスを感じさせずに

問題を解決するときにバックヤードが活躍する。このことは、サービスの調整をITシステムで行う課題の奥深さを物語っている。

調整の役割ごとに、タイムスパンとモデルを複数個、組み合わせるのも一案かも知れない。最短のタイムスパンは顧客とサービス提供担当者の対話中に行う適用の調整ループで、数理モデルを用いる。中程度のタイムスパンは定期的に行う改善の調整ループで、サービス・ブループリントを用いる。最長のタイムスパンは必要に応じて行う改革（抜本的改訂）で、因果関係図を用いる、などである。

7．おわりに

いまや、人々は当たり前のように携帯電話やパソコンでWebを検索し情報を得ているが、改めて振り返ってみると、Web技術は20年前に登場した。当時、著者も情報産業に身を置いていたが、情報ハイウェイのような構想を耳にしても、実感を伴って未来を想像できてはいなかった。その後の20年の生活の中では体験は連続しているためか、1年毎の変化を大きな差分だと思ったことは無かった。しかし、今更ながら20年前を振り返ると、大きな差分が見えて来る。

かくのごとく未来予測は難しい。10年後、20年後に、情報産業はどのように変貌しているだろうか。まことに楽しみである。

参考文献
(1) ゲイリー ハメル，C. K. プラハラード：『コア・コンピタンス経営――未来への競争戦略』日経ビジネス人文庫，日本経済新聞社（2001）
(2) ジョン，3世 ヘーゲル，マーク シンガー：『ネットの真価――インフォミディアリが市場を制する』，東洋経済新報社（2001）
(3) ジェフリー・ムーア：『ライフサイクル イノベーション 成熟市場+コモディティ化に効く14のイノベーション』，翔泳社（2006）
(4) エイドリアン・J・スライウォツキー：『伸びない市場で稼ぐ！　成熟市場

の2ケタ成長戦略』, 日本経済新聞社 (2004)
(5) クリス・ズック:『コア事業進化論——成長が終わらない企業の条件』, ダイヤモンド社 (2008)
(6) 徳丸嘉彦:「フィールド・イノベーション」, FUJITSU, Vol.59, No.3, pp.334-339 (2008)
(7) 環境本部:「人とプロセスとITの三位一体改革で, 革新体質をつくる。それがフィールド・イノベーション」, 富士通グループ社会・環境報告書2009, 富士通株式会社, p.30 (2009)
(8) IIBA:『ビジネスアナリシス知識体系ガイド Version2.0』, IIBA日本支部 (2009)
(9) 経済産業省:「技術戦略マップ2008 (サービス工学分野)」, http://www.meti.go.jp/policy/economy/gijutsu_kakushin/kenkyu_kaihatu/str2008.html (2008)
(10) 内藤 耕 (著編):『サービス工学入門』, 東京大学出版会 (2009)
(11) 富士通総研:「富士通の考えるフィールド・イノベーション」, 富士通ジャーナル, Vol.302, pp.16-17 (2007)
(12) デイヴィッド・オレル:『明日をどこまで計算できるか?——「予測する科学」の歴史と可能性』, 早川書房 (2010)
(13) R・P・フィスク, J・ジョン, S・J・グローブ:『サービス・マーケティング入門』, 法政大学出版局 (2005)
(14) ロバート・キャプラン, スティーブン・アンダーソン:『戦略的収益費用マネジメント——新時間主導型ABCの有効利用』, 日本出版貿易 (2008)
(15) ウイリアム・デトマー:『ゴールドラット博士の論理思考プロセス——TOCで最強の会社を創り出せ!』, 同友館 (2006)
(16) ジョン・ソープ, DMRストラテジックリーダーシップセンター:『利益を生む情報化投資戦略』, 富士通経営研修所 (1999)

第3部　サービスイノベーションにおける
　　　　サービス価値と技術革新

第6章 ● サービスイノベーションにおけるサービス価値

中村孝太郎
(イー・クラフト、北陸先端科学技術大学院大学)

五嶋正風
(リクルートワークス研究所)

今堀崇弘
(日刊工業新聞社)

1. はじめに

　サービスは広い意味でいえば、人、組織、社会が、それぞれの欲求満足、目標達成、機能遂行のために、必要な活動や機能を支援することであるといえる[1]。すなわちサービスにより、個人・組織・社会にとってのサービス価値が創造されるといえよう。サービス価値は、経済学的、社会学的、心理学的、工学的な様々な観点から論ずることができる。したがって、各専門領域において論じられているサービスを、サービス価値を基軸にして、議論し、共通の視点を確立することは、サービスの学問的な基盤を構築する上で、1つの有力な方向性を与えるといえよう。
　エンジニアリング系業界団体における新規サービス事業の調査研究から見えることは、①サービスの概念定義がマーケティングなど一部の専門領域の定義に基づいており、事業の全体を捉えるためには十分でないこと、②サービス事業を把握するために、複数の専門領域にわたる知識が必要であり、これらが利用可能な形に整理されていないこと、③サービス事業の調査研究結果を発表する場合に、これを総合的に把握し評価

いただける学会は国内には存在しないこと、などの課題を認識した。

現在、サービスの学問的取り組みは、「専門領域横断的にサービスに取り組む場合に、知識ギャップを補い橋渡しする学際的な新知識（Interdisciplinary new bridging knowledge）の創造のための活動」として位置づけられ[2]、国内外で活発化している。

そこで本章では、サービスイノベーションにおけるサービス価値あるいはサービス価値の創造に関する一般論を述べる。その上で技術経営や知識科学の概念も導入しながら、実際のサービスに関する考察から、サービス価値を取り巻く概念の整理やサービス価値の推移などの視点を構築してゆこう。対象とするサービス事例は、定評ある成功事例だけでなく今後のサービス価値の動向を考える上で参考となりそうな特徴のある最近の事例も取り上げる。また本章では、サービス価値の創造とサービスにおける価値創造（プロセス）の意味も含めて、サービス価値創造と表現するものとする。

まず本章の2では、サービスイノベーションをサービス価値創造の視点から述べ、サービス概念におけるサービス価値の位置づけを紹介する。

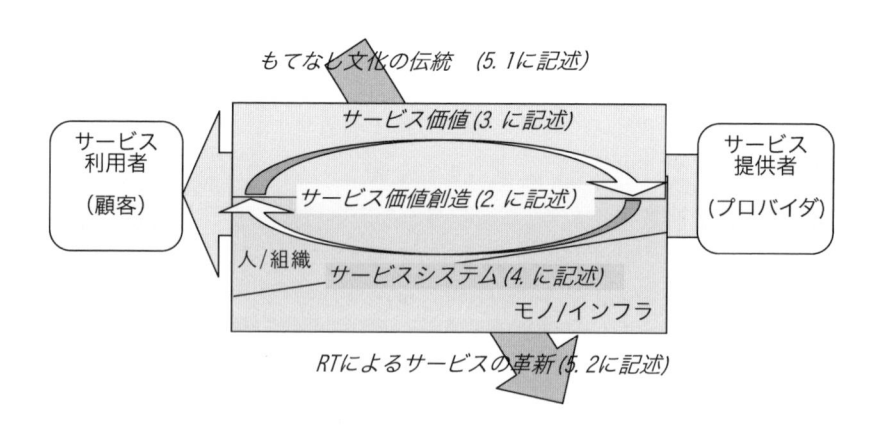

図6.1　本章のサービス概念の枠組みと関連する記述箇所

次に3では、サービス価値創造の1側面であるサービスの価値共創の独自の視点を紹介し、これをベースとしたサービス価値推移へのアプローチの例を述べる。続く4では、サービス価値創造における人・組織を含む広義のサービスシステムとその構成要素を導入した上で、インターネットを利用する情報サービスとハイレベルな宿泊もてなしサービスの適用例と一般化の試みを紹介する。

さらに、5ではサービス価値創造の文化的伝統に学び、将来のサービスの革新を展望する。まず日本のもてなし文化の伝統を述べた上で、その価値共創的な意義を考察し、日本が主導するサービスロボットによる顧客状況把握やフロントステージ支援のあり方を通して新たな価値共創の可能性を紹介する。最後に、6では本章で述べるサービス価値共創のまとめを行った上で、他のサービス理論による考察、知識科学的な視点でのサービス価値創造プロセスの考察、および価値創造フェーズの拡張などについて述べる。

図6.1に、本章のサービス概念の枠組みと以上述べた関連する記述箇所を示す。

2．サービスイノベーションと価値創造

サービスイノベーションはサービスの価値創造の視点からは、どのように述べることができるのであろうか。まず、サービス事業の近年の環境変化とその事業への新たなサービス価値への要請を考えながら、サービス価値創造を概観することからはじめよう。

2.1　サービス事業の環境変化とサービス価値

サービス価値創造は、サービス企業により構想されサービスシステムを通して提案されるサービス価値を、顧客が利用して便益を享受するこ

とにより達成される。

近年のサービス事業におけるサービス価値に影響を与えている主要な環境変化は下記があげられる。
・サービス市場のグローバル化
・サービスニーズの高度化
・サービスインフラのネットワーク化

これらの3つの環境変化の進展は、いずれも従来になかったサービスの価値創造の可能性をもたらす。またこれらに対応して、サービス価値の独自性を深めることがいっそう重要となってくる。以下にサービス価値へ影響する例を述べてみよう。

(1) サービス市場のグローバル化
サービス企業が国境を越えて進出し、ローカルサービス企業と競合するようになった。各サービス企業の事業継続のためには、特徴を発揮するために事業ポジショニングの調整が従来にもまして重要となっている。これに伴ったサービスの低価格化（あるいはネット上での無料化）の動向に対応して、新たなサービス価値の創出への要請がある。例えば、ホテル宿泊サービスでは、その客だけへの「心に残る体験」を演出するため、客の嗜好情報を利用することが中心だったが、それに加え従業員の価値観と意識をスキルアップし、機敏な対応ができるように備えている。

(2) サービスニーズの高度化
「モノ」が充足されると「コト」づくりに関心が移る。すなわち日常的な安全・安心・快適の確保だけでなく非日常的な体験・感動の享受、さらには人間的絆の確立など、より高度な満足を与えるサービスを求めるようになってきた。これは、少子高齢社会を迎える国内ではいっそうその傾向が強い。これに伴って"等身大の人間"の満足を希求する「人間中心」指向のイノベーション[3]に至るサービス価値の提案が必要

となっている。例えば、従来はコンサートに出向いたり、自宅のAV装置で楽しんでいた音楽鑑賞サービスは、iPod機器利用により、移動中の鑑賞など時間の制約がなく、かつ自らの嗜好に合わせた能動的な音楽鑑賞サービスを享受できるようになった。近年は、サービスロボット技術にネットワーク機能や携帯通信機能を組み込んだ音楽鑑賞機能あるいは安全見守り機能が開発されて、実用化されつつあり、これが個人だけでなく家族の共通の体験や地域との連系も可能となる可能性をもっている。

（3） サービスインフラのネットワーク化

サービス利用者が、サービス企業に出向かなくても、必要な時間・場所においてサービスを利用できるネット上の仮想的環境が大幅に充実してきた。これは、サービスの共通基盤の上に個別化が可能なサービス価値の提供を加速する。例えば、観光支援コンテンツサービスでは、季節の一般的な名所の画像や映像を人々に見せることにより、潜在的な顧客の開拓が行われてきた。しかしネット技術の利用料およびこれを安価に利用できる端末の高性能・低価格化により、個人が常時携帯して個人の嗜好に合った観光情報支援コンテンツを利用可能となってきた。またYouTubeにみられるように静画像や動画像をだれでも簡単にアップロードできる近年のWebシステムなどの発達により、コンテンツの蓄積に対して多数の関係者のオープンな参加が可能となってきた。

2.2 サービスイノベーションと価値創造の側面

モノづくりにおいては、「研究開発」や「製品生産」を中心に、製品に仕込む「技術」および「機能」を基軸に価値の提供あるいは創造がなされる。これに対し、サービスは、無形性と同時性を特徴とする「コトづくり」であり、関連する「モノ」の提供にとどまらず、多様なニーズを持つサービス利用者の満足を達成するために、サービス提供プロセス

を常に洗練化する必要がある[4]。すなわち、サービスの構想者だけでなくサービスを提供する組織やインフラ、および必要に応じて利用者も含めて、価値創造に関与することが必要である。

このような意味で、サービスのイノベーションは、サービスに利用されるハード・ソフトの製品・インフラおよびこれを利用するサービススタッフや組織の中で継続的に行う価値創造プロセスといえる[5]。したがって、サービスの事業推進や利活用には、これと同様に「個人」「組織」「社会」のための「コトづくり」を通した、新たな価値創造の視点が重要であろう。

さらに、サービスの価値創造プロセスには、顧客もサービス品質評価や継続利用そして価値提案などに関与して参加する。近年のサービス・ドミナントロジック仮説の提言[6]は、サービスにおける価値共創の視点を強調しているとおりである。これは、3.1に詳述し展開する。

一方、このような価値共創の視点は、わが国の茶道の「主客一体」などの「もてなし」文化の歴史、さらには、古来から民俗学的な「神人共食」の伝統にもみとめられる。ここには独自の「主客」に関する伝統的背景が存在し、このような独自の文化的背景を考慮することも、サービス価値創造には必要な場合もあろう。また角山は「過去の伝統や文化の内容・背景を、独自の視点で捉え直すことにより、現代のサービスの構想に反映できる可能性がある」[7]としている。これに関しては5.1で詳述する。

例えば、サービスロボットの現場への展開は、そのような文化的背景を理解し、整合性を図ることが1つのアプローチになるかもしれない。わが国のサービスロボットは、他国ではあまり見られない、独自の発展を遂げてきており、日本独自のサービスサイエンスの「価値共創の実践の場」として注目される。顧客との接点があるフロントステージに近い現場に適用するようなサービスロボットでは、あらかじめ顧客との価値共創を想定して検討することが求められる。つまり、サービスロボットは「人間」「組織」「社会」の中で、「モノ」と「サービス」をつなぐ新

たな構成要素として受容度を次第に高め、場合によっては、利用者との価値共創を伴って満足度を高めていく存在として捉えることも重要である。

このようなサービスの顧客接点への注力化は、サービスプロセス洗練化の一環として、ますます重要になろう。顧客満足やそれによる収益を高めるためにサービス接点の密な情報交換や点から線へ、さらに面への展開が、センサネットワーク、無線通信、Rf-IDなど現場型情報通信技術（現場型ICTと略記）やロボット技術（RTと略記）[8]の導入利用などにより可能となってきた。これに関しては5.2で詳述する。

例えば、宿泊や医療サービスでは、顧客の利用履歴・嗜好情報を蓄積活用することや、さらに顧客接点において現場型ICTの利用、さらには自動化設備を含むロボット技術（RTと略記する）の導入により、バックステージの省力・省人化がフロントステージへの注力につながる。客室や病室への配膳輸送や物品搬送にRTを導入し、客・患者へのもてなし・ケアへの時間を確保すること等はこれに含まれる。

2.3 サービス概念中のサービス価値の位置づけ

ここでサービスに関するビジョン、コンセプト、サービス価値、およびサービスシステムの関係を考察してみよう。

例えば、"共感を伝える地域メディア"という事業のありたい姿をめざして"「今咲いている花」情報の提供"を構想している観光支援web情報サービス事業の「花なび」事例[9]を取り上げる。"共感を伝える地域メディア"のビジョンの下、事業を推進し、当初一部のホテルロビーのパネルやタクシーでの携帯端末による試験利用から始まったが、現在では関西地域のホテルの客室およびカーナビなどに展開して事業離陸期を迎えている。従来の古い映像による花情報案内の限界を克服し、「今咲いている花」を案内するものであり、特定の時期や特定の名所だけに限定されないと予想される、京都の「花の好きな観光客」が現地にゆき

楽しむことに基本的に対応している。「今咲いている花」という最低限必要な画像の入力はタクシー運転手の社会参加的活動により駆動され、さらに実験ツアーへの企業・商店街および場合によっては意識の高い観光客などの参加によるサービス価値の創造が、大きな特徴となっている。

事業立ち上げ時には、京都のフラワーツーリズムの時代的要請や自社のSWOT要素にかかわる事業環境の把握や戦略がたてられた。事業の進展に連れて、「一般的な個人」「京都や花の好きな観光客」「映画街にも関心ある女性・家族」などサービス利用者をフォーカスしながら、これに対応してコンセプトを具体化しサービス価値を提案・定着させ、「古い映像」「今咲いている花」「現場で使える花情報」へと推移させている。この間、サービスにかかわる協議会組織や実験ツアーに参加する意識の高い顧客などと対話や協働も試みている。またサービスを実現するためのwebシステムの低価格化、SNS等のオープン化やiPhoneなどの携帯端末の高度化などの技術的ファクターは、サービス価値の実現要

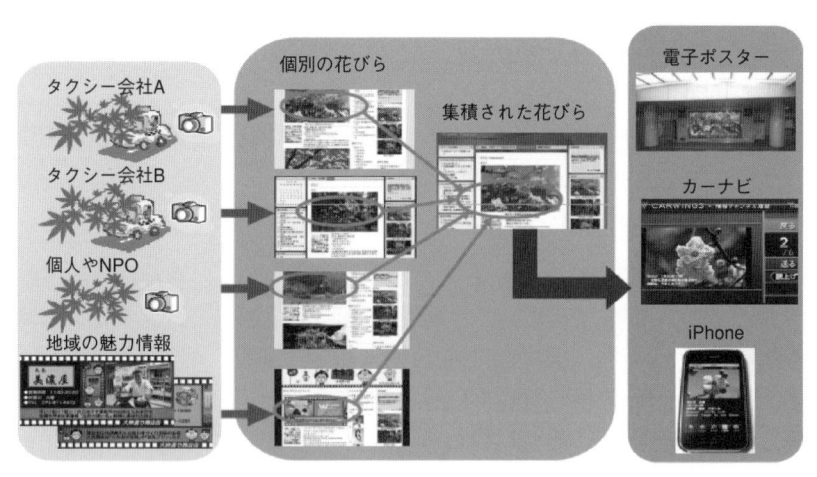

"共感を伝える地域メディア、フラワーツーリズム実現"

図6.2　観光支援web情報サービス「花ナビ」の概要

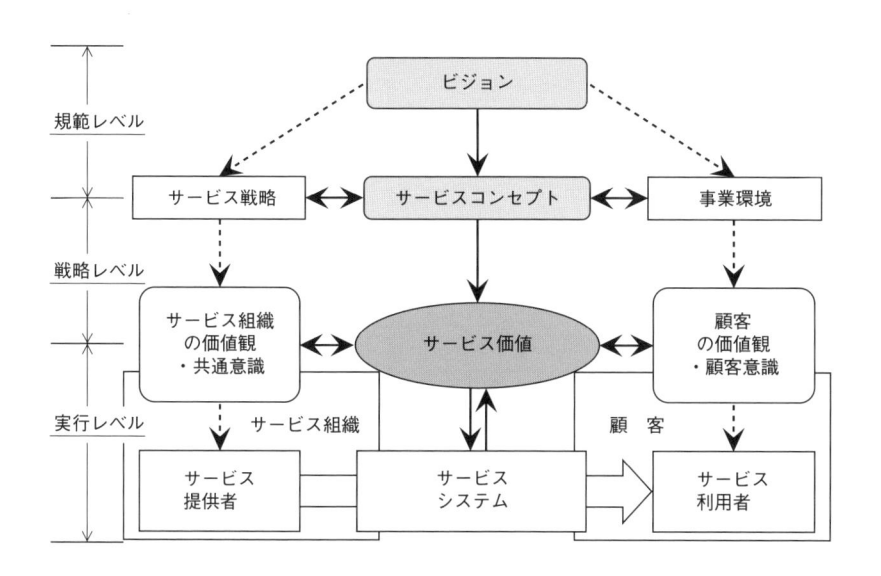

図6.3　サービス概念階層とサービス価値

因として導入されている。

　以上の「花なび」事例の考察から、図6.3のようなサービスの概念構造上でのサービス価値の位置づけを行うことができる。

　すなわち「サービス・コンセプト」は、事業のありたい姿である「ビジョン」をめざすためのサービス事業の端的な共通表現であり、サービス戦略および事業環境を反映して設定されるものである。

　「サービス価値」は、「サービス・コンセプト」にしたがって、経営者を含むサービス組織の価値観および顧客の価値観を反映して生み出されると考える。個別のサービスを繰り返してゆく中で、サービス組織と顧客の間で次第に確立されてゆくものとする。

　「サービスシステム」は、「サービス価値」を具現化するもので、サービス・マーケティングの「サービス・デリバリ・システム」と同様な意味で用いるが、下記のようなより広い意味をもつとする。すなわち従業

員を含むサービス組織とサービスの利用環境（主にサービスのフロントステージに位置する）、および施設インフラとITシステム（主にサービスのバックステージに位置する）で構成される。

　ここで規範レベル、戦略レベル、実行レベルとは、Tschirky等により提案された技術経営のイノベーションアーキテクチャにおける階層分類法であり[10]、サービス概念階層においての対応関係を示す。サービスイノベーションにおいてもこのようなレベル分けに沿ったアプローチを提案している[11]。

3．サービスにおける価値創造とその推移

　サービス価値創造の1つの側面であるサービスの価値共創には、どのような段階があるのであろうか。また2で述べたサービス価値は実際には顧客の価値観やサービスシステムの状況変化により推移しながら、新たなサービス価値創造につながってゆく。サービス価値の推移にはどのような接近法があるのかを述べてみよう。

3.1　サービスにおける価値共創

　Vargo, S.Lらが提案したサービス・ドミナントロジックは、モノは顧客に提供される最終製品ではなく、そこに組み込まれた知識の伝達役となり、顧客による価値創造に使われる「中間製品」の位置づけとなる。また、顧客はサービスの受け取り手として価値を生んでいく立場となる。さらには、製品を活用したり提供者とやり取りしたりすることを通じて、サービスの共創者（Co‐Producer）となる。

　図6.4は、サービス・ドミナントロジックにおける顧客の役割とサービス価値の意味を参照して、サービス提供者と利用者のサービスの価値創造への関わり方を分類することによりサービスにおける価値共創のフ

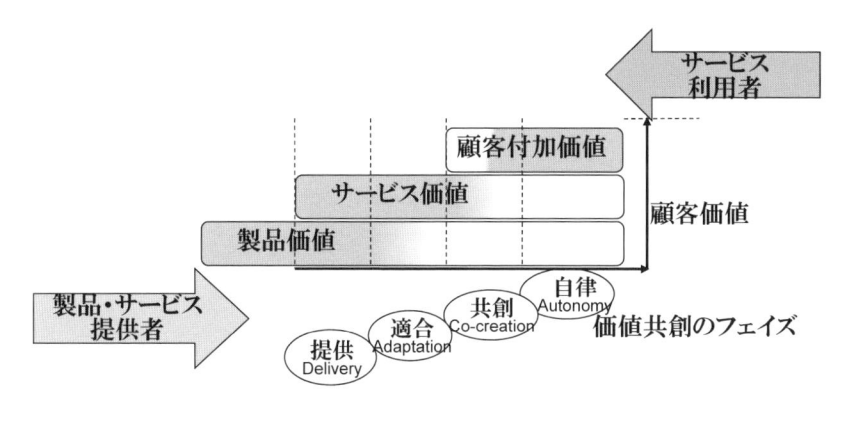

図6.4　サービス価値共創のフェーズ

ェーズを提案している。

　この分類は、亀岡の「顧客価値の総和」の概念を援用して行った。すなわち、亀岡[1] の指摘した「総合顧客価値」は「製品価値」「サービス価値」「顧客付加価値」の総和であることを提示している。ここで「総合顧客価値」は、固定的なものではなく、サービスの提供者と利用者のインタラクション、およびサービスを取り巻くインフラ・環境の中で変化し発展してゆくと考える。例えば、iPodの音楽鑑賞サービスでは、単体製品のiPodの提供から始まったとしても、これに利用者が自分にフィットする楽曲を組み込んで好みの内容に調整する。さらに、iTunesソフトウェアにより独自のプレイリスト機能を設定したり、好みのアプリケーションを追加してスケジュール管理に利用したり、画像を格納して友人に見せて楽しむという具合に、総合的な顧客価値は変化してゆく。これは携帯電話や旅館の主客の推移などにも説明可能である。

　そこで、製品・サービスの利用者が、その価値の創造にサービスの提供者と共に参加する度合いにより、図の横軸方向に、サービスの価値共創の4つのフェーズ（段階）に分類する。

すなわち、提供者側からの製品やサービスの「提供」のフェーズ、顧客価値をより意識して製品やサービスの内容や提供の仕方を調整する「適合」のフェーズ、顧客も参加して共に価値を創造する「共創」、そして顧客が最初から自発的に趣味やボランティアをねらいとして価値を創造する、あるいはサービス提供者も、感動や体験を共有するような「自律」のフェーズの各段階を示している。
　ここで「適合」とは、ターゲットとする顧客への適合性（Adaptation）を高めることである。ホテルなどでは、個人によって、ビジネス利用なのか、あるいはレジャー利用かによって異なる対応を要する。またビジネス客や家族連れの客の両方がいる場合にも両方のニーズが満たせるように対応する。これらを「適合」と呼んでいる。これはサービス提供者によっても、また利用者によっても、サービスをカスタマイズして行う場合も含まれる。また「自律」とは、先進的な利用者が、自らの趣味などへのこだわりや高度な技術レベルへの希求の中からもたらされる価値創造、いわゆるユーザイノベーションも含まれる。また、利用者が緊急時などに自発的に行う非営利的な活動での経験などを、製品やサービスのニーズとして利用することも含まれよう。
　ところで図6.4に示す製品の価値は「提供」フェーズでのウエイトが高いが、他のフェーズでも製品がサービスシステムの一部として利用される場合がある。またサービス価値は、「自律」フェーズにおける自発の活動もサービスにつながる場合もある。そこで、図6.4では、それらの拡張的な意味も枠内のグラディエーションで示している。
　日本旅館のもてなしサービスの例として加賀屋を例に説明しよう。加賀屋の歴史は、すでに100年を超えるが、明治時代の創業期には、旅の安全と安心を保証する温泉宿泊の「提供」から始まったといえる。戦後の経済成長期には、企業向けの団体旅行客向けに、社員の慰安・帰属意識の高揚に応える「適合」がなされた。そして現在は、個人や家族向けの癒しやリラックスを実現するために、個人の好みを取り入れる工夫が顧客と「共創」的に行われていると言える。さらに今後は、健康ケアの

ために地元の医療機関と連携した、中期滞在型の健康ケアも実施されようとしている。より利用者の「自律」性に任せる動向も見られるようになってきた。

3.2 サービス価値の推移へのアプローチ

Chesbrough等[12]は、サービスニーズを取り巻く飛躍的な知識量の増加により、サービス・イノベーションに関して従来以上にシステマティックになることの必要性を指摘している。サービスの価値創造において、サービス価値の推移を把握するための必要な視点を明らかにすることにすることにより、「サービス価値推移を可視化」し、「サービス価値を具現化」するためのシステマティックな方法論の確立が重要である。このためには、図6.5に示すように、実際のサービス企業においてサービス構想者のサービス価値創造のコンテキストに注目して分析することが一つの有効な方法である。実際のサービス事業におけるサービス価値の推移の様相を説明できる「可視化」の方法論の一端を説明しよう。

図6.6に示すように、サービス価値の推移を可視化する視点として、サービス価値の広さ、高さ、および独自性に着目し、サービス接点にお

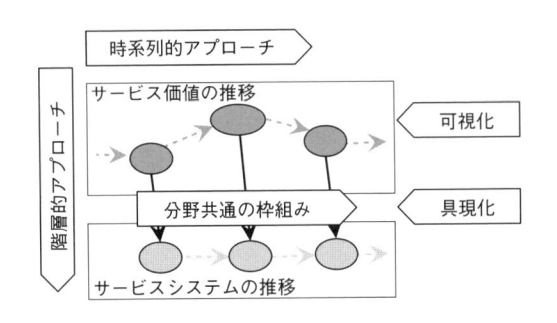

図6.5 サービス価値推移への接近法

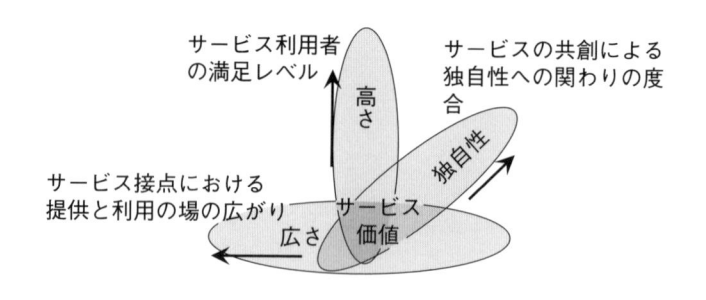

図6.6　サービス価値推移の把握に必要な視点

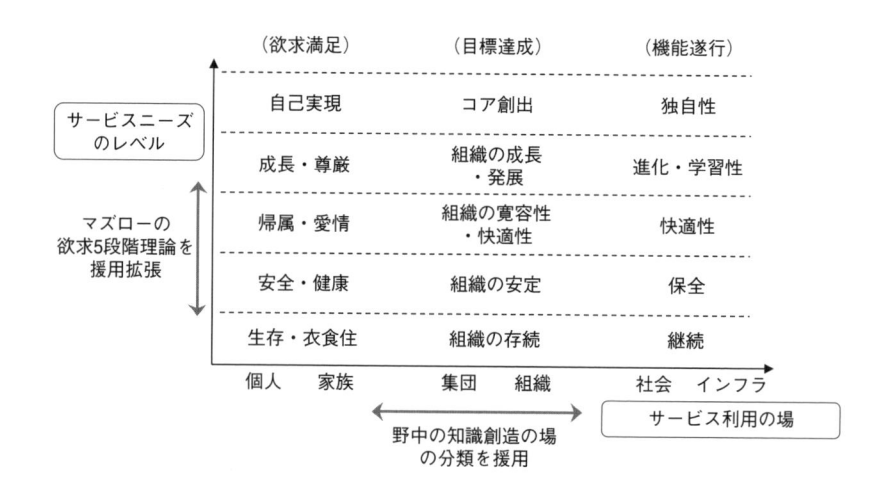

図6.7　「サービス利用の場」と「サービスニーズのレベル」の表現例

ける提供と利用の場の広がり、サービス利用者の満足のレベル、サービスの共創への関わりの度合いの3つに整理することができる。これらは、サービス利用者の抱くサービス価値の視点からは、現代風にいうと「ここだけ」「今だけ」「あなただけ」とも言い換えることができる。「サービス利用の場」には「ここだけ」の接点としての価値、「ニーズレベル」

には「今だけ」という至上の満足の時の価値、そして「価値共創フェーズ」には「あなただけ」という「一会」の価値がそれぞれ相当するといえよう。

これらの各視点に対して、何らかの順序尺度構成を行うことができれば、そのそれらの尺度を各軸とする平面や空間上で、サービス価値の相対的な推移を表現することができる。そこで、ここでは知識創造の場の理論、社会心理学、および近年のサービス理論を用いたサービス価値推移のための3軸モデル[11]を紹介しよう。

例えば、「サービス利用の場」と「ニーズレベル」は、図6.7のような順序尺度を用いることができる。またサービスの独自性は、既に述べたサービス共創のフェーズを用いる。

4. サービス価値の推移

サービス価値創造を可能とする人・組織を含む広義のサービスシステムはどのような構成要素から成っているのであろうか。また現代の代表的なサービス分野における実際のサービス価値の推移やサービス分野別の動向はどのように表現できるのか等について考察してみよう。

4.1 サービス価値創造とサービスシステムの構成要素

サービスの価値創造では、これを実現するためのサービスシステムの構成要素のKSF（Key Success Factor）が重要となる。これらをサービス価値との関係でどのように、サービスシステム全体と構成要素およびKSFの位置づけを表現することが必要である。サービスには、そのサービスを提供する「サービス提供サイド」とサービスを利用する「サービス利用サイド」が存在する。サービス全体は、その両者とその関係を取り巻くさまざまな要素から構成されている[13]。このような構成要素

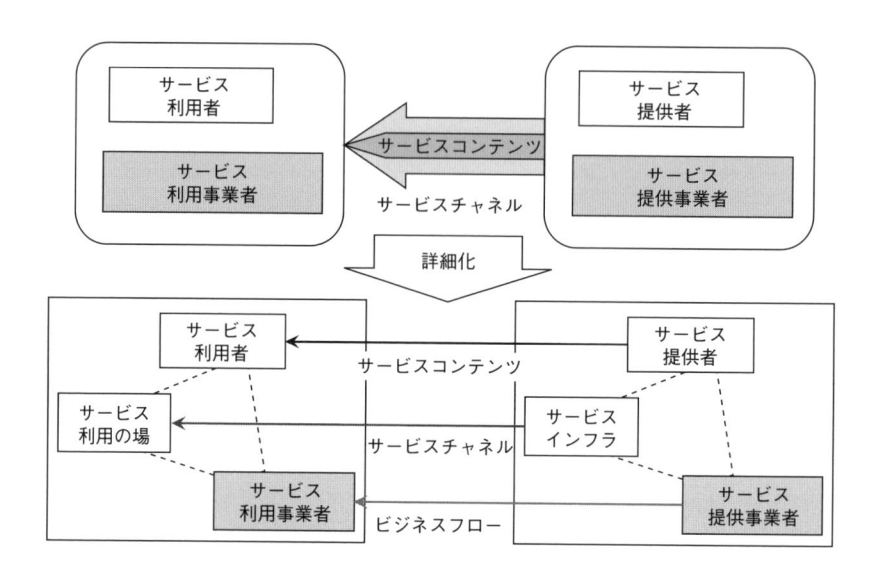

図6.8　サービスシステムの構成要素図

表6.1　サービスシステムの構成要素例

サービスモデル要素	iTune＋iPod 音楽鑑賞サービス	加賀屋 旅館サービス
サービス提供事業者 （プロバイダ）	CEO・店長	社長・女将さん
サービス提供者	店員・販売担当	仲居・顧客担当
サービスインフラ	iTS・サーバ・PC （iTS：iTunesStore）	旅館施設・食膳配送RT・ カンガルーハウス
コンテンツ・チャネル	楽曲・ネットワーク	おもてなし・振舞い
利用の場	iPod持参中・部屋・車中	客室
サービス利用者（ユーザ）	音楽リスナー	お客さん・家族
サービス利用事業者 （クライアント）	なし／ナイキ・車企業	なし／幹事役・旅代理店
関連製品・ナレッジ	iPod、PC、ネット機器 利用数・利用履歴	食器、電話、インテリア機器 おもてなし知・顧客嗜好
事業の成果	音楽鑑賞機器として 世界のベストセラーに	旅館ランキング 28年間1位

を表現した例を図6.8に示す。

　図6.8の具体的な例としてiPod音楽鑑賞サービスと加賀屋旅館サービスにおけるサービスシステムの構成要素例を表6.1に示す。例えば、「サービス提供事業者」である加賀屋（社長・女将さん含む）は、「サービス提供者」である仲居さんや顧客担当等をマネジメントすると同時に「サービスインフラ」も導入管理している。「サービスインフラ」には、フロントステージを担う旅館施設はもちろん、ビジネス環境の変化に対応して「心のこもったもてなし」を継続するために、よく引用される食膳搬送ロボットの導入や育児を支援する通称「カンガルーハウス」など、バックステージに関するものも含まれる。「サービスチャネル」は、サービス提供サイドから利用サイドのサービス価値の提供経路であり、ハード・ソフトの両方の側面がある。このような三角柱状のモデル要素の表現はカーネギーメロン大学M. Iqbalのプリズムモデル[14]を参考にしている。

　サービス価値を高める上で、顧客との接点となるフロントステージと、これを支えるバックステージとの連携がKSFの1つといわれる。例えば、顧客との接点において、来訪の時期や顧客の様子などから顧客の状況を機敏に見極めて対応することや、顧客満足や感動体験に関連する重要事項を次の接点を担う従業員へと引き継がれることなどの工夫やこれをサポートするITやインフラなどが重要である。本表現例は、各要素の特定や要素間のトレードオフの関係性などの共通認識を高めながら、サービス利用者の要求に応じてフロントステージの機能をどのように高めて、新たなサービス価値につなげるか等を関係者間で検討できるツールともなろう。

　3.2で述べたサービス価値の推移の可視化を、本節で述べたサービスシステムの構成要素の変化と関連づけて分析する方法により、以下の4.2と4.3において、代表事例を説明し、サービス価値推移を記述しよう。サービス価値の推移は、サービス構想者へのインタビューと関連文献の調査により行った。

4.2 サービス価値の推移——ネット利用情報サービスの事例

　ネット利用情報サービス分野の事例としては、iPod音楽鑑賞、miuro音楽鑑賞ロボット、花ナビ観光支援webなどの3事例を調査しているが、ここではmiuro音楽鑑賞ロボット事業のサービス価値の推移を説明する。

　miuroは、2006年にZMP社が「ロボット×家電」という新たな事業戦略の下に開発・販売を開始した、ロボット技術を搭載したネットワーク音楽プレーヤである[15]。名称は"Music Innovation based on utility robot technology"を由来とする。miuroは、Apple社のデジタル音楽プレーヤiPodの普及が背景にあり、さらにiPodの家庭での利用をRTで補完することを構想されたものであり、①自律移動技術を家庭向け製品に搭載、②携帯電話による実用的な遠隔操作を実現、③多機能ネットワーク音楽プレーヤなどの機能的な特徴をもつ。

　サービス構想者からは例えば、以下のようなサービス価値に関するコメントが得られている。「シチュエーションにあわせた高利便性」のサ

表6.2　ネット利用情報サービスのサービス価値推移例
　　　　—サービスロボットmiuro音楽鑑賞サービス

時間軸	従来	初期：2007	現在	今後
サービス価値	S0：iPod利用	S1：当初のMiuro利用	S21：状況指向利用	S22：安心感指向
サービスの利用の場	音楽を持参し楽しみたい個人	音楽を家庭でも楽しみたい個人・家族	同左	日常の生活でも使いたい個人・集団
サービスのニーズ	安心・快適	安心〜快適・愛情	快適〜家族やRTへの帰属・愛情	安心・健康〜成長
サービス利用者参加程度	提供〜適合レベル	miuroによる家庭生活への適合〜共創	ペットRT化による共創〜自律	パートナロボット化による共創〜自律

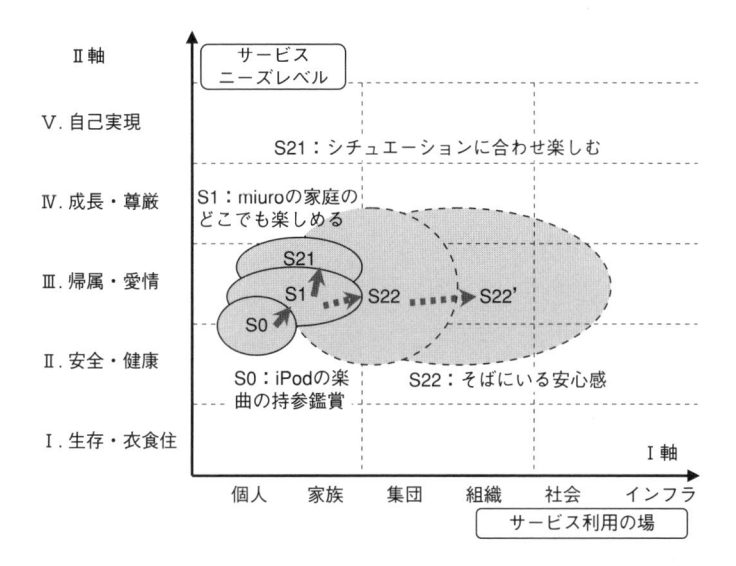

```
Ⅱ軸
                        ┌──────────┐
                        │ サービス   │
                        │ ニーズレベル│
                        └──────────┘
Ⅴ. 自己実現
              ┊┄┄┄┄┄┄┄┄┄┄┄┄┄┄┄┄┄┄┄┄┄┄┄┄┄┄┄┄┄┄
                    S21：シチュエーションに合わせ楽しむ
Ⅳ. 成長・尊厳
              S1：miuroの家庭の
              どこでも楽しめる
Ⅲ. 帰属・愛情       S21
                 S1    S22      S22'
Ⅱ. 安全・健康    S0
              S0：iPodの楽        S22：そばにいる安心感
              曲の持参鑑賞
Ⅰ. 生存・衣食住
                                                    Ⅰ軸
              個人   家族   集団   組織   社会  インフラ
                            ┌──────────┐
                            │ サービス利用の場 │
                            └──────────┘
```

図6.9 ネット利用情報サービスのサービス価値推移の表現例
　　　―サービスロボットmiuro音楽鑑賞サービス

ービス価値について、「"iTunesライブラリーにいっぱい曲があっても、曲を選ぶのが大変なんです。好みの曲を選ぶことを追求したいと思った。ユーザは、シチュエーションつまり寝室であるのか、キッチンであるのか、デスクにすわって聞いているのか、それによって聞きたい曲が変わってくるわけです。それをmiuroは好き嫌いを把握して、シチュエーションを情報に取り入れて、それにあわせて、好きな曲を流してあげることが究極の目的で、より利便性を高めることができる」という。コメントデータは、読者の理解のため表現を修正・一般化しており、以下も同様である。

　また、これらのデータと関連情報を基に、サービス価値の推移を抽出したものを表6.2に、これらを2軸平面上で表現したものを図6.9に示す。ここでS0は、iPodによる従来の音楽鑑賞サービスの価値を示し、

S1は、miuroの当初のサービス価値、そしてS21は現在試行中のサービス価値、S22は、miuroをさらに発展させる今後の想定されるサービス価値を示す。

S21のサービス価値は、S1と同様に、音楽を家庭でも楽しみたい「個人」や「家族」の居る場所で利用されるサービスとして、miuroに組み込まれるシチュエーション識別機能により、利用者のより快適性を向上させる。これにより自律性を増すロボットmiuroというモノに愛着や感情移入を誘う段階をめざすものであり、愛情を深め帰属感ももたらすニーズレベルをも、満たそうとする可能性への追求である。そして、これはmiuroが単に、音楽鑑賞サービスのツール機器を超えた、自律性を高めたペットロボットの段階であり、利用者もmiuroを介して、より柔軟な音楽の楽しみ方ができるという、「自律」のフェーズへの可能性も持つ。

さらに既述した他の2つの事例の同様な分析により、ネット利用情報サービス分野に一般化した結果を図6.10および表6.3に示す。両事例の共通点はネット利用情報サービスの一般的傾向に一致し、相違点は各

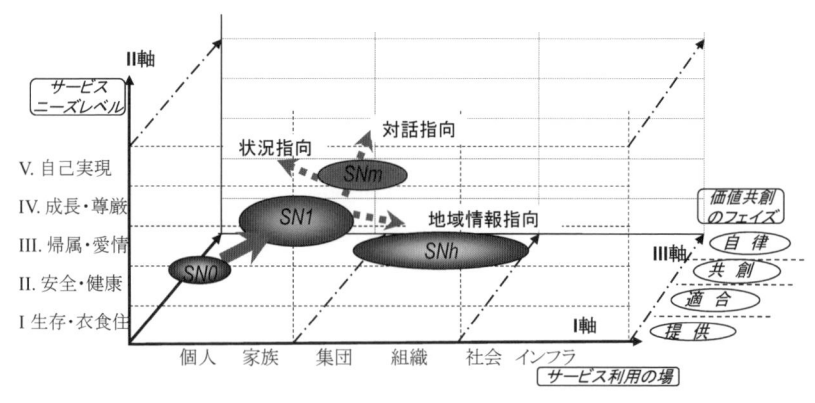

Suffixの意味　N：ネットワーク　h：花ナビサービス　m：miuro音楽鑑賞サービス

図6.10　ネット利用情報分野のサービス価値推移の一般化表現例

表6.3 ネット利用情報分野のサービス価値推移の一般化

時間軸	従来	初期：2007	現在	今後
サービス価値	SN0：受動的コンテンツ利用	SN1：能動的なネット利用	SNh：現場で使え地域へナビゲーション	SNm：状況適応
サービスの利用の場	場所限定の個人	行動する個人／家庭	花好きの観光客	家庭のどこでも好きな音楽
サービスニーズレベル	見る／聴く受動的享受	より楽しむ	快適〜帰属・愛情	快適〜愛情
共創の程度	一方的提供	嗜好への適合	現地への行動に適合	共創・自律

Suffixの意味　N：ネットワーク　h：花ナビサービス　m：miuro音楽鑑賞サービス

事例の独特なポジショニング戦略を示し「対話指向」「状況指向」「地域情報指向」等の方向性も表現することができている。

4.3　サービス価値の推移
　　──ハイレベル宿泊サービス組織における事例

　宿泊サービス分野の事例としては、加賀屋、リッツ・カールトン大阪、老舗俵屋旅館などのハイレベル領域の3事例を調査しているが、ここではリッツ・カールトン大阪のホテル事業のサービス価値の推移を説明する。

　現代においてグローバル化し、発展してきたホテルサービス事業でも前節と同様な分析がおこなえる。ホテル・リッツ・カールトン大阪では、従来のホテルの機能性を超えた情緒的きずなや顧客との感動体験の「共創」を目指している[16]。当初の設立時には「関西にはないラグジュアリー体験」を提供するために「ジョージアンスタイルの貴族の館」の雰囲気を演出している。年配富裕客を主なターゲットとしていたが、これ

に加えて、家族同士や女性客の来訪と利用が増加し、ハレの記念日などの家族間のコミュニケーションやホテルスタッフとの会話や専門知識の取得などの要望にも対処し、ホテルへの帰属感、知的学習など従来よりも、顧客の要望に「適合」し、あるいは顧客と共によき体験を創ることを価値基準として掲げ実践している。また顧客に対して「従業員もジェントルマンやレディ」[17]となり、良い意味で対等の関係で「自律」的な対応を行っている。これがリピート客等にTPOに応じた機敏な対応をはかるような次のサービス価値の創造に繋がる可能性を生むなど、日本での成功例の1つとされるようになった。

リッツ・カールトン大阪におけるホテルサービス事業の開業時のサービス価値、および顧客層の拡大に伴うサービス価値の例を示す。「関西にはないラグジュアリー」のサービス価値について、「館にお客様をお呼びするという考えであり、アメリカンタイプの誰でも入って来られるようなところではなく、お一人お一人のためにドアを開けて、ロビーに暖炉がある、大きな貴族の館を提供する」という。また、「シティ・リゾート」のサービス価値について、「レジャーを求めて来るお客様が7割くらいであり、ちょっとした非日常を求められ、普段の仕事などの急がしさから離れてゆっくりしたいとして来られる。シティにありながらリゾートなので、ご自身のためのご褒美と考える方も多い」という。

また、これらのデータと関連情報を基に、サービス価値の推移を抽出した結果を表6.4に、これらを2軸平面上で表現したものを図6.11に示す。ここでS3は、今後の想定されるサービス価値を示す。

例えば、S21は、都市の中の非日常的な休息を求めるような「シティ・リゾート」の価値である。従来の顧客に加えて、「家族同士や女性客の来訪と利用」が増加し、ハレの記念日などのコミュニケーションやスタッフとの会話や専門知識の取得などの要望にも対処し、ホテルへの帰属感、知的学習など従来よりも幅広い顧客のニーズを満たす対応がなされ、リゾート的なくつろげる時間をもつことにより、顧客の要望に適合あるいは顧客と共によき体験を創ることを目指している。

表6.4　ハイレベル宿泊サービスのサービス価値の推移例
　　　　—リッツ・カールトン大阪ホテル

時間軸	初期	〜現在	〜現在	今後
サービス価値	S1：関西にないラグジュアリ	S21：シティ・リゾート	S22：ビジネス指向	S3：TPO機敏対応
サービスの利用の場	年配富裕客	家族同士や女性も	企業人	個人〜企業
サービスのニーズ	快適〜名誉	安心・快適〜帰属・愛情〜成長	機能的快適さ	安心〜自己実現
サービス利用者参加程度	貴族の館の雰囲気の提供	ゆったりした時間へ適合〜コミュニケーション・学習による共創	迅速さへの適合	提供〜自律レベル

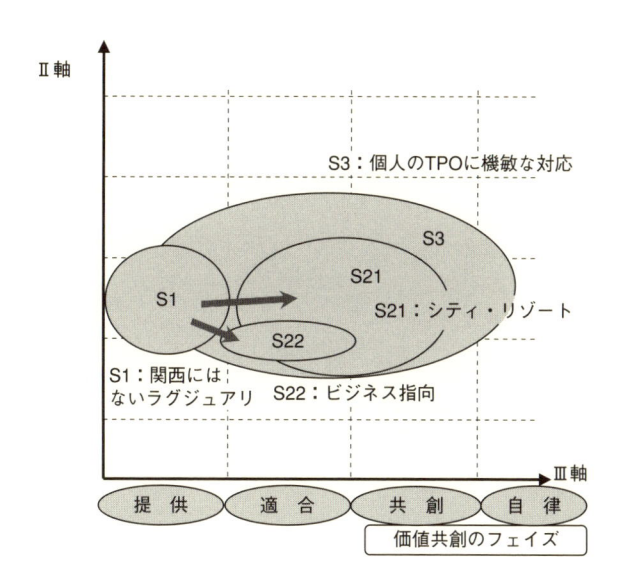

図6.11　ハイレベル宿泊サービスのサービス価値推移の表現例
　　　　—リッツ・カールトン大阪ホテル

同様な傾向は、俵屋旅館(18)におけるサービス価値にもみられる。京都の歴史や木造文化に関心をもつ客や外国人が、短期滞在も含めて伝統美を楽しみつつも快適に過ごしたいというニーズに応えるサービス価値が認められる。これは旧館も含めて、職人の社長のコンセプトに応えて部屋毎に実現され、仮説検証的に洗練化されていった「しつらい空間」の提供を行って定着してきた。これは大規模化への圧力や要請を断り、18部屋のみの限定空間へのこだわりが実現させたともいわれる。

　さらに他の2つの事例の同様な分析により、宿泊サービス分野に一般化した結果を図6.12および表6.5に示す。両事例の共通点は宿泊サービスの一般的傾向に一致し、相違点は各事例の独特なポジショニング戦略を示し「社交指向」「個人目的指向」等、今後の方向性も表現することができている。

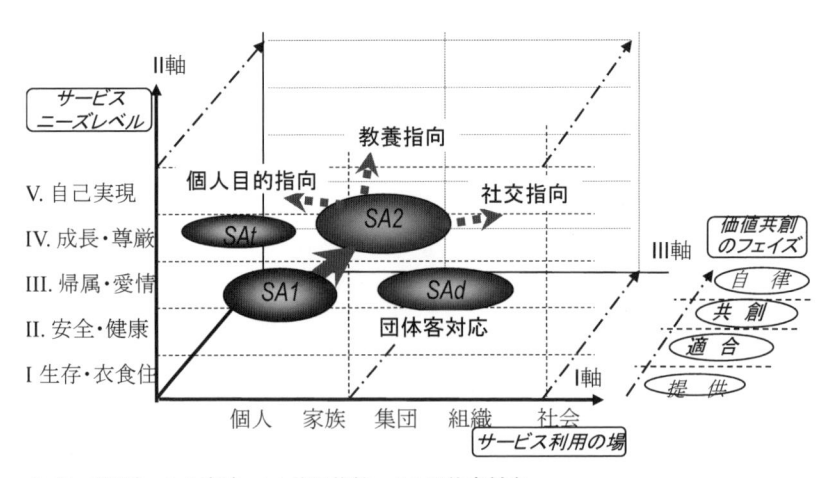

Suffixの意味　A：宿泊　t：俵屋旅館　d：団体客対応

図6.12　ハイレベル宿泊サービスのサービス価値推移の一般化表現例

表6.5　ハイレベル宿泊サービスのサービス価値推移の一般化

サービス価値	SAd：団体客時代	SAt：俵屋の和風モダン	SA1：雰囲気や居心地の良さ	SA2：非日常的なリラックス
サービスの利用の場	企業の団体客	限られた個人客	個人宿泊者	個人や家族客
サービスニーズレベル	所属意識	伝統美への欲求	快適	帰属・愛情〜成長
共創の程度	社員慰安・楽しみ	雰囲気の提供	宿泊環境の提供	適合〜共創

Suffixの意味　A：宿泊　t：俵屋旅館　d：団体客対応

5．サービス価値創造の伝統と革新

　サービス価値は文化的、歴史的に規定される一方で、技術革新やグローバル化による今後の多様なサービス価値創造が予想される。日本におけるもてなしの伝統と価値共創との関係は存在するのであろうか。また日本が主導するサービスロボットによる新たな価値共創の可能性はあるのかについて述べてみよう。

5.1　日本型もてなしの伝統と価値共創

（1）「おもてなし」を2つの側面から観察する

　「おもてなし」とは、お客の接遇を意味する言葉である。本来は、お世話になった目上の人や、親しい友人が自宅を訪ねてきた際、その人たちにご馳走を用意して「もてなす」というように、私的な人間関係で中心に使われてきた。

　しかし、現在では金銭的対価の発生を全く排除する概念ではない。例えば、日本の伝統旅館、日本型料亭（高級レストラン）などのサービス業が「心のこもったおもてなし」を主なサービスコンセプトとしており、

最近ではコンビニエンスストアチェーンさえコンセプトとして標榜するところが出てきている。

では「おもてなし」とはいったいどんなものなのだろうか。「おもてなし」が体系化されている茶道の世界を、「どのようにおもてなしを実現するか」「主客のどんな関係を目指すのか」という2つの側面から観察していくと、その姿がより明確になってくる。

(2)「よそおい」「しつらい」「ふるまい」を整える

「どのようにおもてなしを実現するか」という側面から見たおもてなしには、「よそおい」「しつらい」「ふるまい」という3つの要素がある[19]。「よそおい」は季節や場に応じて身なりや外観を整え、飾ること。「しつらい」はTPOに合わせて部屋を家具や掛け軸、花などで飾り、整えることで、インテリアやファシリティとも言い換えられる。そして「ふるまい」は、TPOや整えた「よそおい」「しつらい」にふさわしい態度や身のこなしをすることを指す。

一方、日本の伝統的な世界観に「諸行無常」がある。本来は仏教の概念で、この世にあるあらゆる物事、現象は、常に変化することを意味する。この諸行無常という世界観を前提にすると、1つとして同じTPOは存在しないことになる。「おもてなし」の場における主人の身体状態や気持ち、また客のそれら、そして主客をとりまく環境も常に変化する。だから、まったく同じTPOは存在しえないし、ふさわしい「よそおい」「しつらい」「ふるまい」の整え方も常に変化する。前回のもてなしが今回も喜ばれるかどうか誰にもわからないし、もてなしがうまくいくかどうかは、やってみなければわからないことになる。

そこで注目したいのが、茶道でも重視される「型」だ。季節は確かに移り変わるが、春夏秋冬という一定のサイクルがある。また、もてなしの目的や客のタイプ（目上の人か、親しい友人かなど）もある程度はパターン化できる。こうした季節、（茶を点てる）場所、（茶事の）目的、お客がどんな人かなどに応じて、「よそおい」「しつらい」「ふるまい」

の整え方のルールやパターンを定めたものが、型である。

　だが茶道も「おもてなし」も、型さえ守ればいいというものではない。型を踏まえた上で、そこに自分なりの創意工夫を加え、「おもてなし」にストーリーを持たせる必要がある。その時のキーワードが「趣向」である。「趣向」とは、いくつものちょっとしたことを連動させ、向き（おもむき）をつくることを指す。茶道では亭主（ホスト役）が選んだ好みの「向き」を大事にし、茶道具や床の間の装飾に反映する[20]。

　ルールやパターンである「型」と、亭主の独創性、創意工夫が表れる「趣向」は、一見対立するように見える概念だが、日本では型と独創性は対立しないものだ。茶道の世界では、現在は型として定着していることが、その始まりは亭主の創意工夫、「趣向」だったということが多数見られる[21]。また、とっさに工夫して喜ばれたものが、そのうち型になった例もある。例えば風が強く火が消えそうだったため、小型の屏風を風除けに使った。それが茶室の趣向として喜ばれ、ついには型として定着している。型（ルール、パターン）と趣向（独創性）は対立しない。型を踏まえることで、はじめて独創性に富んだ「趣向」を生み出すことに、もてる力を集中できるのだ。

　変転常ならない「諸行無常」な世の中で、ルールやパターンを定めた「型」を踏まえつつ、さらに自らの創意工夫である「趣向」も加えて、「よそおい」「しつらい」「ふるまい」を整える。それが「どのように」の側面から見たおもてなしなのである。

(3)「おもてなし」の主客が目指す関係とは

　次に「主客のどんな関係を目指すのか」に注目しよう。結論からいえば、「おもてなし」は、主客一体の関係を目指すものである。それは主も客も主体がなくなり、融合してしまうような関係ではない。主も客も主体を維持しながら、それでいて同じ「おもてなし」の場を共有し、一体感を得られるような関係を指す。

　主客一体が実現しているもてなしの場では、「主客の相互性」「主客の

容易な入れ替わり」という2つの関係が観察できる。「主客の相互性」とは、「私、つまりもてなす側の主人が何か（例えば芸や技術、好意的な気持ち）を差し出すから、あなた、つまりもてなされる側の客も何か（多くの場合好意的な気持ち）を差し出して」というやりとりが成立する関係だ。主客が差し出し合ったものは、それぞれ孤立して存在するのではなく、共鳴し合って新しい価値を生み出していく。

　茶道の世界で「主客の相互性」をよく示す言葉が「客ぶり」である。茶事を主催する亭主は、会の目的、参加者の顔ぶれ、時期を勘案しながら趣向を凝らす。一方、招かれた客は亭主の意図、趣向を読み取り、それにふさわしいように振る舞い、感謝を示すことが求められる。それが上手にできる客は、「客ぶりがいい」と評される。「主客の相互性」の成立には、客だけでなく亭主の側にも客への心遣いが求められる。いくら創意工夫に満ちた「趣向」でも、それを客が理解できなくては意味がない。客が趣向を感じ取れるように工夫し、それに客が共感し感謝することによって、主客の相互性は初めて成り立つ。

　熊倉功夫氏は「客ぶり」を示す、次のようなエピソードを語った。ある有名な茶人が茶事に招かれ、帰り際に玄関の先にある雪隠Setchin（トイレ）に入った。その間にぱらぱらと霰(あられ)が降ってきた。雪隠を出ると、そばの垣根に路地笠がかかっている。「濡れないようお使いください」という合図だ。その茶人は「これが風流だ」と感心した。雪隠から茶室まではほんのわずかな距離。それでも濡れないようにと亭主が心がけてくれる。「さあお使いください」と亭主が笠を持っていったら嫌味だが、ことさら心遣いを見せないことが、かえってよかったというのだ。客である茶人は、そんなさりげない心遣いに気づき、感動を亭主に伝える。これが「客ぶり」である[18]。

　素晴らしい「おもてなし」の場では、「主客の相互性」だけでなく、「主客の容易な入れ替わり」も観察できる。例えば、かつて能を趣向に取り入れたお茶会が催されたことがある。そこでは、お客が余興に舞や謡曲を披露したという。また、お茶の世界には「花所望」という言葉が

ある。本来、茶事において床の間に草花を飾り「しつらい」を整えることは亭主の重要な役割である。だがお客に花に通じた茶の名人がいる場合、花を生けてほしいとお願いすることがある。もてなされる側がもてなす側に、一生懸命けいこしてきた舞や謡曲を披露する。招かれた客が、亭主と共に時間を過ごす床の間の花を飾る。主客は、1つのもてなしの場の中でさえ入れ替わり得る。

（4）伝統的旅館にみる、もてなしのキーワード

次に、私的なもてなしの場であることが多い茶道以外、すなわち日本の伝統的な旅館でも、茶道の世界で見られた「趣向」「しつらい」「ふるまい」「主客の相互性」「主客の容易な入れ替わり」といった、もてなしを特徴づけるキーワードが見いだせることを示したい。

大分・由布院盆地の高級旅館「亀の井別荘」[22]の主人は、「ここは命を養う場所。非日常ではなく、『約束された日常』を提供したい」という[19]。これはあえて言語化された、亀の井別荘の「趣向」といえる。この趣向に沿って、「しつらい」はどう整えられているのか。亀の井別荘では民家風の平屋の離れが、巨木が茂る広大な敷地に配されている。かつて神域だった場所に宿る自然の力を、客が命を養うために取り入れることを意図している。客室の内装は豪華というより、どこか懐かしさを感じる。筆者は夏休みに帰省していた祖父母の農家を思い出した。

「ふるまい」はどうだろう。亀の井別荘では客室数に比べて多すぎるほどの従業員が働いているが、やたらと客の世話は焼かない。人にはそれぞれの「くつろぎのペース」があると考えるからだ。また客室係は1部屋に必ず2人が付く。人には相性があり、係と肌が合わないということもあり得るが、もうひとりいればその違和感は緩和されるからだ。おもてなしの世界では、食事も「ふるまい」の要素に含まれる。野菜は近隣で有機農法によって栽培されたもの、肉や魚も地元産が中心だ。「命を養うのだから、土や餌から吟味した食材を使うのは当然」と宿の主人は語る。

「主客の相互性」については、顧客の7割がリピーターであることの背景として、識者の1人は「亀の井別荘のもてなし哲学を理解し、それを評価する顧客がファンになっている。主人の仕掛けが成功しているのでしょう。客との間に展開されている、知的ゲームの成果といえる」と判断している[19]。

最後に「主客の容易な入れ替わり」では、宿の主人が長年企画を手掛けてきた「湯布院映画祭」について、こんなことを語っていた。「映画祭に参加してくれた映画人や俳優を、ここにしかないものでもてなす。一方でその人たちとの会話や映画鑑賞を、私も楽しんでいる」。もてなしの主人である中谷氏が、客たちが提供する映画によって、自らももてなされていることが示されている。

(5) おもてなしの主客の関係と、価値共創フェーズ

最後に、「おもてなし」における主客の関係に見出せた、「主客の相互性」「主客の容易な入れ替わり」という2つの特徴が、図6.4に示したサービス提供者（主）と利用者（客）の、価値共創フェーズの推移とどう対応するのかを述べよう[23]。サービス提供者（主）と利用者（客）による価値共創のフェーズは、提供→適合→共創→自律と進み、それに従って、実現される顧客価値の中心も、製品価値→サービス価値→顧客付加価値と移り変わっていくことを指摘している。

「主客の相互性」は、共創のフェーズにあてはまると思われる。顧客価値を共に創造することは、別に両者が役目を入れ替らなくても（客は「客ぶり」よく過ごせば）実現できるからだ。「主客の容易な入れ替わり」は、もう一歩進んだ自律フェーズにあてはまるだろう。自律というが、サービス提供者がいなくなる、必要ないという意味ではない。茶道における「主客の容易な入れ替わり」の例に挙げた、「花所望」を思い出してほしい。亭主が整えるべきいろいろなしつらいのうち、「ふさわしい花を床の間に飾る」という部分だけを客に委ねるのであって、もてなしに必要な「しつらい」「ふるまい」「よそおい」を整えることすべてを、

客に任せてしまったり、亭主が存在を消したりするわけではない。

「主客の容易な入れ替わり」とは、本来もてなす側（主）がなすべきことのうち、あくまで自分がもてなし全体をコントロールする前提で、その一部を委任、委譲するということだ。もてなされる側（客）は、亭主の趣向に沿いながら、委任された範囲で、もてなしの一部を自律的に担うものといえる。価値共創フェーズの「自律」もまた、こうした一定の前提条件のある自律なのだと理解できる。

5.2 RT応用によるサービスの革新
――顧客状況把握による高度な価値共創の可能性

(1) 今後の価値共創とセンサ技術の活用

近年、市場の成熟化に伴い、製品およびサービスのカスタマイズ化が進んでいる。単にカスタマイズするだけではなく個々人に合わせたトータル価値の提供が求められており、それに伴い、顧客とともに顧客価値を共創することの重要性が叫ばれつつある。

以前は、製品を販売した後やサービスを提供した後に企業が顧客調査をしなければ、使い心地をはじめ顧客の要求を把握することができなかった。しかし最近は、BlogやSNSなどの発展により、ある強い興味を持った、あるいは専門性を持った顧客同士がWebサイト上にコミュニティを形成して自分の意見を述べるようになっている。顧客の興味や要望を理解しやすい時代になりつつある。開発企業の中には、これらのサイトをウォッチしたり、コミュニティを支援したりすることで開発のヒントを得る例が見られる。広く捉えれば顧客価値の共創がなされているといえる。

しかし本来は、顧客が製品を使って、あるいはサービスを受けて、どのような体験をしているのか、また、どのような感情を抱いているのかをつぶさに把握し、それに応じて提案するのが理想的である。C・K・プラハラードは価値共創が重視される時代の到来を予見し、それを可能に

する技術基盤を有する企業が優位になることを主張した[24]。さらに、これを有する企業が業界内で飛躍的にプレゼンスを高めたことを紹介し、自身の考えが実証されたことに触れている[25]。そして、これらの事例を通じて、RT（Robot Technology）の1つであるセンサシステムが重要な役割を果たすことが認識され始めている。

かたや、数多くのRTを輩出してきたロボット産業は、昨今、設備投資が極端に抑制され、かつ雇用危機にある中で、旧来の「自動化」「省力化」という価値提供をしにくい状況にある。新たな価値の創出および提供が求められている。

そこで本節では、顧客価値の共創にセンサシステムを活用した例を紹介しつつ、価値共創に寄与するフロントステージの支援にRTの役割を埋め込むことに、今後のRTの発展の可能性があることを考察する。

(2) センサ技術を顧客状況の把握に生かす

RTとは関係のない話題に思われるかもしれないが、第2章で取り上げたコマツの「KOMTRAX」を思い出してほしい。本例で象徴的なのは、顧客の（すぐ側にある）機械を介して利用状況（＝顧客行動）をつぶさに把握し、それぞれの顧客に対してサービス提案を行うことでカスタマーロイヤリティを高めていることである。そして、これを可能にしているのは、センサを潤沢に搭載する建設機械であり、このような顧客行動の把握にセンサ技術の重要な役割があることを示している。システムの詳細は第2章を参照してほしい。

一方、ロボット産業はRTを組み上げた究極の形態の1つとしてヒューマノイドの開発を目指している。その取り組みは、人間が持つ眼や耳などの認識機能や情報処理機能などを自動機械に置き換えようとする試みであり、センサなど状況認識に寄与する技術を、このような役割に埋め込もうとするのは技術的に見て違和感がない。また、ここにRTが新たな価値提供を行える可能性があるといえる。

ロボット業界において、こうした方向性を意識した明確な取り組みは

図6.13 関西環境プラットフォームでの人の位置計測例
説明:(a)UCW環境での人の位置計測例。設置した各種センサの情報を統合して、人の位置計測を行う。(b)位置計測し蓄積した多数の人の位置・軌跡情報をもとに個人の行動の意味づけを行う。

まだ見られないが、その兆しはある。その一例として総合科学技術会議「次世代ロボット共通プラットフォーム」の研究成果である「関西環境プラットフォーム」[26]を取り上げる。

次世代ロボット共通プラットフォームとは、ITやユビキタスコンピューティング、ネットワーク通信技術、各種センサ技術と連携し、ロボットがサービス提供を行いやすいように環境側を整備する取り組みである。空間や人の行動に関する意味情報を「環境情報」として環境に埋め込む(=構造化する)ことから「環境情報構造化」と表現されている。

大阪市のユニバーサル・シティ・ウォーク(UCW)に設置された関西環境プラットフォームはその1つで、6台のレーザレンジファインダで、16台のカメラ、9台のRFIDタグリーダが協調することによりRFIDタグを所有する人の位置を観測。3次元位置情報や軌跡情報として保存し、これをもとに人の行動と場所特有の統計・履歴情報を提供する(図6.13)。

もともとはロボットがサービス提供を行うための支援技術だったが、人の行動と場所の意味情報を関連づけることで顧客の行動パターンを類

ポータブル・ワイヤレス
レーザ距離センサ

ケーキ　チョコレート　喫茶

人の位置を計測・蓄積

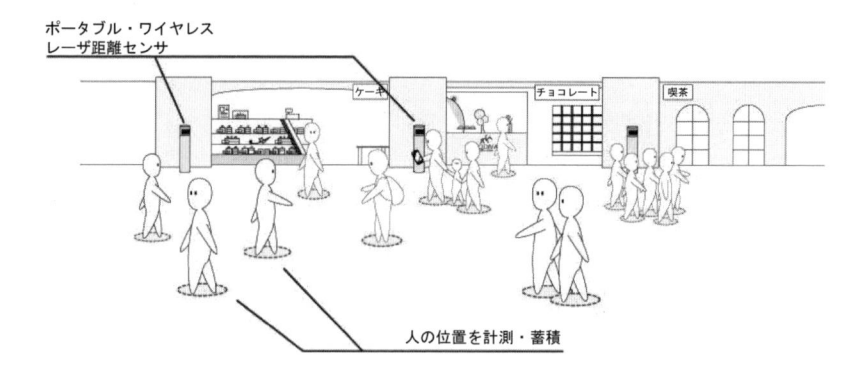

図6.14　マーケティング用途での利用イメージ
説明：人の行動と場所特有の意味情報を関連づけることで顧客の行動パターンを類推し、サービス要員に提供することで、それぞれの顧客やその場所に対応したサービス提供を目指している。

推できることから、それをもとにレコメンデーションを行うようなことが模索されている。AIDMA（消費者が商品を知って購入に至るまでの5段階。すなわちAttention（注意）、Interest（関心）、Desire（欲求）、Memory（記憶）、Action（行動）の総称）の把握、つまり顧客行動の把握に役立ち、それをサービス要員に提供することでサービス品質および生産性の向上に寄与すると見られている。現在このような方向性での実用化が進められつつある（図6.14）。

(3) RTをフロントステージ支援へ

ロボット業界では、非産業分野に向けたロボットは「サービスロボット」と表現される。顧客と共存し、サービス要員と協働することでサービス提供を行うことを目指しているが、各種要素技術が飛躍的に発展したとしても、ロボットやRTによる質の高いサービス提供は難しい。

例えば、中村[27]は伝統茶道の研究を通じて、わが国特有の「もてなし」サービスでは伝統茶道に見られる、「主客一体」による顧客価値の

「共創」がなされていることを指摘している。そして、フロントステージでは顧客の状況に機敏に対応することが、また、バックステージとの連携によりこれを支援することが、それぞれ求められ、特にフロントステージでは、時節に合わせ、かつ客がオープンな気持ちを抱く「よそおい」と、客のTPO（Time Place and Occasion）を判断してインタラクティブに対応できる「ふるまい」が要求される、としている。

このようなサービス現場における要求を踏まえると、やはりサービス提供は人が行うことが望ましく、顧客価値の共創を行うフロントステージへのロボットやRTの適用は難しい。しかし、それを支援するバックステージに埋め込むことは十分可能であり、第2章のコマツの事例は、顧客の状況を把握、情報提供することで、その役割を果たしている。先に紹介した関西プラットフォームも、その可能性が見出されつつある。

これまでロボットおよびRT開発は、同じバックステージでも肉体労働や単純労働の自動化などの問題解決に集中してきた。が、サービスのカスタマイズ化という時代の流れと、雇用危機の中での自動化・省力化といった提案の限界という事情を踏まえると、顧客価値の共創に寄与するフロントステージの支援に向けるべきといえる。また、技術的にもRTがその役割を果たすことは十分可能であると判断される。

以上、センサシステムを搭載する製品が顧客状況を把握し、リアルタイムでの顧客価値の共創に寄与していることを紹介した。顧客状況の把握にこそRTの重要な役割があり、顧客価値を共創するフロントステージにおける要件から、共創を支援するかたちでバックステージに埋め込めることを触れた。これまでのロボットおよびRTが注力してきた肉体労働や単純労働の自動化を目指す取り組みと異なるばかりか、カスタマーロイヤリティの向上に結び付くアプローチといえる。

このようなアプローチは、ロボット業界ではその一端がまだ見られる程度である。紹介した関西プラットフォームの展開を通じて、このような方向性にロボットおよびRTの発展の可能性があるのかを検証していく。

6. まとめ

本章で述べたサービス価値共創のまとめと考察、知識科学的な視点でのサービス価値創造プロセスの考察、および価値創造フェーズの拡張などについて述べよう。

6.1 まとめ

6章では、サービスイノベーションにおけるサービス価値を基軸とした価値創造の側面を述べた上で、サービス価値推移へのアプローチ方法を、ネット情報サービス分野とハイレベル宿泊サービス分野の各数事例の分析を紹介しながら、一般的なサービス価値の動向を述べた。これを通して、以下の点を明らかにしたといえよう[28]。

①専門領域横断的なサービス価値創造では、ビジョンの下に、サービスシステムを通して、顧客に提案・定着させるサービス価値がその基軸となっている。②サービス価値の推移は、広さ、高さ、および独自性の3つの視点について順序尺度構成した、図6.15に示すような3軸、ある

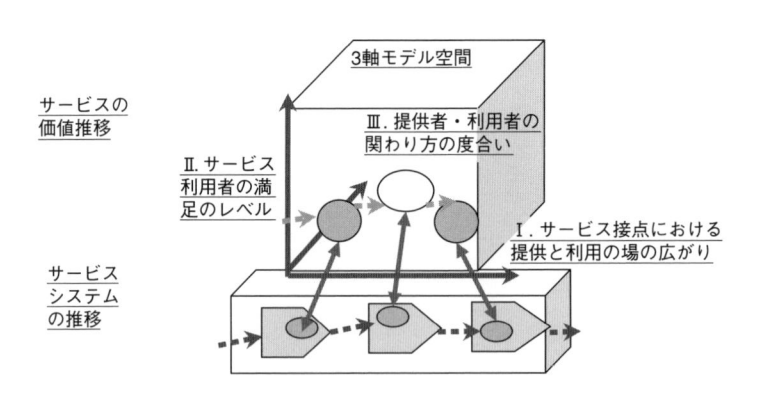

図6.15 サービス価値推移可視化のための3軸空間

いは2軸により、サービス価値の推移が表現可能である。③サービス価値の推移は、サービスシステムの要素の変更により実現されており、具現化と関係づけることにより可視化が促進する。

なお、本書で述べたサービス価値推移へのアプローチ方法では、サービス構想者からのサービス価値提案の側面をまず可視化することを主眼としている。サービス価値の顧客への定着や顧客ニーズの推移を詳細に把握する方法論は、本書の他の章あるいは類書に任せたい。

6.2　3軸モデルの他のサービス理論との比較

サービス・マーケティングの8要素モデル[29]を根拠として、3軸の妥当性について調査事例データを例として、3軸の各軸との関係性を考察すると、Ⅰ軸は「②場所と時間」と「⑤物理的環境」に、Ⅱ軸は「①サービス・プロダクト」「③価格とコスト」「④プロモーションと教育」および「⑧生産性とサービス品質」に、Ⅲ軸は「⑥サービス・プロセス」と「⑦人」に強く関係することが確認された。このことから、3軸間の従属性はあまりなく、ある程度独立した軸として有効であると考えられる。なお8要素モデルは第7章で詳しく説明される。

次にサービスのポジショニングに関する緊密度マトリックス[30]の軸項目と3軸を比較検討したところ、3軸は8要素の個別の内容をほぼすべて含みながらより抽象化された内容を包含しており、一歩踏み込んだ共創の意味を含んだ軸であることが分かり、3軸の適切性がわかる。

6.3　サービス価値創造の知識科学的視点

野中[31]は、「特定の場の現実を、変わり続けるダイナミックな文脈の中でとらえ、その時その場で最善の判断と行動をタイムリーに選択できること」という「知識創造のダイナミズム」や「実践知」の諸相を指摘している。本稿で取り上げた各事例におけるサービスの価値創造プロ

セスでは、これらを多様な形で認識することができた。知識創造の動態モデル[4]の主要な構成要素を、各サービス事例の「ビジョン」「駆動目標」「対顧客や対サービス組織との対話や実践」および「知識資産」として、抽出できている。

　例えば、リッツ・カールトン大阪の駆動目標は「ラグジュアリー体験の世界一の提供者」をめざして、「クレドカードの価値観に基づく自己と組織の認識」であり、「対話や実践」は、「顧客とのワオ体験の創出」あるいは「ラインアップ時の同僚や上司との対話」である、またmiuroの駆動目標は、「自分で動き人間に合わせるiPod機能の実現」であり、「対話や実践」は、「独創的開発と市場との対話」といえる。このように、サービス価値創造プロセスを「知識創造の動態モデル」により説明すること等により、サービス価値創造の知識科学的視点を確立することも可能となってこよう。

　例えば、図6.16に示すように、サービス価値創造プロセスは、重層的なサービス価値創造ルーチンを伴っていることが分かる。すなわち図

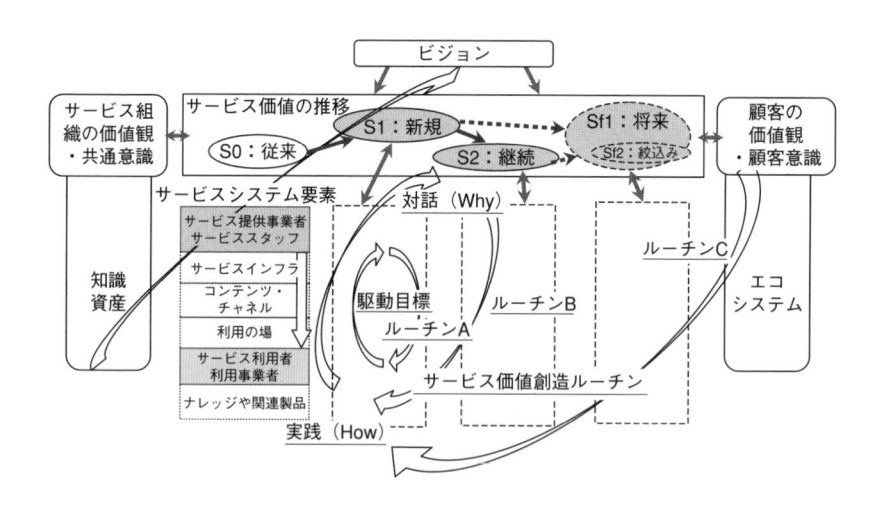

図6.16　サービス価値創造の動態モデル

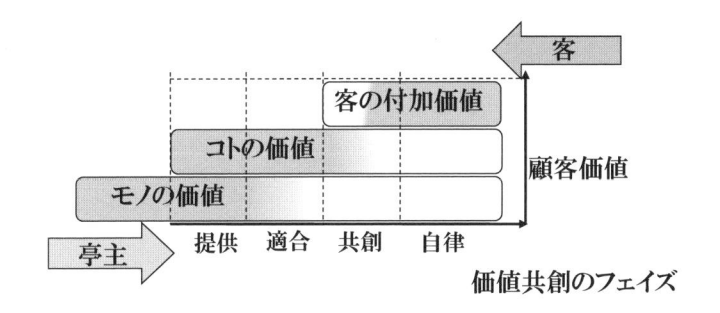

図6.17　伝統茶道・もてなし文化の「モノ」と
　　　　「コト」を交えた価値共創

に示すようにサービス価値創造ルーチンは、単一のサービス価値が定着するまでの"実行レベル"、また複数のサービス価値にわたる"戦略レベル"、そしてサービス組織の価値観やサービス戦略の見直し・変革にもわたる"規範レベル"の重層的な構造を有することが、各事例に認められている。そこでこれらと各事例のサービス価値推移の3軸モデルとサービスシステムの構成要素の推移から構成される、図に示すようなサービス価値創造の動態モデルを提起することができよう。

6.4　サービス価値共創フェーズの過去・現在・未来

5で述べた日本型のもてなしにおける価値共創の視点を元に、さらに一般化しよう。図6.17では、供される「茶」という「モノ」、および「伝統茶道」における亭主と客の共同体験としての「コト」を、現代における製品やサービスの価値と対応づけて表現できる。伝統茶道を含むもてなしの歴史的経緯を見ると、主人と客の関係が変容しつつ顧客価値を高めてきている[10][32]。

なお本図は、伝統茶道の1つの側面を説明することを試みたものであり、茶道全体の特徴を示したものではないことに注意してほしい。このように、茶道の歴史にみられる「主客一体」「主客未分」の特徴は、現

代の日本のもてなしサービスを伴う旅館・ホテルのサービスにも影響を与えているといえよう[33]。

このような視点は，今後の日本が直面する少子高齢社会に必要なサービスロボットとの共創にも必要な視点を提供する[27]。

参考文献
(1) 亀岡秋男監修：『サービスサイエンス――新時代を開くイノベーション経営を目指して』（亀岡含む12名の共著），NTS出版（2007）
(2) Cambridge Univ.："Succeeding through Service Innovation: A Service Perspective for Education, Research, Business and Government", *A White Paper Based on Cambridge Service Science, Management and Engineering Symposium*（2007）
(3) L. J. Perelman："Toward Human-Centered Innovation", Innovation's Vital Signs Workshop（in Washington DC）（2007）．
(4) 井川康夫：「創造性マネジメント」，『ナレッジサイエンス』改訂増補版，p48-49，近代科学社（2008）
(5) I. Nonaka, R. Toyama, T. Hirata：*Managing Flow: A Process Theory of the Knowledge-Based Firm*, Palgrave Macmillan（2008）
(6) R. F. Lusch, S. L. Vargo, G. Wessels："Toward a Conceptual Foundation for Service Science: Contributions from Service-Dominant Logic", *IBM Systems Journal* 47（1）：5-13（2008）
(7) 角山榮：『茶ともてなしのサービス』，NTT出版（2005）
(8) 中村孝太郎・SRI研究会：「サービスサイエンスからみるロボットビジネスへのアプローチ」，ロボット専門サイト『ロボナブル』，日刊工業新聞社，10月（2008）―3月（2009），(http://robonable.typepad.jp/roboist/2008/10/12-844d.html)
(9) 高木治夫：「目指すは花を介した心のコミュニケーションによる観光振興を」源氏物語千年紀フラワーツーリズム推進協議会（2009）
(10) H. Tschirky：*Technology and Innovation Management on the Move: From Managing Technology to Managing Innovation-Driven Enterprises*, Zurich: Orell-Fuessli（2003）（亀岡秋男監訳『科学経営のための実践的MOT』日経BP社（2005））
(11) K. Nakamura, H. Tschirky, Y. Ikawa："Dynamic Service Framework

Approach to Sustainable Service Value Shift Applied to Traditional Japanese Tea Ceremony", [PICMET], Cape Town, South Africa, 2433-2444 (2008)

(12) H. Chesbrough, J. Spohrer : "A Research Manifesto for Services Science," *Special Issue: Services Science, Communications of the ACM*, 49 (7) : 35-40 (2006).

(13) K. Nakamura, A. Kameoka : "Service Business Planning Towards Shared Service Roadmapping: An Application to RF-ID Using Service in the Research Activities of a Japanese Industrial Association", *International Journal of Innovation and Technology Management (IJITM)*, 4 (4), 511-535, Special Issue: Strategic Management of Technological Innovation, World Science Publishing Company (2007)

(14) M. Iqbal : "Getting Students Excited About Services: Providing a Context for Applying their Newly Acquired Knowledge" *Service Science, Management and Engineering Education for the 21st Century*, (CD-ROM), New York. Reprinted in: Hefley, B. and Murphy, W. eds., 2008, *Series Service Science: Research and Innovation in the Service Economy*, Springer Press 157-162 (2006)

(15) ZMP社 : miuro web (http://miuro.com/)

(16) J. A Michelli : *The New Gold Standard: 5 Leadership Principles for Creating a Legendary Customer Experience Courtesy of the Ritz-Carlton Hotel Company*, Mcgraw-Hill (2008)(月沢李歌子訳『ゴールド・スタンダード』, ブックマン社 (2009))

(17) Ritz Carlton Gold Standard (http://corporate.ritzcarlton.com/ja/About/GoldStandards.html)

(18) 村松友規:『俵屋の不思議』世界文化社 (1999)

(19) 五嶋正風編著:『おもてなしの源流』, リクルートワークス編集部, 英治出版 (2007)

(20) 松岡正剛:『日本という方法』, 日本放送出版協会 (2006)

(21) 熊倉功夫:『近代茶道史の研究』, 日本放送出版協会 (1980)

(22) 亀の井別荘 : web (http://www.kamenoi-bessou.jp/)

(23) S. Gotoh, K. Nakamura : "Service Value Shift Based on Cultural Background of Hospitality Applied to the Japanese "Motenashi" Service", [PICMET2009], Portland, U.S., 2956-2963 (2009)

(24) C・K・プラハラード, B・ラマスワミ著, 有賀裕子訳:『価値共創の未来へ』, ランダムハウス講談社 (2004)
(25) C・K・プラハラード, M・S・クリシュナン著, 有賀裕子訳:『イノベーションの新時代』, 日本経済新聞社 (2009)
(26) 平成18年度科学技術振興調整費「科学技術連携施策群の効果的・効率的な推進 施設内外の人計測と環境情報構造化の研究」(http://www.irc.atr.jp/ptStructEnv/kansai-PF-j.html)
(27) 中村孝太郎, 今堀崇弘:「サービスロボットによるサービス価値共創」, 『開発工学』10月号 サービスイノベーション特集, 日本開発工学会 (2009)
(28) 中村孝太郎:『専門領域横断的サービス価値創造のための3軸モデルの提案』, 北陸先端科学技術大学院大学知識科学研究科博士後期課程学位論文 (2009)
(29) C. H. Lovelock, J. Wirtz : *Services Marketing: People, Technology, Strategy, 6 ed.*, Pearson Education, Inc. (2007)(白井義男監修, 武田玲子翻訳『ラブロック&ウィルツのサービス・マーケティング』6版, ピアソン・エデュケーション (2008))
(30) J. Teboul : *Service is Front Stage*, Macmillan Publisher Limited (2006)(小山順子監訳・有賀裕子訳『サービス・ストラテジー――価値優位性のポジショニング』ファーストプレス (2007))
(31) 野中郁次郎:「分水嶺は実践知の貫徹――米自動車危機 (上):教訓と展望」日本経済新聞23面「経済教室」, 05. 20 (2009)
(32) 鈴木正崇:茶事の構造『茶事・茶会』(戸田勝久編・茶道学大系第3巻) 淡交社 397-427 (1999)
(33) 堀内議司男:『男子の茶の湯ことはじめ』, 原書房 (2004)

第7章 ● 技術革新とサービスイノベーション

小坂満隆・白肌邦生
(北陸先端科学技術大学院大学)

西岡由紀子
(アクトコンサルティング)

1. はじめに

　産業のサービス化を論じるときに、技術革新とサービスイノベーションの関係について考えておくことは、非常に重要である。これまで、技術革新がサービスを様々な形で変革してきた。たとえば、金融サービスでは、ATM (Automatic teller machine) などの自動機の登場によりセルフサービス化が進み、サービスの生産性向上に結びついた。流通サービスでは、POS (Point of Sales) の登場によりすべての売上データが集計され、顧客の求める商品の提供が在庫を増やすことなく可能になった。交通サービスでは、Suicaカードの登場により検札が自動化され、これがキヨスクなど小売業の決済手段に結びついて、交通と流通が一体化した様々なサービスを提供することが可能になった。また、最近では、インターネットの登場により、日常生活の中で様々な変化が起こっている。こうした変化は新たなサービス事業に結びついている。このように、技術革新は新たな機能を提供し、それがサービスと結びつくことで様々なサービスイノベーションを起してきた。技術革新がサービスイノベーションを加速する要因であると言っても過言ではない。
　サービスイノベーションは、"サービス" と "イノベーション" という2つの言葉から成り立っている。そして、サービスイノベーションは、

「サービス業におけるイノベーション」という捉え方と「サービスによるイノベーションの創造」という2つの捉え方ができる。前者は、既存のサービス業を分析し、サービスの生産性向上や付加価値の向上を狙うものである。ホテル・観光業、流通業、金融業などの様々なサービス業のイノベーションの背景には、必ずと言っていいほど技術革新が存在する。ICカードや様々な自動機は、流通業、金融業、運輸業などの従来のサービス事業において、様々なイノベーションを引き起こした。また、後者は、サービスの視点から顧客にとって新たな価値を創造し、これを新規事業の創出や既存事業の変革に結びつけるものである。新たなサービスは、新しい技術を活用して生み出される。たとえば、GoogleやAmazonなどの新サービス事業は、新規事業の創出のためにインターネットや情報検索技術といった新技術を活用したものであり、イノベーション創造そのものといえる。

従来、イノベーション創造は、技術開発の成果をいかにして新たな収益に結びつけるかという技術経営（MOT: Management of Technology）の中心的な課題であった。しかし、サービスの視点からは、新たな技術が顧客にとってどういう価値をもたらすのかを検討することがイノベーションにつながるといえる。すなわち、「技術」と「サービス」は、イノベーションにとって表裏一体の関係にある。産業のサービス化はサービスイノベーションそのものであり、新技術を活用してイノベーションを創造する方法論としての技術経営と、顧客満足を追求するサービス経営の両面から議論されるべきであろう。本章では、まず、2で、産業のサービス化についての一般論を展開し、技術革新がサービス化を加速してきた実態を紹介する。次に、3で、最近のサービスイノベーションがインターネットに大きく影響を受けていることを紹介し、サービスマーケティングの視点でインターネットがサービスに与える影響をまとめる。さらに、4で、サービスイノベーションに対する新たな技術革新として、人間を対象にした脳科学の可能性について紹介する。

2. 産業のサービス化と技術革新

2.1　産業のサービス化の歩み

　まず、サービスとは何か？　について、いくつかの考え方を紹介しておこう。広辞苑では、「①奉仕、②給仕、接待、③商店で値引きしたり、客の便宜を図ったりすること、④物質的生産過程以外で機能する労働、用役」とある。プロの選ぶホテル・旅館100選で連続30年トップの座を保っている和倉温泉の加賀屋の小田会長は、サービスを、「プロの技術（サービス）を提供して、お客様に満足していただき、それによって対価をいただく行為」と定義している。また、北陸先端科学技術大学院大学のサービスサイエンスを牽引してきた故亀岡秋男教授は、サービスを「人や組織がその目的を達成するために必要な活動を支援する行為」と定義している。いずれの定義も非常に幅広く、人間の多くの生産的な行為がサービスという概念に結びついているといえよう。

　こうしたサービスという概念に基づくビジネスは、古くから人間の営みの中で行われてきた。たとえば、代表的なサービス業である温泉旅館に関しては、北陸先端科学技術大学院大学のある石川県の粟津温泉に718年に始まった温泉旅館「法師」があり、また、大学の付近にある辰口温泉の温泉旅館「まつさき」も江戸時代から営業していた。このようなサービスに必須のおもてなしは、人間生活とともに古くから存在していたといえよう。

　サービスが従来型のサービス業以外の分野で注目され出したのは、20世紀に入り、製造業の発展とそれに付随するサービス経済の進展、情報産業の拡大とサービスビジネス化、コンサルティングなどの知識産業の進展、インターネットの拡大とビジネスモデルの変化、などの技術革新に伴うサービス経済の拡大が大きな理由である。製造業のサービス化では、エレベータを始めとする機械・設備の運用・保守サービスが始まり、エンジニアリング同様にサービスの生産性や品質が議論されるようにな

った。また、機器販売ビジネスに比べ、好不況にかかわらず安定した売り上げが見込めるので、ビジネスとしての重要性も着目されるようになった。

　情報産業は、当初、コンピュータやネットワークなどのハードウェア機器をビジネスの対象にしていたが、情報システムによって提供される情報の価値の重要性が認識され、コンサルティングやシステムエンジニアリングが重視されるようになり、サービス化が加速された。20世紀終わりのインターネットの登場は、時間と空間の制約をなくすことで様々なサービスビジネスモデルを生むことになった。そして、PCや携帯電話が日常生活で利用されるようになり、これらがインターネットに常時接続され、インターネットサービスは、確実にビジネス領域を拡大しつつある。

　以上の産業のサービス化の流れを図7.1に示す。こうした産業のサービス化における中心的な課題は顧客満足であり、これは古くからあるサービス業の中心課題と変わらない。いかにして顧客満足を実現するかと

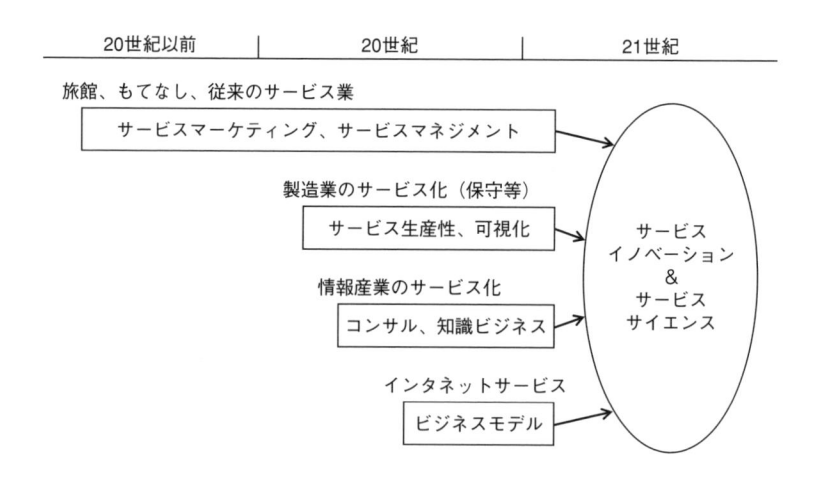

図7.1　産業のサービス化の流れ

いう課題を追求すると、サービスサイエンスやサービスイノベーションでは、人間の行動、人間の考え方、人間の感じ方といった人間に関する科学が必要になってくる。

2.2 産業のサービス化事例

　名目GDPに占めるサービス業の比率の伸びを考えれば、産業のサービス化の重要性を認識できる。日本や欧米では、その割合が70％を超えているし、中国などの新興国でもGDPに占めるサービス比率が徐々に上昇している。そして、勤労世帯に占めるサービス支出の割合も、着実に増えている。身近な例として、自動車を考えてみよう。自動車も、製品そのものを購入する費用とそれに関する様々なサービス（保険、駐車場、車検、点検、高速道路費用、ナビを利用した情報サービス等）にかかる費用を比べると、1つの製品のライフサイクルを考えた時にサービスにかかる費用の割合が確実に増えている。それは、製品の周りに様々なサービス機会が数多く存在するからであり、顧客の新たなニーズに応え、顧客満足を追求することでビジネスを拡大してきたということができよう。このように産業の成長プロセスは、サービス化ということを抜きに語れない。一方で、高度なサービスの提供には、優れた技術や製品が必要であることも事実である。

　1つの企業の事業形態の変遷を見ても、サービス化の重要性とサービスを進化させる技術革新の重要性を認識できる。例として、通信事業、情報事業、コンビニエンスストア事業をあげてみよう。

(1) 通信事業のサービス化

　NTTなどの通信事業者は、元来、電話回線や固定電話の設備を運用する電話業であった。これが、デジタル化という技術革新によるデータ通信サービスの高度化と通信事業の民営化という社会的な要請が結びついて、移動体通信を始めとする様々なデータ通信業が起こってきた。そ

して、大きな変化はインターネットと携帯電話である。ネットワーク技術の技術革新と携帯電話に関する技術革新によって、我々の日常生活は大きく変化した。メール、音楽や動画などのコンテンツサービス、予約や決済などの様々なサービスがインターネット経由で行われている。そして、こうした新しいサービスを支えるのがハードウェア技術、ソフトウェア技術の技術革新である。手のひらに収まる携帯電話の中には、様々な機能を実現するソフトウェアが入っている。一昔前に大型計算機で大規模システムを制御したソフトウェアを上回る規模のソフトウェアが利用され、これを瞬時に実行できるハードウェアがこうしたサービスを支えているのである。こうした技術革新によって、情報通信業者は、情報サービス業へと変化した。図7.2にこうした変化をまとめる。固定電話からデータ通信事業者としてのサービスを始めるようになり、携帯電話へのシフトやインターネットサービスの伸びなどによって、通信業者は、我々の生活空間になくてはならないサービスを提供する事業体へ

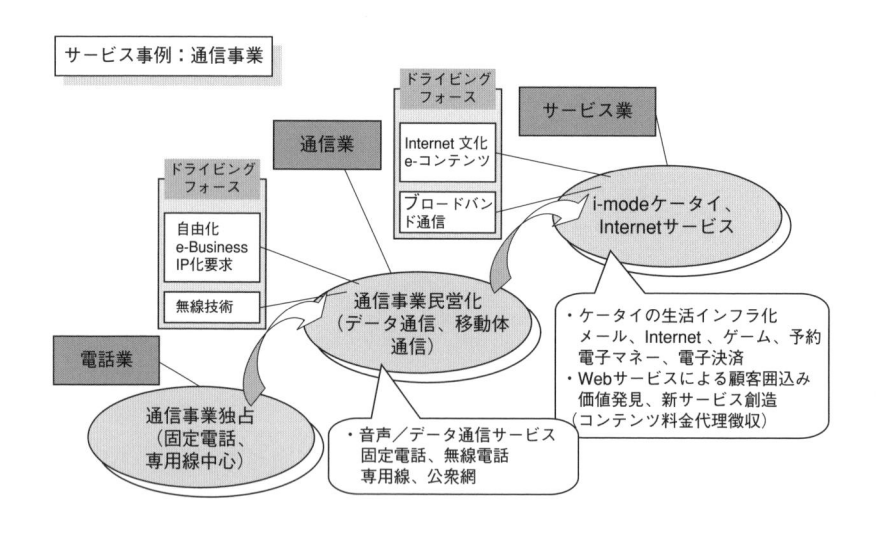

図7.2　通信産業のサービス化の流れ

と進化した。

(2) 情報事業のサービス化

　IBM、富士通、日立といった情報事業を営む企業も、その事業形態を大きく変化させている。こうした情報事業者は、元来、コンピュータ機器や通信機器を販売する製品事業者であった。しかし、コンピュータやネットワークの価格が低下すると共に、ソフトウェアで実現する情報システムや情報そのものが企業にとっての価値を創造するという点が重要視されてきた。そして、情報システムのシステムインテグレーション事業が大きく伸びることになった。現在の我々の生活を支えている金融、流通、交通などの基幹システムは、情報システムの存在が無ければ存在しない。また、個々の事業体でも情報化投資により効率化を図っている。情報事業者は、どのような情報システムが企業にとって価値をもたらすのか？　どうすれば、できるだけコストを少なくして、こうした価値を実現できるのか？　などに対するビジネスソリューションを提供するサービスを提供するようになった。こうして、情報事業においては、コンサルティング事業やアウトソーシングサービス事業の占める割合が大きく伸びてきた。IBMが、サービスサイエンスの重要性を指摘したのも、事業全体におけるサービス事業の比率が高くなったことや産業のサービス化の重要性を認識した結果に他ならない。図7.3にこうした変化をまとめる。

(3) コンビニエンスストア事業のサービス化

　製造業だけでなく、流通業も技術革新によってその業態のサービス化に大きな変化をもたらした。具体的に、セブンイレブンを始めとするコンビニエンスストア事業をとりあげてみよう。ここでも、POSやネットワーク、情報端末の技術革新とともに、その業態は生活サービス化へと大きな変化を遂げた。当初、米国のコンビニエンスストアであったセブンイレブンは、日本の生活者に密着して、顧客のニーズを分析し、少

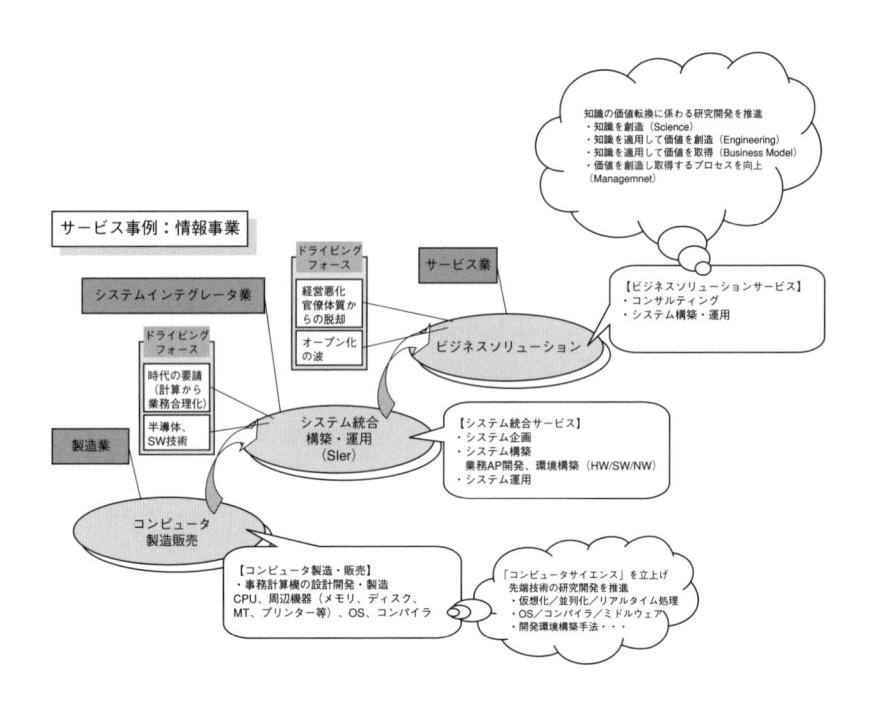

図7.3 情報産業のサービス化の流れ

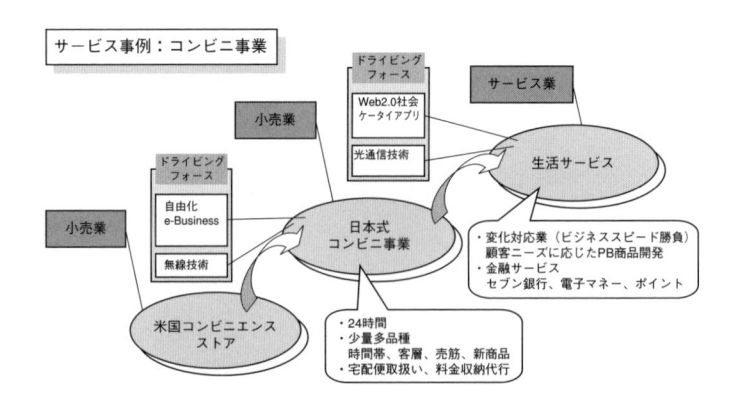

図7.4 コンビニサービス化の流れ

量多品種、売れ筋商品の品ぞろえを行って売り上げを伸ばして成長した。これを支えたのがPOSを始めとする情報システムであった。さらに、ATMを利用した金融サービスや公共料金引き落としサービスを始めるなど、小売業から生活サービス業へと業態を変化させてきている。こうした変化を支えたのがインターネット、端末他の情報技術であった。図7.4にこうした変化をまとめる。

これらの事例で共通に言えるのは、ドライビングフォースとしての技術革新や社会変化が、顧客の価値創造という事業目標と結びついて、コアとなっていた製品事業やサービス事業の変化を促進し、時代とともにサービス化へと大きな進化を遂げてきたという点である。技術革新、顧客ニーズの多様化、顧客満足への対応がサービス化を加速させてきたのであり、技術開発が人間の価値創造をめざすということを考えれば、産業のサービス化は着実に進行する潮流である。

2.3 サービスコンセプトが変革した情報技術

情報産業におけるサービス化は、その他の産業と少し異なる側面を持つ。情報分野において、サービスに関連した言葉をあげてみると、保守サービス、アウトソーシングサービス、コンサルティングサービス、SLA（Service Level Agreement）、Webサービス、情報検索サービス、SaaS（Software as a Service）、SOA（Service Oriented Architecture）、クラウドコンピューティング、など様々なサービスに関連した言葉が出てくる。これらは、互いに質の異なるサービス概念である。これをわかりやすく示すために、図7.5に、サービス提供者とサービス享受者の関係を、人とモノ、システムの関係で捉えて整理する。ヘルプデスクやコンサルティングは、人対人のサービス、情報検索やインターネットサービスは、システムが人に提供するサービス、保守サービスやITサービスは、人がモノに対して行うサービス、SOAやWebサービスは、モノ（ソフトウェア）がモノ（ソフトウェア）に対して行うサービスということがで

		サービス享受者	
		人	モノ、システム
サービス提供者	人	ヘルプデスク コンサルティング アウトソーシング サービス指向設計	保守サービス ITサービスマネジメント SLA、ITIL
	モノ、システム	情報検索サービス e-Government インターネットサービス コンテンツサービス	SOA、Webサービス クラウド、グリッド SaaS

図7.5　情報分野のサービスの分類

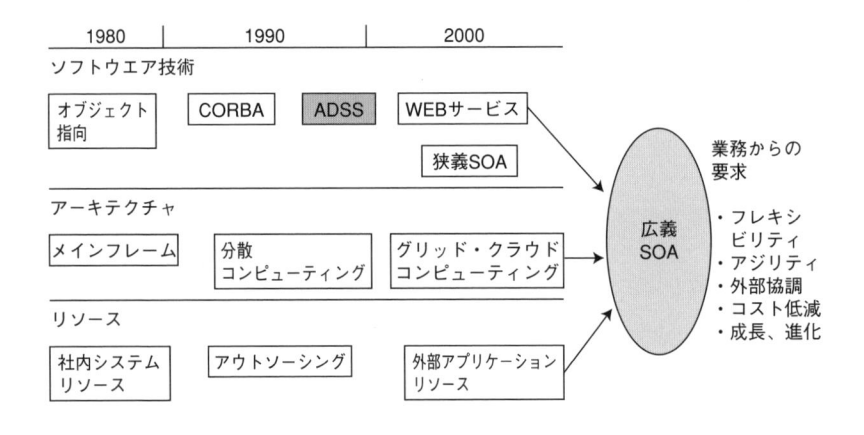

図7.6　ソフトウェアとアーキテクチャの変遷

きる。

　情報分野のサービスで、特に重要な視点は、ソフトウェアやプログラムをサービスとみなす点である。WebサービスやSOA[1]など、最近、情報分野で重視されているサービスの考え方は、ソフトウェアをサービ

ス提供者とみなしている。ソフトウェア技術の発展から考えるとこれを理解しやすい。図7.6に、情報分野におけるソフトウェアをサービスと捉えるサービス指向の考え方と企業情報システムの変遷を示す。ソフトウェア技術分野では、元来、オブジェクト指向の考え方があった。これは、ソフトウェアを1つの機能単位で管理し、これを組み合わせることで1つの大きなプログラムを構成しようとするソフトウェア生産性向上に対する技術である。これが分散システム環境でCORBA（Common Object Request Architecture）を生み、それが世界標準を議論するOMG（Object Management Group）の活動に結びついた。ソフトウェアをサービスと結びつけて最初に議論を始めたのが、OMG（Object Management Group）におけるADSS（Autonomous Decentralized Service System）[2]の活動である。分散オブジェクトを1つのサービスと捉え、インターネッ

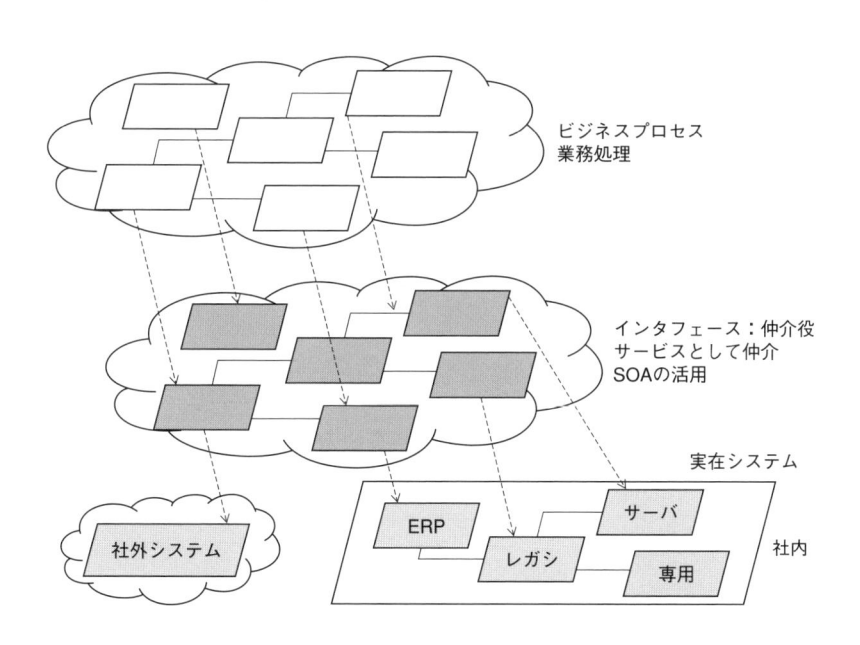

図7.7 システムと業務をつなぐSOA

ト上にある分散オブジェクトをサービス提供者とみなし、これらを連携させることで1つのサービスを構成しようとする考え方である。Webサービスは、こうした考え方をWeb環境で実装したものと考えられ、SOAを構成する基盤技術となっている。

　これからのコンピューティング環境がメインフレームや分散コンピューティングからクラウドコンピューティングにシフトしていく中で、企業にとっての業務システムをいかに構築していくかという点で、SOAは重要な役割を果たす。それは、フレキシビリティ、外部リソースの活用、コスト低減、システムの成長や進化への対応、といった企業情報システムに対する要求にSOAの考え方が利用できるからである。具体的には、図7.7に示すように、ビジネスプロセスにおける業務処理と実在のシステムやソフトウェアをつなぐ仲介役として、サービスというコンセプトを入れ、SOAにより業務処理と実在システムを対応づける。こうすることによって、情報システムの構築や拡張をフレキシブルに行うことができる。このように、サービスコンセプトが情報システム技術の革新を推進したという事実は、サービスと技術革新の関係性の深さを示す事例である。

2.4　21世紀の産業のサービス化の展望

　ここ半世紀の産業の進展は、すさまじいものがあった。自動車、家電、パソコン、携帯電話など、高度な技術に裏付けられた製品群が日常生活の中に浸透した。また、情報分野においても、大容量のストレージ、インターネット、検索エンジンなど、高度な情報技術が日常生活の中で使われ、我々の日常生活は大きく変化してきた。技術が経済発展や産業競争力の原動力であるとして、大学では工学部や情報学部が新設され、企業では新技術の開発に大きな投資がされてきた。そして、技術革新と共に多くの新製品や新サービスが生み出された。新製品はそれ以前の製品よりも性能に優れ、機能は多様化し、大量生産と生産性向上を追求する

ことで相対的にその価格は低下し、大衆が求めやすくなった。このような技術が主導する経済によって、技術は利益を生み出すという「Value Creation」コンセプトのもとで、自動車、電気、金融、証券などの業種が20世紀の経済を牽引した。しかし、サブプライムショックで、大きく影響を受けたのがこうした企業群であった。

　一方、サブプライムショックの中で過去最高の収益を記録した企業がいくつもある。インターネットサービス関連企業、娯楽に関係した企業、携帯電話などである。ディズニーランドや旭山動物園には、多くのお客さんが訪れている。北海道の旭川にある旭山動物園になぜ多くの人が訪れるのか？　能登半島の和倉温泉にある高級旅館の加賀屋はなぜ30年連続プロが選ぶホテル・旅館で第1位を獲得し、多くの人が訪れているのか？

　これとは別に、インターネットを利用したサービスは、ここ数年で大きな伸びを示してきた。パソコンが安価になり、携帯電話からの利用も容易になり、インターネットがいまや我々の生活のインフラになっている。インターネットは、我々に必要な情報や知的興味を刺激してくれる情報が、いつでも、どこでも手に入る環境を提供することによって、いまや社会インフラに成長し、放送、広告、出版などの事業に大きな影響を及ぼしてきている。

　ビジネスの基本は、「人が何に対して価値を感じ、お金を払おうとするのか？」を考え、サービスや製品を提供し、顧客に満足していただき、対価をいただくことである。すなわち、ビジネスは、人間の価値観やサービス価値に大きく依存するのである。21世紀のサービスイノベーションを考えるときに、技術革新によるサービスの創生という点と同時に、21世紀における人々の価値観がどうかという点を考える必要があろう。環境、福祉、人と人のつながり、健康、教育といった人間にとって大事だと思われる分野に対して、21世紀における技術革新とサービスコンセプトが融合し、20世紀に築いた工学や情報科学に基づくモノ中心の経済社会に、人間の満足感や価値観を反映させた社会をめざすことが

21世紀の産業のサービス化に求められると考える。

3. インターネット技術のサービスイノベーションへの影響

近年のサービスイノベーションの原動力の1つは、インターネットであろう。20世紀の終わり頃には、インターネットは代表的な技術革新であった。21世紀に入り、パソコン、携帯電話の利用とともにインターネットが日常生活で当たり前のように利用され、Webが最初に利用された頃とは質的に変化してきた。インターネットが民生応用として利用され始めた頃は、EC（Electronic Commerce）として、セキュリティやWebデザインなどの技術に関心が集まっていた。しかし、インターネットの存在はもはや日常生活になくてはならない。モータリゼーションとして、駅前銀座がさびれ、自動車利用を前提とした郊外のモールが栄えたように、インターネット利用が経済の仕組みを大きく変えようとしている。事実、サブプライムショックの影響で世の中が不況であるといわれているが、インターネット関連ビジネスは、確実にしかも急激な伸びを示している。ここでは、サービスイノベーションとインターネットの関係について考察する。

3.1 インターネットによるサービスビジネスモデルの変化

まず、インターネットを利用して成功したビジネス事例を取り上げ、インターネットがサービスビジネスモデルを変革していることを示す。

(1) ロングテールビジネス

ロングテールビジネスとは、「インターネット上での現象は、生起頻度の低い要素の合計が全体に対して無視できない割合を占めるという法

則」に基づき、インターネットを使ってニッチ商品を収益の出るビジネスにすることである。この事例として、結婚日和[3]を取り上げる。これは、インターネットを介した和の結婚式のプロデュースサービスである。このビジネスは、京都西陣の和服の結婚衣装ビジネスを活性化しようと考えて、京都の和の特徴を生かした結婚式をプロデュースしようと考えてビジネスを始め、インターネットも活用した。具体的には、和の結婚式として、京都の神社仏閣で結婚式をして、京都の料亭で披露宴をするもので、洋式の披露宴とそれほど費用は変わらない。60％以上が京都以外のお客さんで、最近は外国からも問い合わせが来ると聞く。京都という場をうまく生かし、インターネットによって集客に成功した事例である。従来、インターネットのない時代には、顧客は、地元の京都に限られていたが、インターネットが時間と空間の制約を取り払い、和の結婚式に興味を持つ人を全国から集めることでビジネスが成立した例といえよう。

インターネットを利用した、ロングテールビジネスは、時間と空間の制約をなくすことによってある特定の興味を持つ人を対象にしてビジネスが成立することを可能にした。石川地域の食べられる化粧品や酒蔵が作る化粧品もインターネット経由の直販を行っており、最近のインターネットの伸びと同期してビジネスが伸びている。このように時間と空間の制約をなくすインターネットの特性は、サービスイノベーションを起こす大きな要因である。

(2) 顧客データの集約による新たな価値創造

価格ドットコム[4]は、いろいろな製品やサービスの価格を比較し、最も安い価格情報をユーザに提供する、インターネットを利用した新しい情報サービスである。価格ドットコムの事業概要は、インターメディア事業として、広告業務、販売サポート業務、情報提供業務、旅行関係業務が行われていたが、近年、集客サポート業務としてのコンサルティングビジネスが大きく伸びてきた。

ここで、注目したいのは、価格ドットコムの近年のアクセス数の増加と、業績の推移や業務別売上構成の推移である。ここ3年間は、加速度的なアクセス数の増加に伴い、売り上げや利益を大きく伸ばしている。特に、業務別売上構成の推移では、集客サポートが大きく伸びている。これは、ユーザが価格情報をクリックすることで、ユーザニーズに関する大量の情報が自動的に収集され、収集データを利用すれば顧客動向が把握できるという新たな価値が生まれて、これを活用したコンサルティングビジネスが成立してきたことが要因と考えられる。

　このように、人々の生活の中で価格ドットコムサービスが利用拡大されることによって、インターネットを利用した価格比較ビジネスが質的な変化を起こしてきたといえよう。すなわち、アクセスログ情報を集積することで、顧客ニーズに関する情報が自動的に収集できるという新たなマーケティングに関する価値を生み出すことができるようになった。価格ドットコムだけでなく、楽天をはじめインターネットビジネスで成功した企業群は同様の高収益を上げている。こうした傾向は以下のようにまとめることができる。

① 社会環境の変化により、インターネットを使ったビジネスモデルが定着し大きく成長している
② 顧客ニーズがインターネット経由で自動的に収集されている
③ 時間、空間を問わない商品情報のサービスが提供される
④ ネットでの販売が着実に伸びる一方で、コンビニやスーパなどの既存のチャネルを通じた商品、サービスの売り上げは頭打ちか減少に転じている

(3) サービス提供者とサービス享受者の一体化

　インターネットの影響をビジネスモデルの変化から考えてみよう。寺本ら[5]によれば、ビジネスモデルは、ハードウェア製品ビジネスの第1世代、ハードウェアとソフトウェアの第2世代、これにサービスが加わった第3世代、さらにネットワーク化が進んだ第4世代へと進化した。

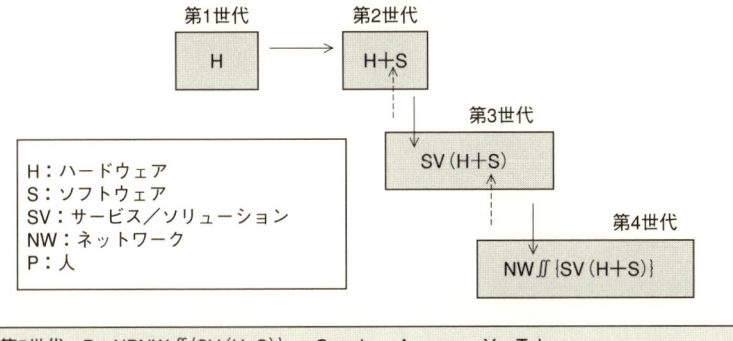

```
第1世代      第2世代
  H    →    H+S
              ↓
           第3世代
           SV(H+S)
              ↓
           第4世代
           NW∬{SV(H+S)}

H：ハードウェア
S：ソフトウェア
SV：サービス／ソリューション
NW：ネットワーク
P：人

第5世代   P＊NPNW∬{SV(H+S)}  →Google、Amazon、YouTube
```

(寺本、岩崎、近藤[5]、p.33、図表2-6を引用)

図7.8　ビジネスモデルの変化

しかし、WEB2.0をはじめとする新たなインターネット技術は、ビジネスモデルを革新的に進化させた（図7.8）。それは、サービス享受者とサービス提供者が同じ場を共有することによって、新たなサービス価値がインターネット上に形成され始めてきたという点である。Youtube、Google、Amazonのサービスビジネスは、ユーザの声を様々な形で取り込むことによってユーザ参加型のサービスビジネスを形成している。従来のような、製品提供者やサービス提供者から顧客へと流れていた情報、製品、サービスの流れが変わり、サービス提供者とサービス享受者が同じ場で、ある時はサービス提供者になり、ある時はサービス享受者になるという新たな関係が生まれてきた。これによって生まれてきた新たなビジネスモデルの出現も、サービスイノベーションを加速する要因である。

3.2　温泉旅館ビジネスへのインターネットの影響

ここで、インターネットの影響を受けている具体的な例として、古く

からのサービス事業である温泉旅館ビジネスを取り上げる。北陸先端科学技術大学院大学のある石川県は、和倉温泉、粟津温泉、山中温泉、辰口温泉など、多くの温泉地がある。こうした石川県の産業がインターネットによってどのような影響をうけるのかについて、調査を行った。温泉旅館ビジネスの関与者は、図7.9に示すように、顧客、旅行予約仲介業者、温泉旅館の3者である。従来、これらの温泉旅館は、地元客が多く、直接予約や旅行業者経由の予約が多かった。しかし、最近は、地元客の割合が減り、全国から集客を行わなければならない状況である。こうした状況で、顧客、旅行仲介業者、温泉旅館、3者に対するインターネットの影響がどのようなものかを以下に示す。

(1) Webアンケートによるユーザの温泉旅館予約に関する動向

一般のユーザが温泉旅館の予約に際して、Web情報をどのように活

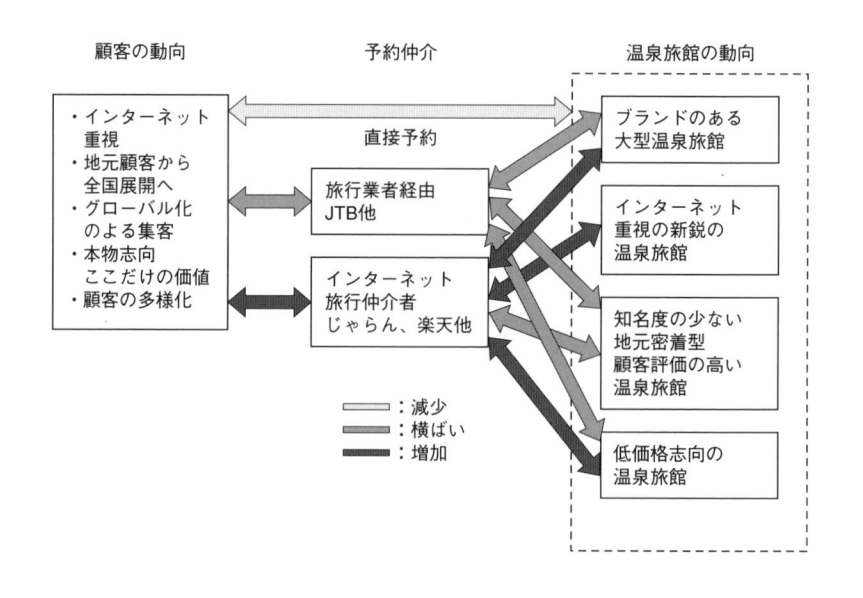

図7.9　温泉旅館ビジネスのインターネットによる影響

用するのか？　何が温泉旅館を選ぶ決め手になるのか？　などに関して、筆者らの活動コミュニティを対象に簡単なWebアンケートによってユーザ傾向を調査した。Webアンケートは、Webを介してアンケートを提供してそれを集計するもので、時間と場所に左右されないというメリットを持つ。対象は、温泉旅館を利用する、主に首都圏在住で大企業に勤めているか退職した人で、20代：19名、30代：36名、40代：28名、50代：23名、60代：17名、合計で、123名のアンケートを収集した。このアンケートでは、各年代層が温泉をどの程度使い、温泉を決める際にどの点に着目しているか、Webによる温泉旅館の決定に関してどのような点に着目しているかを明らかにすることを狙った。

　その結果、特に興味深い点は、各年齢層でパソコンを良く使う割合が90％を超え、温泉旅館の情報源の第1位がWebサイトであり、全体の中で45％を占めた点である。また、Web提供情報で何を重視するかについては、温泉の情報（写真）を非常に重視し、文字情報はあまり重視されない。温泉旅館のWebサイトは、写真や動画情報を使って、その温泉に行ってどういう体験ができるのかを視覚情報に訴えることが非常に重要であるといえる。また、地方の温泉地に求めるのは、本物志向で、そこだけにある価値を提供できるかどうかを重視していた。30代、40代は、価格を重視するが、50代は、温泉のサービス内容を重視する傾向があることもわかった。

　このWebアンケートは、1つのコミュニティの分析であるが、温泉旅館のWeb情報提供と予約を重視する傾向の表れといえる。Webによる情報提供（写真、映像）の良さや価格戦略が重要であり、年代やその人の置かれた状況により顧客満足は異なる。こうした点を考慮してWebによる情報提供サービスを検討しなければいけないといえる。

(2) インターネット時代の旅行仲介業（Webサイト運営業者）

　都市部の温泉旅館客が、温泉旅館の観光地を訪問する場合、インターネット出現前は、JTBや近畿日本ツーリストのような旅行会社を通じ

て予約するのが一般的であった。しかし、インターネットの出現により、一休、楽天、じゃらんほか多くのインターネット旅行仲介ビジネスが誕生し、大きく成長を続けている。インターネットによる旅行仲介業は、

① 温泉旅館にとっては、仲介手数料も少なく、新たな企画や価格設定をフレキシブルにできるメリットがある
② ユーザにとっては、インターネットを利用することにより、24時間365日、好きな時間に旅行サイトを検索でき、しかも、自分でWEB情報によって温泉の良し悪しを見ながらどの温泉旅館にするかを決めることができる。

というように、サービス提供側とユーザ側に対してこれまでにないメリットを提供できる。

　インターネットにおける旅行仲介業の例として一休をとりあげよう[6]。一休は、2005年5月に、一休.comを開設し、高級ホテルの予約を開始した。その後、確実に成長を続け、2009年10月には、会員が200万人を突破した。最近は、年度ごとに営業収益が過去最高になっている。また、平均的な客単価は25000円前後である。

　一休のようなインターネットによる旅行仲介業は、低リスク（在庫を持たない）、低コスト（店舗を持たない）メリットがあり、ホテルや旅館は、高級ブランドイメージを保ちながら、低コスト、即時性のメリットがあり、顧客会員は、安心（高級ホテル）、お得（特別プランや低料金サービス）、便利といったメリットがある、いわば3者のWin-Win関係を形成しているといえる。一休だけでなく、楽天ほかのインターネット上の旅行仲介業者も、同様の成長や業績を残している。また、既存の旅行仲介業者であるJTBは、通常の店舗数を縮小して、インターネットの旅行仲介業に力を入れるという発表をしている。このように、旅行仲介業からの視点でも、インターネットによるサービスビジネスは、大きな可能性があることを示しているといえる。

(3) 温泉旅館の事例

　それでは、温泉旅館にとってWEBは、どのような影響をもたらしているのであろうか？　石川地域の3つの異なるタイプの温泉旅館をヒアリング調査し、WEBによる情報提供サービスや予約の重要性を確認できた。A旅館は、大型温泉旅館グループで、グループの中に高級温泉旅館と少し価格の安い中級温泉旅館を持つ。高級旅館の場合、インターネット経由の予約者の数が本年度前半では前年比若干増であるのに対し、中級旅館は、本年度前半では前年比でかなり伸びた。このようにインターネット利用者は確実に伸びており、A旅館はインターネットの重要性にも着目しWEBページも充実させている。B旅館は、インターネットにより近年伸びてきた温泉旅館である。インターネットの重要性の認識は高く、早くから自社のWEBページの立ち上げを行い、日々インターネットの情報管理を行うことでインターネット経由の顧客数を年とともに伸ばしてきた。現在、インターネット経由の顧客数は、全体でかなりの割合を占めるようになっている。インターネット経由の全国から来る顧客のほとんどが地元の有名料理を注文し、季節も集中する。C旅館は、地元客中心に評価されてきた温泉旅館である。温泉の質のよさや料理など一度体験した顧客の満足度は高い評価がされ、JTBでも最高ランクの旅館の1つに位置付けられている。C旅館も、インターネットの重要性を認識し、ホームページを新たに更新して、インターネット経由の顧客数が少しずつ確実に上昇している。インターネット経由の予約数を伸ばす場合、全国区での知名度向上が課題であろう。

　このように、技術革新とは関係が少ないと思われる温泉旅館というサービス業においても、インターネットが非常に大きな存在になりつつある。こうした変化は、温泉旅館だけでなく様々なビジネスにおいて静かにしかも確実に起こっているのである。インターネットを通じたビジネスの成功・不成功が温泉旅館ビジネスを左右する時代になってきたと言える。

3.3 サービスマーケティングからみたインターネットの影響

それでは、インターネットとサービスイノベーションの関係を、従来のサービスマーケティングの議論の中でどのように捉えることができるだろうか？　ここでは、サービスマーケティング[7]における基本的戦略要素8P要素と、サービスオブフラワー（Service of Flower）という2つの視点でサービスに対するインターネットの影響を考察する。

（1）サービスの基本的戦略要素8Pからみたインターネットの影響

サービスマーケティングでは、製品、価格、場所、プロモーション、プロセス、生産性、人的要素、フィジカルエビデンス、の8つのPでサービスの基本的な戦略要素が決まるとしている。インターネットがこれらにどういう影響を及ぼすかを考察しよう。

①　Product（製品やサービスそのもの）：インターネットでは、価格ドットコム、Googleなどのように、これまでにない新しい情報サービスのアイデアを生み出し、これを提供できる可能性が大きい。インターネットによる新たな情報サービスは、サービスイノベーションを起こす大きな要因である。

②　Place and Time（時間と場所）：サービスデリバリーの時間と場所に関する要素であり、インターネットは、24時間365日、いつでもどこでもサービスを可能にするという点で、サービスイノベーションの大きな要因である。この要因が、ロングテールビジネスなどの新しいビジネスモデルを生み出してきた。

③　Process（プロセス）：効果的なサービスプロセスのデザインであり、顧客とサービス提供者との効果的な関係をどう構築するかに関する。インターネットを介したサービスの場合、Webインタフェースによって顧客へのサービス提供のプロセスが決まる。また、Web2.0を使い、サービス提供者とサービス享受者が一体化して、サービス価値を創造するようなビジネス形態

もこの範疇に属する。サービス価値を創造するために、インターネットによる新たなサービスにおいても、サービスプロセスの設計は重要である。

④ Productivity and Quality（生産性と品質）：インターネットを利用することで、従来人手がかかっていたサービスが自動化される。これによって、サービスの生産性は向上する。と同時に、提供するサービスに対して従来以上の情報を顧客に与えることが可能になる。インターネットの利用は、これまで対立していたサービスに関するこれら2つの要求を同時に解決するものといえよう。

⑤ People（人的要素）：多くのサービスは顧客とサービス提供者の人と人のインタラクションに依存していた。インターネットは、これを情報システムに置き換えることによって効率化を図った。しかし、この場合でもサービスを受ける人の満足感をいかに上げていくかが課題である。③でも述べたが、ユーザ参加型のインターネットサービスの場合、サービスを提供する側の心理や満足感とサービスを享受する側の心理や満足感の両方を同時に考えるようなサービス設計も必要となろう。

⑥ Promotion and Education（プロモーションと教育）：サービスの目的は、顧客とサービス提供者が共創して価値を高めることであり、このためには、顧客の役割が重要で、顧客教育やプロモーションが必要である。インターネットは、プロモーションと教育に関して以下の2つの視点がある。まず、手段としての重要性であり、インターネットを利用したプロモーションや教育は、現実に行われているサービスに関する情報をインターネット経由でいつでもどこからでも顧客に提供できる。次に、インターネットサービスを利用する人に対して、それに関連した技術情報や使い勝手の情報を提供することの重要性であり、インターネット技術がわからない人に対しても、これらの情報が

適切に提供されなければいけない。
⑦ Price（価格）：インターネットは、価格を安価に抑えるために重要な手段である。たとえば、温泉旅館・ホテルの仲介手数料を考えると、通常の店舗経由の旅行仲介業者の場合に比べ、インターネット経由ではコストがかからないので半分程度となる。こうした要因もインターネットの利用を加速し、サービスイノベーションの大きな理由である。
⑧ Physical evidence（フィジカルエビデンス）：フィジカルエビデンスは、サービスクオリティの証拠となる感覚を感知できる手段を提供することである。インターネットによるサービス提供の場合、Webページをどれだけ実際のサービスを感知できるように設計するかに関わる。温泉旅館のホームページをできるだけ実際のサービスが味わうことができるようにすることの重要性は、サービス戦略のフィジカルエビデンスからも認識できよう。

以上がサービスマーケティングの基本戦略要素である8Pとインターネットの関係である。ここで示したように、インターネットは8Pのすべての要因に大きな影響を与えているのである。

(2) サービスオブフラワー（Service of Flower：以下SOFとする）概念とインターネット

サービスオブフラワー（SOF）[7]は、サービスがコアサービス（花芯）と補足的サービス（花びら）で形成されることを表している。これは、サービス戦略を検討する場合に、コアサービスを強化するのか、補足的サービスを差別化するのかを検討するのに用いられる。

インターネットサービスでは、コアサービスは、提供される情報サービスそのものであり、Googleや価格ドットコムなどの新サービスが対応する。補足的サービスは、サービスデリバリーや教育、プロモーションに関するものであり、これに関してもインターネットの影響は大きい。

特に、インターネットは365日24時間、どこでも利用可能である点でサービスの適用範囲を拡大でき、これが補足的サービスの革新につながり、サービスイノベーションを加速している。また、インターネットによるモノと情報の分離、モノとコンテンツの分離も新たなサービスビジネスを可能にした。音楽のCDによる物販からコンテンツ配信サービスビジネスへの変化は、それを象徴するものといえる。

4. サービスイノベーションの新たな視点
——サービスに対する人の科学への期待

情報科学、インターネットの次にサービスを変革する技術は何か？これに関しては、様々な議論があると考える。サービスをできるだけ効率化、合理化できるようなロボットもその1つといえよう。しかし、我々は、サービス提供側の技術だけでなく、サービスを受ける側の技術も重要であると考えている。サービス価値が、サービス提供者とサービス享受者との共創によって作られること、顧客満足がサービス価値を左右すること、などを考えるとサービスを受ける側の人間に関する技術の進展が、サービスの質を上げ、サービスイノベーションに結びつくのではないかと想定する。こうした人間に関する技術は、脳科学や知識科学として研究開発が進められている。ここでは、こうした技術の1つである脳計測を行なう光トポグラフィーの可能性を紹介しよう。

4.1 サービス価値と脳計測

サービス価値は、提供されるサービスの内容が同じでも、それを受ける人や時間、そしてその場の状況によって大きく異なる。人や状況に応じて変わるサービス価値は、電磁気学において電磁気力の生成が電磁場 (electromagnetic field) と電荷の相互の関係から生じるという"場

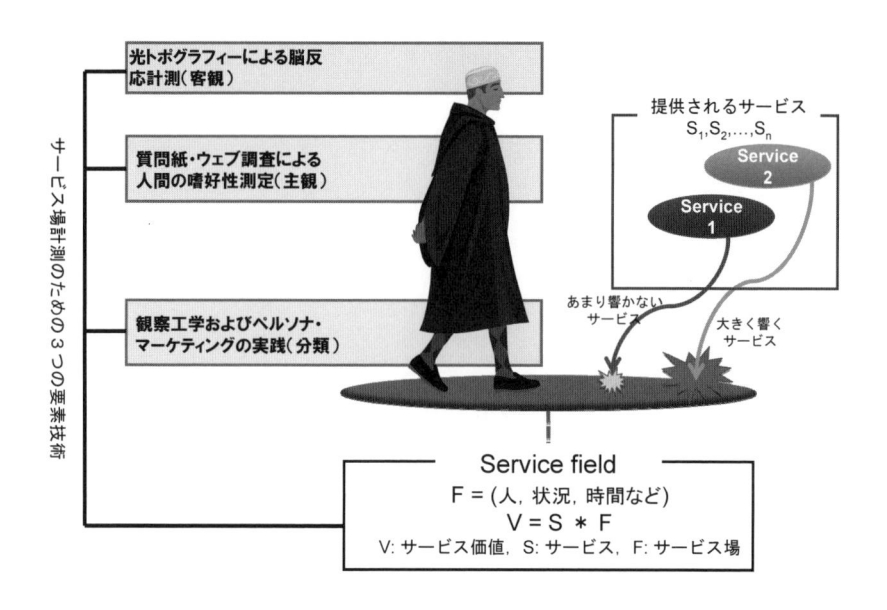

図7.10 サービス場のモデル

(field)"のアナロジーを用いて説明できる[8]。これは、サービス価値は、サービスが提供される"場"とサービスとの関係から創造されるというモデルである（図7.10）。このモデルに従うと、人間を含むサービス場を分析してサービス場に最も適合するサービスを提供することが、サービス価値の最大化を行ううえで必要であるといえる。

　サービス場の分析では、サービスを享受する人の分析が必要である。これに関しては、Webアンケート分析などの主観的なデータに基づく人のニーズや満足度の分析、光トポグラフィーなどによる脳計測や脈拍計測などの身体計測による人の生体反応に関する客観的な分析、ペルソナによるターゲットとする顧客の分類などの技術を組み合わせ、サービスを受ける側の特性をサービス場としてモデル化する。これによって、サービス場と提供されるサービスとの関係から、サービス価値の最大化を狙ったサービス提供が可能になる。光トポグラフィーの脳計測は、人

間が形成するサービス場を正しく同定するために必要な技術として、サービス価値向上に資する期待がある。

4.2 光トポグラフィーによるサービスイノベーションへの期待

光トポグラフィーの可能性を示すために、温泉旅館のWebページを題材に、ページ閲覧時の主観的印象とその判断の背後にある脳活動の関係を、光トポグラフィーを用いて科学的に分析した取り組みについて報告しよう。

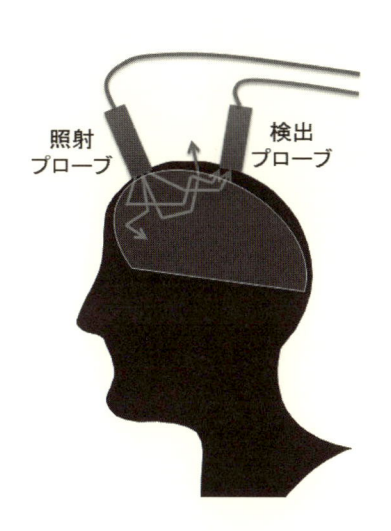

(1) 光トポグラフィーの原理

脳機能を測定しようとする試みは、測定機器の発展と相まって現在多くの注目を集めている。中でも近赤外線光を用いた脳機能測定は、安価であり被験者の体の位置や向きに制約をあまり課さないだけでなく、装置の静粛性や人体への無害など優れた特徴をもつために多方面での応

図7.11　光トポグラフィーの原理

用が行われている。

　光トポグラフィーとは、図7.11のように、近赤外線光を照射・検出するプローブ対を頭皮上に装着し、脳内のヘモグロビンの変化を多点で測定することで画像化する方法である[9]。これは、ヘモグロビンの酸素化状態によりヘモグロビンの吸収係数の波長依存性が異なることを利用している。光トポグラフィーを用いた研究は近年特に盛んであり、うつ病診断をはじめとして様々な研究がなされている[10]。ビジネス分野、特にマーケティング分野での応用は近年ようやく研究が進みつつあり、今後ますます発展が期待される分野である。

(2) 光トポグラフィー装置を用いたWeb閲覧時の脳活動の分析

　温泉旅館のWebページを題材に、その閲覧時の主観的印象と判断の背後にある脳活動の関係を考察し、良い（GOOD）・悪い（BAD）印

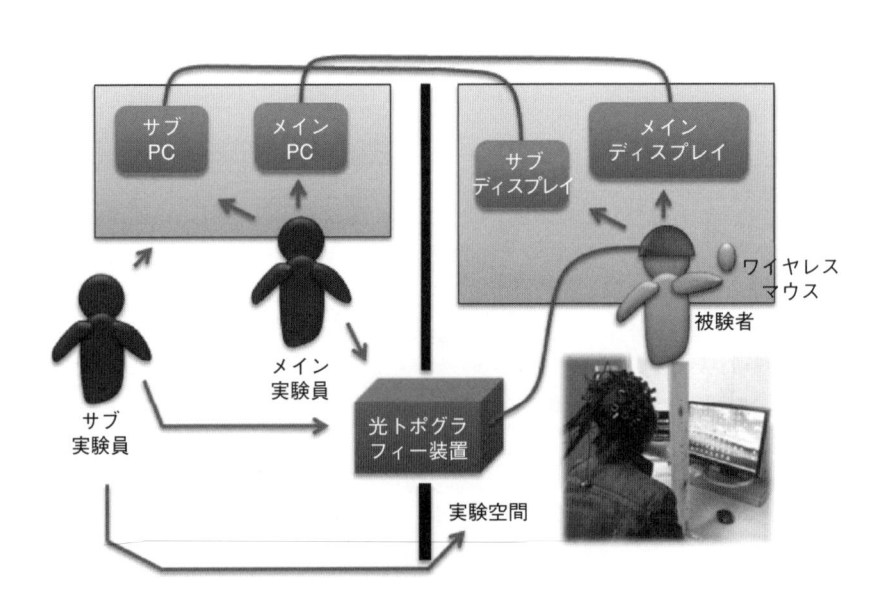

図7.12　実験システム概要

象を持つWebページを見ているときの脳活動を明らかにするために、図7.12に記載したシステムで実験を行った。

具体的には、光トポグラフィー装置（OTとする）を被験者の前頭葉と側頭葉に46チャネルで装着する。そして、任意の温泉旅館ホームページにおける『TOPページ』（アニメーションで表示）を選択し、被験者側のメインディスプレイにその映像が30秒間流れるようにする。被験者は30秒の閲覧ののちに、部屋、宿泊料金、料理、風呂の中から次に見たいページをサブディスプレイの選択肢からワイヤレスマウスで選択する。選択した情報の30秒間映像を閲覧し、30秒経過後はその次に閲覧したい情報を再びサブディスプレイからワイヤレスマウスで選択する。

本実験の被験者は北陸先端科学技術大学院大学の前期博士課程学生8名で、構成は、日本人学生が2名、海外留学生が6名、男女数は男性が3名、女性が5名である。留学生のうち、日本滞在歴は2年が3名、3年以上が3名であった。なお、被験者に装着したOTの脳における位置は前頭葉および両側頭葉とした。

(3) 出力サンプル

OTによって計測されたデータ（活性酸素の変化度合）は、図7.13のようなグラフで表現される。この図は、中央上部が前頭葉の下部（額の部分）にあたり、図の中央下部は頭頂付近にあたる。図右部分は右側頭葉、左は左側頭葉である。これは46個の測定ポイントの一覧であり、どの部分が活性しているかが概観できるようになっている。この図では、試行を通じて両側頭葉の働きが比較的活発になっていることがうかがえるものの、高周波ゆえ解釈が困難なデータもある。

(4) 本実験でわかったこと

8名に対して1回の試行で2つのWebページを見せ、それを総計5回行った実験から、80ケースのGOOD、BADデータをとることができた。

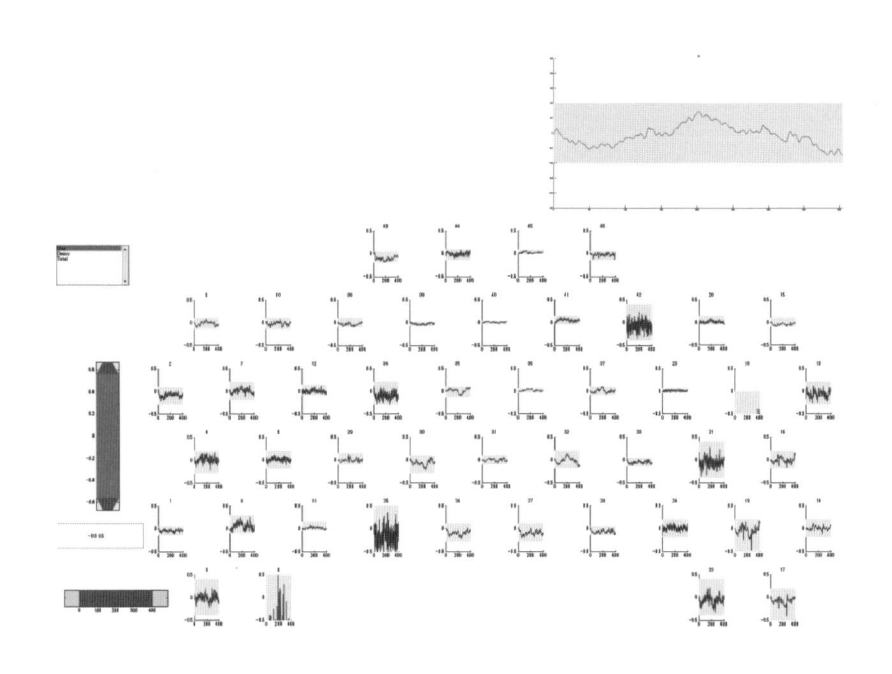

図7.13　計測データサンプル

これらを解析すると、脳の計測結果は、大きく2つのパターンにわかれるという注目すべき結果になった。

パターン1：印象が良かったページを見ている時は前頭葉の働きは穏やか

　図7.14は、日本人あるいは日本文化に親しんでいると思われる4名の示した計測データを統合した分析結果である。図7.14の左側は「印象が良かったページを見ていた時の平均的脳活動（GOODケース）」、右側は「印象が悪かったページを見ていた時の平均的脳活動（BADケース）」を示している。さらに図では複数の時間地点の脳活動を上から5秒ごと区切っていったもので、図の下部に行くほど閲覧制限時間間際の脳活動を示している。この図では、脳が活性化している、すなわちヘモグロビンが多く含まれる状態を薄い色で表わし、脳の活動が穏やかな

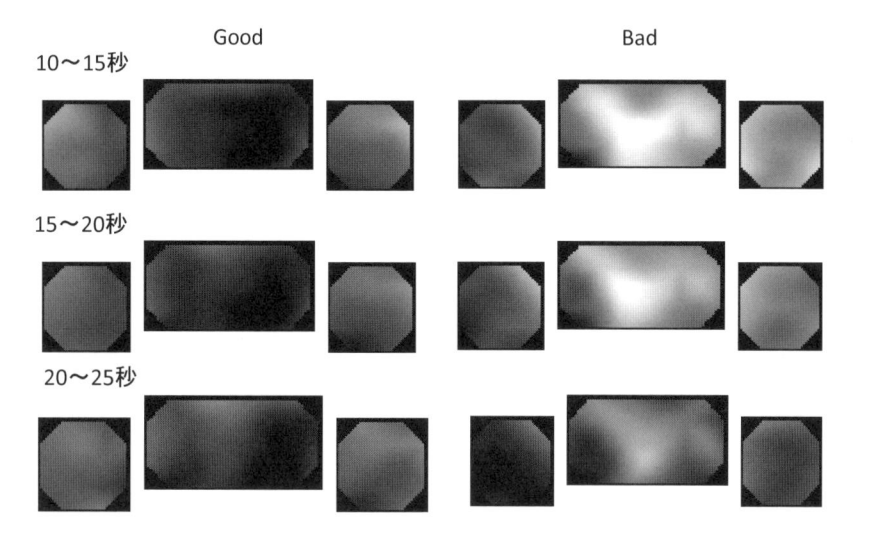

図7.14 パターン1（日本人を含む4名）の
WEB閲覧時の前頭葉の脳活動

ヘモグロビンが少なく含まれる状態をより濃い色で表わしている。

この図を見てわかることは、印象が良かったページを見ている時は、前頭葉の働きは穏やかであるということである。これは印象が悪かったものを見ている時と比較するとさらに明確になる。試行後10〜15秒および15〜20秒の時のGOODケースの脳活動は特に穏やかな部分がある半面、対照的にBADケースでは薄い色で、すなわち活発に脳活動が行われていることが分かる。

通常、映像が流れてから15秒くらい経てば、多くの者はそのページが何を訴えようとしているのかが大まかにわかる。テレビコマーシャルの単位が15秒であることを考えても情報を提供する時間としては短すぎるとは言えない。前頭葉は思考に関する機能を持っているといわれていることから考えると、ホームページで訴えていることが被験者の嗜好にマッチし、特に違和感なく自然と認識できたために前頭葉が活発にな

らずに印象が良いと判断されたのではないかと推測する。

　図7.14の統合したデータのもとになる4人の個々人のデータも、図7.14のパターンとほぼ同様の結果であった。当初、我々の考えは、魅力あるWebページを見るほうが、そうでない場合と比較して脳が興奮し、例えば画面に現れる理想的な状況に自分が参加した場合のこと等を考えて、前頭葉が活発に働くのではないかというものであった。しかし、実験からはこの逆の傾向を読み取ることができた。温泉旅館という、いわゆる癒しを売りにするサービスでは、脳が活性化しないほうが印象が良いのではないかとも考えられる。引き続き慎重に、他のWeb題材で今回の脳計測結果と比較しさらなる考察を深めていく必要がある。

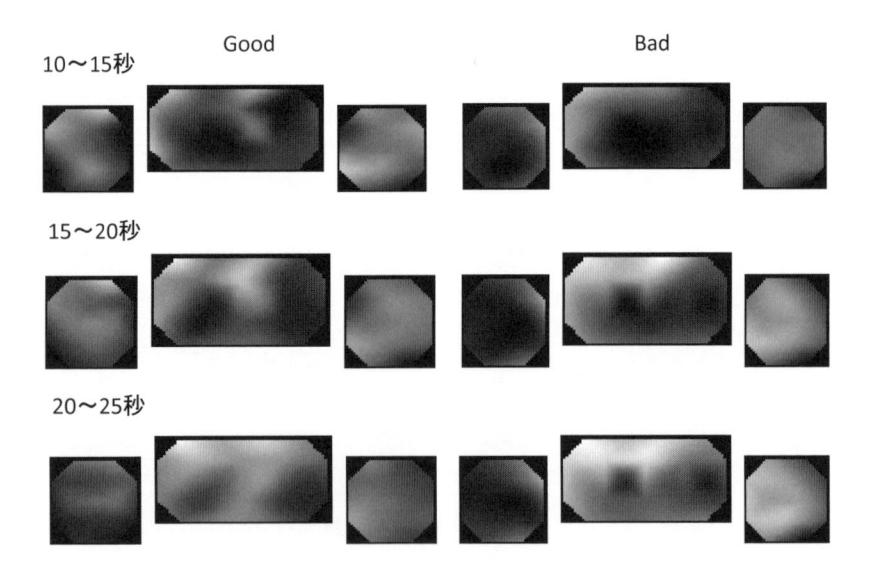

図7.15　パターン2（パターン1に含まれない留学生）のWEB閲覧時の前頭葉の脳活動

パターン２：日本滞在が比較的短い者はそうでない者と比較して脳活動が異なる

図7.14を日本人および日本滞在が比較的長く、日本文化に親しんでいると思われる留学生の脳活動（以後、Ａタイプとする）とすると、図7.15はそれらの脳計測結果とは違ったパターンを示した留学生の脳活動（以後、Ｂタイプとする）を示している。

両者を比較すると、10～15秒という比較的初期に、脳活動のパターンが分かれる。Ａタイプは印象が良いページを見ている時に脳活動が穏やかになり、Ｂタイプは印象が悪いページを見ている時に脳活動が穏やかになる。Ｂタイプは時間を通じての脳活動の傾向がつかみにくいが、Ａタイプとは大きく異なることは言えよう。

また、閲覧時間が後半になるほど、Ａタイプは印象の悪いページにおける脳活動が穏やかになり、逆にＢタイプでは脳活動が活発になる。この現象の背景には、日本語ページの理解速度と文化的な受容性が影響している可能性がある。すなわち、閲覧開始後15秒までは当該ページの理解を中心に脳活動が行われ、ある程度理解したのちは、当該ページ内容が当人にとって今までにない経験や概念を含んでいるため、無意識の心理的葛藤のようなものが起こり、その結果、良くも悪くも閲覧後半で脳活動が活発になるのではないかと考えられる。

以上のような実験結果から、光トポグラフィーをWeb情報サービスの評価に適用する可能性を確認できた。こうした脳科学の新しい技術の適用が人間の求めるサービスの質の向上につながることを示唆しているといえよう。

5．おわりに

本章では、技術革新がサービスイノベーションに大きな影響を与えて

いることを述べた。新たな技術は新たなサービスにつながり、新しいサービスニーズが技術革新を促進する、サービスと技術は、産業の発展のいわば両輪である。このことは、20世紀における産業のサービス化の歴史が証明している。20世紀後半から出現したインターネット、これから技術開発が進むと思われる脳科学やバイオなどの新しい技術が人間に対する様々なサービスを変革していくものと思われる。産業のサービス化論は、サービスという面だけではなく、それを支える技術革新にも注目する必要がある点を主張したい。

最後に、光トポグラフィーデータの分析では、(株)日立製作所基礎研究所の牧敦博士、桂卓成博士に多大のご協力をいただいた。また、実験に関しては、北陸先端科学技術大学院大学知識科学研究科博士前期課程の井本正太君にご協力いただいた。ここに感謝の意を表する。

参考文献

(1) Thomas.Erl：*Service-Oriented Architecture A Field Guide to Integrating XML and Web services*, Prentice Hall（2004）
(2) L.Strick, M.Funabashi, et al："Efficient Brokerage in a CORBA-based Service Mediation Platform", *Proc. of ISADS99-3rd International Symposium on Autonomous Decentralized Systems*（1999）
(3) http://kekkonbiyori.jp/
(4) http://kakaku.com/
(5) 寺本義也, 岩崎尚人, 近藤正浩：『ビジネスモデル革命第2版』, 生産性出版（2007）
(6) http://www.ikyu.com/
(7) C. Lovelock, L. Wright著, 小宮路雅博訳：『サービスマーケティング原理』, 白桃書房（2001）
(8) 小坂満隆：『知の成長モデルへのアプローチ』, 社会評論社（2010）
(9) 灰田宗孝::「NIRSの発展の歴史と原理」, 福田正人編, 『精神疾患とNIRS』, 中山書店（2009）
(10) 松下晋・中川匡弘：「光トポグラフィーによる感性情報解析」, 信学技報, 10, pp.7-12（2004）

あとがき

角　忠夫

(松蔭大学、北陸先端科学技術大学院大学)

　4000年続いた農耕化社会は人類の生存のための資源の獲得と創造の格闘であった。その時代に芽生えた産業が現在の第1次産業のルーツである。その後の300年の工業化社会は世界的に厖大化した人類を支え物質的に豊かな社会を構築するための商品を大量に生産する産業を構築した。この間に勃興した産業が今なお第2次産業の主軸を形成し最後の30年間において日本は世界に多大の貢献を果たした。

　アルビン・トフラーは1980年以降を第3の波の到来として、情報化社会と位置づけたが、21世紀に入りはや10年の現代を考えるときサービス化社会の到来と考えた方が現在の社会にふさわしいと思える。

　今や世界の先進国においては70％の労働人口とGDPへの貢献は広義のサービス産業たる第3次産業がカバーし、第2次産業は4分の1程度になっている。第1次産業が第2次産業への貴重な資源を提供することで貢献し、第2次産業が築き上げた現代を謳歌する技術や商品群は、人類が求める豊かなサービスやソリューションを提供するための重要な要素と見ることができる。

　パソコンや携帯電話の瞬く間の世界的普及は膨大な情報化産業を生み出し、インターネットが世界を物理的にも時間的にも身近なものにしてくれた。これらのICT技術やツールはサービス化社会の重要なインフラを構築している。

　2010年初頭に象徴的な出来事が2件発生している。その1つは21世紀の環境問題を現実的に解決する最も有力な手段として今や原子力ルネ

ッサンスと喧伝され世界的に原子力プラントの建設ブームが巻き起こっている。原子力プラントの技術と建設力では、日本を筆頭として米国、フランスのメーカー連合が圧倒的に優位にあるとしてグローバル商戦で勝利を挙げてきている。しかしUAEアブダビの原子力プラントは韓国電力公社に日本米国のメーカー連合は敗退した。大統領を先頭とする国策的後押しはあったとしても60年にも及ぶ操業指導、保守管理を求めるクライアントの要求に対し、メーカー連合ではコミットできない原子力プラントを高稼働率で運転している電力会社ならではの総合的サービスの勝利と見ることができよう。

　今一つはJR東海が米国の新幹線受注に本腰を入れて取り組み始めたことである。すでに運行している台湾新幹線の受注競争では、日本の商社を筆頭とする電機、車両メーカ連合が欧州陣に対し勝利をおさめた。今回のJR東海は、日本の新幹線を40年間にわたり人身事故皆無のパーフェクト操業実績をベースに時速300Kmの高速技術とともに新幹線運行の総合サービスをコミットしての新しい商戦への参入にエールを送りたい。

　現在はまさに21世紀に地球規模で展開するサービス化社会の曙である。この時期に北陸先端科学技術大学院大学ではサービス経営コース（MOS）を2009年10月より開講し、その初年度クラスで展開した講義内容を中心に本書を編集した。多様化と膨大な展開が期待されるこれからのサービス化社会に対し、新しく芽生えだしたサービス化の動きを中心に著者達の関係ジャンルからの現状と展望を短期間でまとめたものである。各章間の連携やカバーした範囲に十分意を尽くしたとは言い難い面も散見される。しかしそれだけに著者達のそれぞれの分野で情熱を掻き立て、学問的に未開拓のサービス分野に理論武装を試みている意欲を行間にくみ取っていただければ幸甚である。今後展開される膨大なサービス化社会の前進のために、アカデミア側から新しい分野への挑戦意欲のある社会人学生たちと共にいささかの貢献を果たすべく、その進歩に応じ今後もまたその成果を世に問いたいと考えている。

サービスサイエンスの深厚やサービスイノベーションによりビジネスの変革に取り組んでいる企業の技術者やMBA、MOTの社会人大学院生たちにとって本書が現状を正しく理解し、今後の活動に意欲が湧く端緒になるなら著者一同望外の喜びである。

[執筆者紹介]

小坂満隆

　京都大学大学院工学研究科数理工学専攻修士課程修了。㈱日立製作所システム開発研究所入所、同研究所所長、セキュリティ事業部長、電機グループ長付。現在、北陸先端科学技術大学院大学知識科学研究科教授。システム工学と知識科学の融合、サービスイノベーションの教育・研究に従事。電気学会、計測自動制御学会、研究技術計画学会、システム制御情報学会、IEEEなどの会員。工学博士。

角　忠夫

　京都大学工学部電気工学科卒業、東京芝浦電気株式会社（現㈱東芝）入社、同社電機技師長、府中工場長、取締役電機事業本部長、株式会社芝浦製作所、芝浦メカトロニクス株式会社各代表取締役社長。現在、松蔭大学大学院経営管理研究科教授、北陸先端科学技術大学院大学客員教授、群馬県立女子大学国際コミュニケーション学部非常勤講師、株式会社むさし野経営塾代表取締役塾長。日本開発工学会副会長、日本MOT学会企画副委員長、日本MOT振興協会サービスイノベーション研究委員会主査。

北谷泰一郎

　神戸大学工学部機械工学科卒。㈱小松製作所入社後、建設機械の設計・開発業務に従事、2002年8月コマツUKでデザインダイレクタ、2008年4月よりプロダクトサポート本部サービス企画部長。

幡野一尋

　慶応義塾大学工学部機械工学科卒業。東京芝浦電気株式会社（現㈱東芝）入社。府中工場昇降機部配属後、昇降機設備の開発・設計に従事。2002年1月東芝エレベータ㈱へ転籍。フィールド事業本部フィールドサービス事業部長。現在、フィールド事業本部長。昇降機設備の保全業務に従事。

福田一成

　上智大学理工学部電気電子工学科卒業。山武ハネウエル㈱入社。同社にて計装設計、官庁営業を経て2000年より現在までESCOを主としたソリューション事業の企画に携わる。その間、経済産業省の省エネルギー関連委員。エネルギー・資源学会代議員及び研究会委員、IBEC各種委員、空気調和・衛生工学会な

どで活動。経営学修士。

高橋　浩

　東北大学大学院工学研究科修士課程終了。富士通㈱入社、同システム本部主席部長、コンサルティング事業本部主席部長、商品企画本部主席部長。2005年4月-2010年3月、宮城大学食産業学部教授。経営情報学、経営工学を基盤にしたサービスイノベーション教育・研究に従事。情報処理学会、電子情報通信学会、経営情報学会、研究技術計画学会、OR学会、情報文化学会等の会員。博士（学術）。

山上俊彦

　東京大学大学院理学系研究科修士課程修了。電電公社、NTTデータを経て、現在㈱ACCESS CTO Office シニアスペシャリスト。1995年情報処理学会山下記念研究賞受賞。ISO SC18/WG4国内主査、情報処理学会グループウェア研究会幹事、W3C XHTML Basic 1.0 Co-Editor、WAP Forum WML2.0 Editorなどを務めた。応用層国際標準化、携帯電話プラットフォーム共同開発活動LiMoに従事。東京農工大学客員教授、筑波大学非常勤講師、北陸先端技術大学院大学非常勤講師。博士（工学）。

神田陽治

　東京大学工学系研究科情報工学博士課程修了。富士通㈱国際情報社会科学研究所入所、㈱富士通研究所を経て、現在、富士通㈱フィールド・イノベーション本部。第五世代コンピュータ、グループウェア、インスタントメッセージング、サービスミドルウェア、サービス価値分析などの研究に従事。情報処理学会、電子情報通信学会、日本ソフトウェア科学会会員。工学博士。

中村孝太郎

　東京工業大学大学院工学研究科修士課程修了。日本専売公社（現・日本たばこ産業㈱）入社。研究所の主席研究員（人口知能研究）を経て、JTエンジニアリング㈱取締役SI事業部長等歴任後、北陸先端科学技術大学院大学技術経営コースおよび同大学院博士課程修了。現在、株式会社イー・クラフト代表、北陸先端科学技術大学院大学知識科学研究科客員教授、技術経営・知識科学の視点からサービス科学やもてなし文化の研究・教育に従事。工学博士（システム科学）、博士（知識科学）。

五嶋正風

慶應義塾大学法学部政治学科卒業、朝日新聞社に入社。新聞記者、編集者などを経て、2000年株式会社リクルート入社。就職情報サイトの企画・編集などを経て、2003年4月からリクルートワークス研究所で編集担当。「働く人の心を守れ」「開演！顧客接点劇場」（Works誌）『おもてなしの源流』（編著、英治出版）『「見どころのある部下」支援法』『サービス・プロフェッショナル』（ワークス人と組織選書、プレジデント社）などを手がける。

今堀崇弘

日刊工業新聞社に入社。身近なモノの製造方法を絵ときで紹介する「モノづくり解体新書」シリーズのほか、機械系、電気電子、組込みソフトなど実務情報誌の編集を幅広く手がける。2007年からロボット専門サイト「ロボナブル」編集担当に、翌2008年からは編集長となり現在に至る。経済産業省の「サービスロボット市場創出支援事業」の事後評価委員など担当。

白肌邦生

東京大学大学院総合文化研究科広域科学専攻博士課程修了。北陸先端科学技術大学院大学知識科学研究科助教。研究開発組織のマネジメント、サービス・マーケティングの研究に従事。研究技術計画学会、組織学会、日本創造学会、システム制御情報学会会員。PICMET-Japanチャプター代表。博士（学術）。

西岡由紀子

京都大学大学院工学研究科数理工学専攻修士課程修了。松下電器産業㈱（現パナソニック㈱）入社。技術本部中央研究所在籍後、ディジタルコンピュータ㈱（現㈱ワイ・ディー・シー）に転出、日本ユニソフト㈱、トレンドマイクロ㈱を経て、現在、㈱アクト・コンサルティング執行役員。大阪大学、北陸先端科学技術大学院大学非常勤講師。データベース、オブジェクト指向技術、モデリング手法、IT化要求開発を専門とし、IT化コンサルティング業務に従事。

「産業のサービス化論」へのアプローチ

2010年5月27日　初版第1刷発行
編　者＊小坂満隆・角忠夫
著　者＊北陸先端科学技術大学院大学
　　　　サービス経営コース
装　幀＊後藤トシノブ
発行人＊松田健二
発行所＊株式会社社会評論社
　　　東京都文京区本郷2-3-10
　　　tel. 03-3814-3861/fax. 03-3818-2808
　　　http://www.shahyo.com/
印刷・製本＊倉敷印刷株式会社

Printed in Japan